U0533067

万物

偶然
FLUKE

机会、混乱，以及为什么
我们做的每件事都重要

Chance, Chaos, and Why
Everything We Do Matters

［美］布赖恩·克拉斯 著
Brian Klaas

殷融 译

图书在版编目（CIP）数据

偶然：机会、混乱，以及为什么我们做的每件事都重要 /（美）布赖恩·克拉斯著；殷融译 . -- 北京：中信出版社，2025.3. -- ISBN 978-7-5217-6811-4

Ⅰ. C912.6-0

中国国家版本馆 CIP 数据核字第 2024T2H881 号

FLUKE：CHANCE, CHAOS, AND WHY EVERYTHING WE DO MATTERS by Brian Klaas
Copyright © 2024 by Brian Klaas
Published by arrangement with Creative Artists Agency and
Intercontinental Literary Agency through The Grayhawk Agency Ltd.
Simplified Chinese translation copyright © 2025 by CITIC Press Corporation
ALL RIGHTS RESERVED
本书仅限中国大陆地区发行销售

偶然——机会、混乱，以及为什么我们做的每件事都重要

著者： ［美］布赖恩·克拉斯
译者： 殷融
出版发行：中信出版集团股份有限公司
（北京市朝阳区东三环北路 27 号嘉铭中心　邮编　100020）
承印者： 北京通州皇家印刷厂

开本：880mm×1230mm 1/32		印张：12	字数：238 千字
版次：2025 年 3 月第 1 版		印次：2025 年 3 月第 1 次印刷	
京权图字：01-2024-4018		书号：ISBN 978-7-5217-6811-4	
	定价：79.00 元		

版权所有·侵权必究
如有印刷、装订问题，本公司负责调换。
服务热线：010-84849555
投稿邮箱：author@citicpub.com

当我们试图单独挑出任何事物,都会发现它与宇宙中的其他一切息息相关。

——约翰·缪尔

目录

第 1 章　引言 001

第 2 章　改变任何事情，都会改变一切 025

第 3 章　不是每件事的背后都有目的 051

第 4 章　为什么我们的大脑会歪曲现实 083

第 5 章　人类的蝗群 103

第 6 章　赫拉克利特定律 133

第 7 章　讲故事的动物 163

第 8 章　地球彩票 181

第 9 章　人人都是蝴蝶 201

第 10 章　时钟和日历 229

第 11 章　皇帝的新方程式 247

第 12 章　它是否有另一种可能 277

第 13 章　为什么我们做的每件事都重要 311

致　谢 335

注　释 339

第 1 章 引言

如果你的人生可以倒带回到最初，重新按下播放键之后，一切还会和原来一样吗？

1926年10月30日，史汀生夫妇来到日本京都。他们下了蒸汽火车，住进宫古岛酒店56号房间。[1] 安顿好后，他们漫步于日本昔日帝都，感受着城市中秋日的缤纷色彩——枫叶已变成了深红色，银杏树绽放出金黄色的光芒，峥嵘繁茂的树木高高耸立在郁郁葱葱的青苔之上。史汀生夫妇参观了京都的传统日式庭院，这些庭院掩映于城市泥岩山丘之中。他们为一座座历史悠久的寺庙而惊叹，寺庙中每一根木头似乎都凝刻着昔日幕府时代的荣光。六天后，史汀生夫妇收拾行李，结账离开。

然而，这不是一次普通的旅行，宫古岛酒店账簿上史汀生的名字将被写入历史，成为之后一系列事件的起始。在那些事件中，一个人扮演了上帝的角色，在一念之间拯救了数万人的生命，但不幸的是，他也给其他地方的十几万无辜者带去了死亡。这也许是人类历史上影响最大的一次私人观光旅行。

19年后,在离京都一万多千米的美国新墨西哥州,一群声名显赫的物理学家和军队将领聚集在一个代号为"Y站"的绝密地点。那是1945年5月10日,纳粹德国投降后第三天。此刻,太平洋上还在上演着一场似乎看不到尽头的血腥消耗战。然而,在新墨西哥州的这个偏远哨站,科学家和军人们看到了终结战争的希望———种新型的、具有无法比拟的破坏力的武器,他们称之为"小玩意"。

虽然此时还没有任何一场成功测试能展示出这种新型武器的全部潜能,但Y站的每个人都感觉离成功越来越近了。为了早日做好准备,项目组成立了一个13人的"目标委员会",这些精英人士将决定如何让全世界见识到"小玩意"的威力。该用它摧毁哪个城市?他们一致认为东京并不合适,因为之前猛烈的大轰炸已经摧毁了日本的这座新首都。经过权衡,他们商定了一个目标——将第一枚炸弹投向京都。[2]

京都是战时日本新工厂的聚集地,其中一家工厂每月可生产400台飞机发动机。[3] 此外,从战略上看,将曾经的首都夷为平地,想必能给日军士气造成毁灭性打击。目标委员会还注意到一个无关紧要但可能具有特殊意义的问题:京都是日本的知识中心,教育人口众多,著名的京都大学就坐落于此。委员会认为,京都的幸存者会认识到,这种新武器代表了人类历史的新纪元——日本不仅输掉了战争,在科学的战场上他们输得更彻底。于是目标委员会一致认为：必须摧毁京都。

委员会还商定了三个备选目标：广岛、横滨和小仓，并将该目标清单呈送杜鲁门总统。接下来，他们需要做的就只是等待原子弹就绪了。

1945 年 7 月 16 日，原子弹在新墨西哥州广袤的空地上成功试爆，核能时代破晓而出。目标委员会的任务终于不再只是开展理论分析工作了。军事战略家们查阅了京都的详细地图，并决定将爆炸地点定在京都的铁路调车场。[4] 这里距史汀生夫妇 20 年前住过的宫古岛酒店大约只有 800 米。

1945 年 8 月 6 日，代号为"小男孩"的原子弹从天而降，但它没有落在京都，而是被"艾诺拉·盖"号轰炸机投到了广岛。近 14 万人因此而丧生，其中大部分是平民。三天后，也就是 8 月 9 日，"博克斯卡"号轰炸机在长崎投下了代号为"胖子"的原子弹，又导致约 8 万人丧生。

为什么京都能够幸免于难？为什么长崎这个未被列入头号轰炸目标的城市会被摧毁？值得一提的是，大约 20 万人在生死线上经历了摇摆，而起因只是一对游客夫妇和一片云层。

1945 年，亨利·L. 史汀生先生已成为美国战争部长，他是美国负责监督战时行动的最高文职官员。作为非军队人员，史汀生认为他的工作是制定战略目标，而不是具体指引将军们如何完美实现这些目标。但是，当目标委员会选择摧毁京都时，这一切都改变了。

史汀生立即行动起来。在一次与曼哈顿计划①负责人的会议上,史汀生强硬地摆明了自己的立场:"我不同意轰炸京都。"⁵在与美国军方的讨论中,史汀生重申:"没有我的允许,他们绝不能轰炸京都。"⁶然而,尽管他一再坚持,京都还是持续出现在轰炸目标名单上。将军们执意认为京都符合所有条件,应该炸平它。他们想知道,为什么史汀生要如此固执地一心保护这个日本战争机器的神经中枢。

将军们当然不知道宫古岛酒店,不知道雄伟的日本枫树,也不知道金色的银杏树。

史汀生坚定不移地在高层游走。1945年7月下旬,他两次会见杜鲁门总统,⁷每次都表示坚决反对摧毁京都。杜鲁门终于松口了,将京都排除在考虑范围外。最终目标名单包括四个城市:广岛、小仓、新潟,以及后来加上的长崎。史汀生拯救了这座被将军们戏称为史汀生"宠儿城"⁸的古老城市,第一颗原子弹改为投放在广岛。

第二枚炸弹原本计划投向小仓,但当B-29轰炸机接近小仓时,云层遮挡了视线,⁹飞行员难以看清下方目标。陆军气象学家小组曾预测小仓当天天空晴朗,而云层的出现纯属意外。飞行员驾驶着轰炸机在空中盘旋,希望云层能散开,但一直没等到理想的能见度。最后,机组人员决定不冒空投失败的风险,

---

① 即美国陆军部研制原子弹的计划。——译者注

而是转向攻击次要目标。他们接近长崎时，发现这座城市也被云层遮住了。在燃料快耗尽时，他们尝试了最后一次飞行。云层在最后一刻散开了。1945年8月9日上午11时02分，原子弹"胖子"落下。长崎的平民何其不幸：这个城市在最后一刻才被列入目标名单，它被夷为平地的原因只是另一个城市上空飘过的云层。如果轰炸机早几分钟或晚几分钟起飞，小仓的无数居民可能成为原子弹下的亡魂。时至今日，每当有人在不知情的情况下逃过一劫时，日本人都会说这是"小仓的运气"[10]。

* * *

云层使一座城市幸免于难，而一对夫妇几十年前的度假之旅拯救了另一座城市。京都和小仓的故事对我们因果关系的思维方式提出了直接挑战，我们倾向于以一种简化、便捷、有序的方式看待事件的前因后果；我们倾向于认为自己能够理解、预测和控制这个世界，我们希望可以用理性来解释混乱的生活。在这个世界上，成千上万人的生死不应该取决于十几年前一对夫妇愉快的旅行回忆，也不应该取决于天空中恰逢其时飘过的云。

小孩子总是不停地问一个最重要的问题："为什么？"从很小的时候起，我们就知道简单的因果模式——由X到Y。这很有用，它让我们可以看到一个简化版的现实——一个原因引起一个结果。通过因果思维，我们可以从事件中提炼出自己能理解的清晰关系，进而驾驭复杂的世界。触摸热炉子会导致疼痛，吸烟会引发癌症，云会带来雨水等。

然而，在几十年前的日本，云层带来的直接后果不是雨水，而是一个城市遭遇灭顶之灾，另一个城市幸免于难。更奇特的是，长崎的无妄之祸源自一系列随机因素的组合，这些因素的数量几乎是无限的，而且它们必须以"正确"的方式环环相扣，才导致广岛和长崎上空的"蘑菇云"，比如：裕仁天皇的崛起、爱因斯坦在19世纪末出生、数百万年前地质变迁的力量锻造出了铀、无数士兵牺牲于太平洋战场、才华横溢的科学家、中途岛战役，等等，直到最后，一次关键的假期和一片关键的云转动了命运的齿轮，如果之前无数因素稍有改变，一切都会不同。

如果我们回望自己的一生，可能会发现自己也曾经历过小仓式的幸运（尽管可能没有那么夸张）。当我们思量这些"假设时刻"时，很明显，一些任意、微小的变化和看似随机的意外事件会改变我们的职业道路，重新安排我们的人际关系，甚至颠覆我们看待世界的方式。为了解释我们何以成为如今的自己，我们会承认，在许多人生的转折点上我们根本无法控制其转向。然而，我们还忽略了那些看不见的转折点，那些我们不可能意识到的重要时刻，以及那些让我们同生死"擦肩而过"却不自知的时刻。因为我们从未感知，也永远不会预知自己人生的另一种可能。既然我们连事件的前因后果都无法分辨，又怎能明白哪些因素是事关紧要的呢？

如果数十万人的生死取决于一对夫妇几十年前的度假之旅，那么哪些看似微不足道的选择或事故可能最终彻底改变你的人生轨迹？开会迟到或错过高速公路出口除了会影响你的个人生活，还会牵涉历史进程吗？如果发生了这种情况，你能否意识得到？或者，你完全不会觉察到，自己在茫然无知间造就了截然不同的世界？

我们对"当下"和"过去"的看法存在一种奇异的脱节。当我们设想能穿越时空回到过去时，得到的警告都是：确保不要触碰任何东西！因为对过去的微小改变可能从根本上改变世界，你甚至可能不小心把自己从未来抹除。但当我们谈论当下事物时，就不会有这种担忧。没人会小心翼翼、蹑手蹑脚地走路，以防不小心压死一只虫子；很少有人会因为错过公交车而对不可控的未来感到惶恐不安。相反，我们会认为这些小事并不重要，因为一切影响最终都会被时间冲淡。但是，如果说过去的每一个细节都创造了我们的现在，那么现在的每一刻也正在创造我们的未来。

1941年，原子弹爆炸的四年前，阿根廷作家豪尔赫·路易斯·博尔赫斯写了一篇名为《小径分岔的花园》[11]的短篇小说。该故事的核心隐喻是，人类在一个花园中漫步，而脚下能走的路在不断变化。我们可以展望未来，看到无限可能的世界，但在当下，我们必须决定下一步该往哪里走。我们每迈出新的一步,面前的道路都会发生变化,它会无休止地分岔。每一步都会开辟新的未来,同时阻断其他的可能性。所以,每一步都很重要。

但这个故事中最令人惊叹的启示是:我们的道路并不完全由自己决定。相反,我们所在的花园是由前人开拓而成的。我们面前的道路其实是过去历史的分支,是由别人的脚步所铺就的。而更让人感到茫然失措的是:前方道路的样子不仅取决于你的选择,因为在你移动时,这些园中的小路也会因周围其他人的选择而被频繁重塑。在博尔赫斯为我们描绘的这幅画面中,我们选择的道路常常被无情地调转方向,我们前行的轨迹总是被他人细微的举动所改变,而我们却一无所察,那些隐秘的京都和小仓时刻决定了我们未来将去向何处。

然而,当我们试图解释这个世界,解释我们是谁,我们如何来到这里,以及这个世界为何如此运转时,我们却忽略了"偶然"。被压扁的虫子,错过的公共汽车,所有这些我们都认为毫无意义。我们故意忽略了一个常令人感到手足无措的事实:只要有一些微小改变就可能让我们的生活和社会发生巨大变化。当我们探寻其中直接的因果关系时,我们会一次又一次地诉诸现实的精简版本。如果 X 导致了 Y,那么 X 一定是主旋律,而不是一个轻微、随意的小音符。所有事情都可以被预测,可以被绘制为图表,并通过适当干预来加以控制。我们受到权威人士和数据分析师的诱导,这些预言家常常做出错误判断,但很少认为未来无法确知。当我们在复杂的不确定性和令人欣慰的确定性之间做出选择时,我们往往会选择后者,尽管后者更有可能是错的。或许,世界并没有那么简单,我们能理解一个由偶然所造就的世界吗?

* * *

1905年6月15日,克拉拉·马格达伦·詹森在美国威斯康星州詹姆斯敦的一个小农舍里杀死了自己的四个孩子:玛丽·克莱尔、弗雷德里克、约翰和西奥多。她清理了他们的尸体,把他们塞进床上的被子里,然后结束了自己的生命。她的丈夫保罗下班回家,发现全家人都躺在小床的被窝里,停止了呼吸。这肯定是人类所能体验的最可怕、最痛苦的经历之一。

哲学中有一个被称为"命运之爱"(amor fati)[12]的概念①。我们必须承认,生活是我们之前一切经历的累积的结果。往上数四代,你可能不知道自己那八位祖辈的名字,但当你照镜子时,你看到的是他们的眼睛、鼻子、嘴唇以及其他特征的融合,你的面孔记载了那早已被遗忘的时光。当遇到陌生人时,我们可以确定一个事实:他们的直系祖先里没有任何一个人在有孩子前就去世了。这是废话,但也是事实。如果你的父母没有

---

① 尼采的哲学思想,认为一切发生的事情最终都有益处,因此人们应该接受和拥抱命运。——译者注

在特定的时间相遇、结合，你就不会存在。即使他们彼此错过，也会遇到其他爱人，生出其他孩子。

往上追溯几千年，你的祖父母、曾祖父母和曾曾祖父母与你也有同样的关系。你的生命取决于中世纪无数人的求爱，取决于冰河时代你的先祖对抗剑齿虎时的艰难求存，如果再往上追溯，它还取决于600多万年前黑猩猩的择偶偏好。如果把人类的血统追溯到数亿年前，我们所有人的命运都取决于一种类似蠕虫的生物（谢天谢地，它没有被压扁）。如果这些配偶没有按照已有的历史剧本相爱、生活和生存，如果生物链没有按照自己的剧本严谨运行，现在在读这本书的就可能是其他人，而不是你了。我们是命运链环的突围者，如果过去的某个结点稍有改变，我们就不会待在这里了。

回到威斯康星州的小农舍，那个保罗正是我的曾祖父——保罗·F.克拉斯。我的中间名是保罗，这是他留下的姓氏。我和他的第一任妻子克拉拉没有血缘关系，因为克拉拉在一个多世纪前，不幸地斩断了自己的血脉分支。保罗后来再婚了，娶了我的曾祖母。

在我20岁时的某一天，我父亲郑重地叫我坐下来，然后递给我一张1905年的新闻剪报，标题是《可怕的疯狂女人》[13]，这则新闻揭露了我们家族史中最令人惶恐不安的一章。他还给我看了克拉斯家族在威斯康星州的墓碑的照片——所有孩子的墓在一边，克拉拉的在另一边，他们的死亡日期是同一天。这让我很震惊。但更让我震惊的是，我意识到，如果克拉拉没有自杀，没有谋杀她的孩子，我就不会存在。一桩阴森可怖的血案让我的出生成为可能，而那四个无辜可怜的孩子死了。现在我活着。你在阅读我的作品。命运之爱意味着我们要接受甚至拥抱事实，还要认识到我们是过去种种美好与黑暗的衍生物，前人生活中的胜利与悲剧共同构成了如今我们身在此处的缘由，我们的存在要归功于他们的仁慈与残忍、善良与邪恶、爱慕与仇恨。如果没有发生以往的种种，我们也不会是我们。

"我们都会死去，这让我们成为幸运儿，"理查德·道金斯曾经评论道，"大多数人永远不会死去，因为他们从来没有出生。这些本可能占有我们生命，但实际上永远淹没于'可能'深渊中的人，比阿拉伯大沙漠中的沙粒还多。"[14] 这些存在于未来无限可能性中的生命，被道金斯称为"未诞生的幽灵"。他们的数量是无限的，而我们是有限的。只要做出最微小的调整，一个生命就会被另一个生命所代替，后者会在一个不同的世界里过着不同的生活。所以，我们每个人的存在，好似建立在叠叠高游戏中的木塔之上，岌岌可危，摇摇欲坠。

为什么我们要假装现实并非如此？我们存在的根基确实很脆弱，但这一事实违背了我们根深蒂固的直觉——我们坚信世界的运行规律应该是另一种模式：重大事件的起因理应是重大事件，而不会是微小的偶然事件。作为一名社会科学家，我接受的专业训练是：要探寻能引出 Y 的 X。几年前，我去了非洲南部的赞比亚，目的是研究为什么一场政变失败了。是因为原政治体系足够稳定吗？或者，是因为政变缺乏民众支持？我出发去寻找其真正的原因。

赞比亚政变的阴谋很简单，但也很有效：叛军头目派兵绑架了军队指挥官，他们计划逼迫司令官通过无线电宣布政变。策划者的预期计划是：一旦军方高层下达了命令，营房里其他士兵就会加入政变，这样政府就会崩溃。

但我采访了参与绑架的士兵后，感到自己所学的所有现实模式都崩溃了。当叛军闯入军营时，司令官从床上跳起来，跑出后门，爬上围墙。追赶他的叛军士兵伸手抓他裤管，想把他从围墙上拉下来。司令官拼命向上爬，而士兵努力想把他从墙上拽下来。接下来发生的事就像电影中的慢动作画面一样：士兵抓住了司令官的裤管，但裤管从他指尖慢慢滑脱，司令官翻过墙逃跑了。顷刻之间，政变土崩瓦解。如果这个士兵再快一毫秒，或者他手再攥得紧一些，原有政权可能就会垮台。毫不夸张地说，他们的民主出于"偶然"侥幸存续了下来。

萧伯纳在1922年创作的戏剧《千岁人》中写道："有些人看到已有的情况，然后问：'为什么会这样？'我梦想着从未出现的情况，然后问：'为什么没有这样？'"[15]在我们所生活的世界中，每个人的存在都以近乎无限数量的往事为前提，只要它们稍微变动，就会造成完全不同的结果，我们如何理解这样一个世界？在单个人的生命取决于其他人的死亡（像我一样）或者民主靠裤管布料存续下来的世界中，我们该如何认识自己？如何认识社会？当我们思考宇宙的无限可能性时，我们可以想象出不同的世界。但我们现在只有一个世界可供观察，所以我们不知道如果对过去做了微小改动后，到底会发生什么。如果史汀生一家在1926年错过了那班去京都的火车，转去大阪度假，结果会怎样？如果前往小仓的轰炸机晚起飞几分钟，赶上云层散开，结果会怎样？如果我的曾祖父在那个悲惨的日子早点回家，结果又会怎样？世界将会不同，但会如何不同？

我是一名（幻想破灭的）社会科学家。幻灭是因为我长久以来总有一种心绪不宁的困扰：我们"假装"世界按某种方式运转，但实际上它并非如此。我对现实的复杂性研究得越多，就越怀疑我们一直生活在一个令人欣慰的谎言之中，从我们讲述的关于我们自己的故事，到我们用来解释历史和社会变迁的神话，莫不如是。我开始怀疑，人类是否在参与一场无休无止但徒劳无益的抗争——我们试图将秩序、确定性和理性强加给一个由无序、偶然和混乱主宰的世界。但与此同时，我逐渐倾心于另一个迷人的想法：只要我们接受了自我和周围的一切都源自宇宙偶然的安排，我们也可以在混乱中找到新的意义，并学会乐观面对混乱而不确定的现实。

这种异端观念违背了我从主日学校到研究生院所接受的所有教育。正统的教育思想告诉我们，任何事情的发生都是有原因的,你只需找出这个原因:如果你想了解社会变革,就多读历史书和社会科学论文;如果你想了解人类诞生的故事以及现代人是从哪儿来的,就去深入研究一下生物学,以及达尔文的学说;如果你想探索生命中未知的奥秘,那就多读些哲学巨匠的著作;如果你想了解宇宙的复杂机制,那就学习物理学吧。

但是,如果这些永恒的人类之谜都是同一重大问题的一部分呢?

具体来说,人类必须应对的最大谜题是:为什么事情会发生?随着时间的推移,我读的书越多就越意识到,当这个巨大谜题摆在眼前时,我们无法从政治学理论、哲学巨著、经济学模型、生物进化论、地质学研究、人类学论文、物理学证明过程、心理学实验或神经科学讲座中摘取现成答案。相反,我开始认识到,人类每个不同的知识领域都为此提供了一个片段,如果把它们结合起来,便能让我们更接近这一难题的答案。本书想要挑战的目标正是试图将这些碎片拼接在一起,形成一幅连贯的新画面,以重塑我们对"我们是谁"及"我们的世界如何运作"的认知。

当足够多的拼图碎片拼在一起时,一幅崭新的画面就会出现。当我们看到它逐渐清晰的轮廓后,我们就有希望用一些更接近准确真相的想法,来取代那出于心理安慰而自我编织出的谎言,即使这意味着我们必须从源头上颠覆我们根深蒂固的世界观。衷心提醒：你们中的一些人或许觉得这种转变会让人迷失方向。但我们已经生活在一个让人迷失方向的时代了，想想阴谋政治、大流行病、经济震荡、气候变化以及由人工智能创造的可扭曲社会的新型"魔法"。在这个瞬息万变的世界里，我们中许多人早就在一片不确定的海洋中感到迷茫无助了。当我们在茫茫大海中不知所措时，还紧抱着自我安慰的谎言，这只会让我们沉入海底。而此时，最好的救生筏可能就是真相。

我们所生活的世界比我们想象的要更为复杂，也更为有趣。如果仔细观察，你就会发现，简洁有序的叙事要让位于由偶然、混乱和随意性所交织而成的现实，在这个世界中，无论多么微小的时刻，都可能至关重要。

在接下来的篇幅中，我将揭开一些我们自己写就的谬见，它们的破坏性更甚于简单的因果思维，却常常被人们奉为圭臬。另外，为了有助于我们了解自己，我还会探讨三个关于人类的重要问题：第一，我们何以成为如今的人类，以及为什么这对我们很重要；第二，我们的生活到底是怎样被无法掌控的意外和随机事件无休止地改变的；第三，为什么我们会经常误解现代社会的动态关系。即使是最小的"偶然"也会造成影响，诚如已故哲学家汉娜·阿伦特曾经说过的那样："在最有限的情况下，最微小的行动都会孕育出无限的可能，因为一个行动，有时是一句话，足以逆转星辰。"[16]

*　*　*

有些读者可能已经开始反对这些大胆狂妄的说法了。如果故事书中所说的现实不是真的，偶然和随机所引发的变化比我们想象的要多，那么为什么我们的生活、历史和宇宙中有那么多显而易见的秩序？的确，我们生活的许多方面都是稳定的，世界充斥着规律和令人欣慰的常规模式。也许是我言过其实了，除了如京都那类寥寥可数的奇怪事件，生活中的大多数随机遭遇和偶发事件都无关紧要。真是这样吗？

几十年来，进化生物学领域被两种截然不同的世界观割裂为两大阵营。一个阵营主张生命进化会按照某个既定轨迹稳步前行；另一个阵营则不这么认为，他们相信生命之树会永远开枝散叶，并被偶然和无序所左右。生物学家用一组对立的术语点出了这一争辩的关键：世界是发散的还是趋同的？问题的核心在于，进化是否能以可预测的方式进行，而不考虑反常事件和随机波动，或者说这些偶然性是否会导致进化走上歧途。正如我们将看到的，这些术语不仅有助于我们理解达尔文理论，认识加拉帕戈斯群岛雀鸟的喙，还有助于我们理解为什么我们的生活和我们所在的社会会发生意想不到的转折。

设想我们的生活就是一部电影，你可以倒退回昨天。在新的一天开始时，改变一个小细节，比如你在冲出门之前停下来喝杯咖啡。如果无论你是否停下来喝这杯咖啡，你这一天过得都差不太多，那么这就是一个趋同事件。该发生的事无论如何注定要发生,你生命的火车只是晚几分钟离开车站,但还是沿着同样的轨道行驶。然而,如果你停下来喝了咖啡后,你未来生活的一切都以不同的方式展开,那么这就是一个发散事件,因为很多事情都会因为这一件小事而发生改变。

自然界似乎在发散性和趋同性之间摇摆不定。6 600万年前,一颗直径约14千米的小行星在地球坠落,它所产生的能量相当于100亿枚在广岛爆炸的原子弹。这颗小行星撞击了尤卡坦半岛浅海下富含石膏的岩石,巨量的有毒硫黄释放到大气中,同时还有无数的岩石粉末被抛入大气层,产生了强烈摩擦,最终形成"红外脉冲"[17]。这次撞击致使地球表面温度骤然升高了260摄氏度,恐龙就像烤箱中的烤鸡。[18]

遭遇小行星撞击后,地表被严重炙烤。幸存者大多分为两类:一类可以钻入地下,另一类生活在海洋中。我们观察如今尚存的动物,从丛林生物到沙漠生物,包括我们自己,都是小行星撞击事件后幸存者的进化分支,都源自当年一种足智多谋的掘地求生的动物。[19]

只要改变一个细节,我们就能想象出一个完全不同的世界。如果小行星早一瞬或晚一瞬撞击地球,它就会坠入深海而不是浅海,这样一来,其释放的有毒气体就会大量减少,灭绝的物种也会大幅减少。如果小行星的撞击时间推迟一分钟,它可能会完全错过地球。更令人感到匪夷所思的是,哈佛大学天体物理学家丽莎·兰道尔提出,这颗小行星来自太阳穿过暗物质时所产生的振荡。[20] 她认为,这些微小的引力扰动将小行星从遥远的奥尔特云抛向了地球。如果不是在遥不可测的太空深处发生了一次微小振动,恐龙可能会幸存下来,而人类可能永远不会存在,这就是发散性。

现在,来关注一下我们的眼睛。我们的视网膜进化出了极为复杂且具有专用功能的视杆细胞和视锥细胞,这些细胞使我们能够感知光线。我们的大脑再对感知到的光线信息进行加工处理,将其转化为生动的图像呈现。这些能力对人类生存至关重要,但在地球历史的大部分时间里,生物都是没有眼睛的。直到一个随机突变意外地产生了一组感光细胞,具备这类细胞的幸运儿可以分辨出自身处于明亮还是黑暗的环境中,这有助于它们生存。随着时间推移,感光的生存优势通过自然选择得以强化,最终使我们拥有了复杂的眼睛,这源于一段被称为"PAX6 基因"[21] 的 DNA(脱氧核糖核酸)片段的突变。乍一看,PAX6 基因突变似乎是一个发散事件:祖先幸运地走上了一条分岔路,导致数百万年后的我们可以欣赏精彩的剧集。

但是,当研究人员开始对那些与人类有着惊人差异的生物(如章鱼和乌贼)进行基因组测序时,他们发现了一些值得注意的事情:章鱼和乌贼的眼睛[22] 与我们的眼睛极其相似。事实证明,章鱼和乌贼眼睛的突变基础与 PAX6 基因不同,但二者间又有很高相似性。被闪电击中已经是极小概率事件了,而现在发生的情况是,同一个基因被闪电击中了两次。到底是怎么回事？大约 6 亿年前，人类与章鱼和乌贼在进化轨迹上分道扬镳，但最终我们都拥有了相似的眼睛。这并不是因为人类与章鱼和乌贼都抽中了进化的彩票，我们真正得到的启示是，面对同样的问题，大自然有时会趋向于"提供"同类解决方案，因为有效解决方案只有这么多种。这一洞悉至关重要，因为它表明，有时一些小意外造成的"颠簸"最终会被消除。既然章鱼或乌贼的眼睛和人类的眼睛基本上一样，那么也许微小的变化并不重要。偶然性可能会改变某些事情发生的方式，但最后结果是相似的。这就好像早上按下闹钟的贪睡按钮可能会耽误你上班，但是不会改变你的人生道路一样。无论如何，你都会到达同一个目的地，这就是趋同性。

"趋同"代表了进化生物学中"万事皆有因"学派，而"发散"则代表了"事情就是如此"（没什么"必然如此"的原因）学派。

这一框架对于我们认识自己大有裨益。如果我们的生活遵循发散规则，那么生活上的微小波动也会对我们的职业轨迹、结婚对象和子女等方方面面产生巨大影响。但如果遵循的是趋同规则，那么随机或意外事件仅可能引起一些奇异的小插曲，并不会从根本上改变我们的生活，我们可以忽略这些偶然的因素。

几个世纪以来，一种能反映趋同信念的世界观——强调某些事物具有不可动摇性——主导着人们看待科学和社会的方式。

牛顿定律不应该被打破；亚当·斯密曾写道，有一只"看不见的手"指引着我们的行为；生物学家们最初反对达尔文的理论，原因之一是自然选择假说太过于看重随机，而很少强调优雅的秩序。长期以来，不确定性一直被理性选择理论和机械模型所排挤。我们把微小的变动视为"噪声"而将其忽略，这样就可以专注于研究真正的"信号"。甚至我们的名言也灌注了简洁的趋同逻辑，例如，"道德宇宙的弧线很长，但它终会向正义弯曲"[23]。我们被告知，正义是不会被随意弯曲的。

几十年前，一位进化研究领域的"异端者"木村资生向传统观念发起了挑战，他坚持认为，微小、任意、随机的波动比我们想象的更重要。木村成长于20世纪20年代，少年的他似乎并没有注定要从事学术研究。他讨厌上学，因为当时的教育体系要求学生必须遵从学术界公认的知识。尝试新思想的学生可能会受到惩处，知识传承于权威，这意味着秩序和确定性。木村天性好奇，但他的学校容不下他这好奇的头脑。不过，在1937年，木村受到一位老师的鼓舞，对植物学产生了浓厚的学术热情，他发誓终身致力于揭开植物的秘密。[24]

1939年，木村全家遭遇了一次严重的食物中毒，[25]他的兄弟甚至因此丧命，木村也不得不在家中卧床休养。由于无法继续研究植物，木村开始阅读数学、遗传和染色体方面的书籍，他对植物的着迷逐渐转变为对基因以及基因突变问题的痴迷。可以说，木村的事业轨迹（包括他后来在进化生物学领域的研究）都是由这顿变质的饭开启的。

作为一名初出茅庐的进化生物学者，木村仔细研究了生命的分子结构单元。随着观察的深入，他越发怀疑基因突变并没有多少规律和原因可循。木村察觉到，许多突变既无益也无害，这些变化往往是随机的、中性的，且毫无意义的。[26] 每当突变发生时，木村的前辈们都会搜寻相应的解释和原因，以便让突变"说得通"。对此，木村只是耸耸肩：有些事情的发生没有原因，事情就是这样。

木村的发现重塑了进化生物学领域，带来了影响几代学者的新观念，但其意义远不止于此。木村的学术思想，可以帮助我们更好地理解世界的复杂性和偶然性。也许不是每件事的发生都有原因，也许在一个错综复杂的世界里，最小的变化可以产生最大的影响。

木村自身的经历也是其学术思想的生动例证。他的经历形象地表明，随意、相互关联的变化会如何导致偶然事件的发生。1944年，木村离家去上大学，他希望避免被征召入伍。1945年8月，他正是一名京都大学的在校生。如果史汀生夫妇错过了1926年去京都的火车，转为到大阪度假，木村和他的想法很可能会被湮灭在原子弹的耀眼光芒之中。

第 2 章 改变任何事情，都会改变一切

纠缠世界中的个体主义错觉

很少有人能像木村资生那样惊险地躲过原子弹的袭击。但每个人都能回想起一个改变自己一生的偶然瞬间。那也许是一个更典型的转折点，比如你与未来伴侣的偶遇；或者高中时上的一堂课把你的未来职业规划引入了新领域；也有可能是一次侥幸逃生，比如一次急打方向盘的转弯让你保住了性命；又或者是你的一次慷慨出价被拒绝了，可在这之后你找到了更好的房子。这些时刻之所以引人注目，正是因为它们显然引发了重要结果。我们会沉思，如果没有发生那些事，我们的世界会是什么样子。因为一个小小的改变，我们无法与伴侣相遇，无法发现自己真正的职业兴趣，甚至还可能遭遇致命危险。

但这些似乎都是极端异常的情况，我们之所以会为这些时刻惊叹，正是因为它们是如此少见，且与众不同。我们觉得自己生活的基石不是运气，而是前途光明的明智选择，我们自认为这些选择是自己独立做出的。我们可能会为该选择哪条路而寻求建议，但我们不会为无法控制的事情而寻求建议（没有人会去买一本求生指南，了解如何在下一次灾难性的小行星撞击地球时逃生）。当我们做出一些改变生活的重大决策时，很明显地，我们正在改变自己的人生轨迹：挑选适合自己的大学与专业，认真对待第一份工作，选择与对的人共度一生。我们被告知：集中精力将大事做好，其他一切都会没问题。励志类演讲或书籍会告诉你，你自身就是你所探求问题的解决方案。这种想法很受欢迎，因为我们大多数人都通过个体主义棱镜来看待自己的生活。我们的人生故事不是由群体共同编写的，它是由我们自己写就的。我们的重大选择决定了我们的道路，这意味着我们能控制自己的人生轨迹。要了解这条道路，我们只需要在供奉着自我的神坛前祈祷。

然而，每隔一段时间，我们就会看到自己的道路以一种不受控的方式与他人的道路发生碰撞，这种事件往往转瞬即逝，且令人手足无措。我们称这些时刻为运气、巧合或命运，它们被归类为异常。当世界"正常"运转时，生活似乎被一种井然有序的规律所支配，我们相信自己可以主导命运。每当我们遇到那些似乎挑战了我们自信的奇怪巧合后，我们会短暂地喘口气，耸耸肩，继续前进，并为下一个决定自己未来的重大选择做好准备。这是一种司空见惯的思维方式，没人会对此产生怀疑，世界就是这样运转的。

但这只有一个问题：以上这些都是谎言，是承载了时代特征的谎言。我们可以称之为"个体主义错觉",我们紧抱住这一错觉不放手,就像落水的人紧抱住漂浮的任何物体一样。每隔一段时间就会发生一个故事,它让我们清楚地明白:认为自己与其他人、其他事毫不相干的想法是多么滑稽。

2022年夏天,希腊海岸发生了一起悲剧。一位来自北马其顿的游客伊万被海浪卷入海里。[1]他的朋友们赶紧通知了海岸警卫队,但搜救一无所获,当地管理部门宣布伊万失踪,并推定他已遇难。18个小时后,伊万奇迹般地生还。这太不可思议了。原来,就在伊万要被海浪彻底淹没之前,他看到一个小足球漂浮在远处的水面上。伊万尽全力向它游过去,他整晚都紧紧抱着这个球不放手,最终获救了。这个球救了他的命。

当伊万幸存的故事成为轰动希腊的新闻时,一位母亲感到万分震惊,她认出了伊万手里拿着的球。十天前,她的两个儿子曾在海边玩过那个球,其中一个男孩不小心把球踢进了海里,那只球便在大海上漂了约128千米,直到它在正确的时间遇到了快要被淹死的伊万。当初,那两个男孩没有把落入海中的球放在心上,他们耸耸肩走了,又买了一个新球。他们后来才意识到,如果没有自己那意外一脚,伊万现在已经死了。

我们生活中的真实故事往往写在不起眼的边缘位置。微小的细节有时至关重要,甚至是未曾谋面的人做的那些看似无足轻重的选择,也可能决定我们的命运,尽管我们中大多数人永远不会像伊万那样,清楚地看到自己的生命轨迹如何被他人小小的举动所逆转。而最严重的错误在于，我们错认为伊万的故事只是打破世界正常运转方式的奇闻逸事。实则不然，伊万的故事可以让我们清晰地窥见那些生活中纠缠不清的关系。这样的事情每天都在发生，但我们却视而不见。因为我们被一种虚幻的世界观蒙蔽了双眼，假定我们都是独立的个体，都完全掌控着自己的生活。

生命的挂毯是用一种魔力之线编织而成的，这种线的神奇之处在于，你越拉扯它就越长。每一个当下都由看似毫不相干的线混编而成，那些线一直延伸到遥远的过去。当你拉扯其中任意一根线时，都会遇到意想不到的阻力，因为每根线都与挂毯的其他部分相连。事实是，正如马丁·路德·金在伯明翰监狱的一封信中所写："我们被困在一个无法逃脱且相互依存的关系网中，被命运紧紧联系在一起。"[2]

* * *

1814年，法国博学家皮埃尔-西蒙·拉普拉斯正在努力研究相互纠缠的奥秘。为什么我们不擅长预测未来？为什么事情的发生总让我们感到惊讶？人类是否可能理解世界变化的原因，从而更好地掌控它？

牛顿在其同时代的科学工作者眼中是一个超人，而拉普拉斯是那个站在牛顿肩膀之上的数学天才。在牛顿之前，世界就像一个无法破解的谜，它严守着自己的秘密。牛顿破解了密码，发现了许多谜题的答案,并将其写成"定律",来解释物体运动的规律和可预测的行为。牛顿运动定律不仅使我们对宇宙的理解发生了深刻变化,也使我们的哲学观发生了深刻变化。在古代,变化和灾难通常被归因于诸神的密谋。船只失事、塔楼倒塌,是因为人触怒了神,或者没有向神供奉足够的贡品。牛顿让这些爱管闲事的神"退休"了。我们已不再需要用神来解释生活或自然界中的每一个细微变化,但兴许会借用它解释支配宇宙的法则从何而来。上帝可能创造了时间,但牛顿运动定律让时钟嘀嗒作响。

牛顿运动定律启发了拉普拉斯。如果我们生活在一个受严格定律支配的"机械宇宙"中,那么了解时钟的运行机制就能让我们准确预测未来。模糊的世界可以变得清晰。我们只要有正确的工具,就可以像观察当下一样清晰地预见未来。毕竟,在科学革命之前,准确预测台球在桌面上的运动似乎就像一种魔法。有了牛顿运动定律、数学和物理方程,你就有了施展魔法、预见未来的能力。然而,我们真的可以完全预测整个宇宙吗?

拉普拉斯推测,每一件事、每一阵风、每一个分子,都受一套严格的科学规则支配,这就是牛顿的自然法则。因此,如果你想预测打台球的人会不会把球打进角袋,你需要了解牛顿物理学原理、球的重量、击球的力量和角度,还需要知道一些看似微不足道的细节:如房间里的温度,是否有微风吹进门窗,或者球杆头上有没有残留的巧克粉。拉普拉斯认为，如果你掌握了所有必要信息，甚至包括台球的原子和房间里漂浮的空气分子，你就能非常准确地预测出台球最终会滑向哪里。然后，他提出了一个激进的想法：如果人类也像台球一样，我们的生活遵循同样的自然法则相互碰撞，会怎样呢？

根据这个逻辑，拉普拉斯提出了一个有趣的思想实验。想象一下，假定一个超自然生物——我们可以称之为"拉普拉斯妖"[3]，它拥有知晓一切的智慧。它没有能力改变任何事情，但它可以绝对精确地了解宇宙中每一颗原子的每一个细节——从邦迪海滩上一粒沙子的分子构成，到巴拉圭犰狳肠道最深处细菌的化学成分。拉普拉斯认为，如果存在这样的智慧，"对这样的智慧来说，没有什么是不确定的，未来像过去一样，呈现在它眼前"[4]。换句话说，有了完美的信息，拉普拉斯妖就能将现实看成跨越时空的拼图游戏，所以它会理解为什么每件事会发生，也可以知道接下来会发生什么。伊万会对海面上漂浮的足球感到诧异，但拉普拉斯妖不会，它在伊万陷入恐慌时就知道伊万会得救，因为它能清楚地看到过去、现在和未来的一切。对拉普拉斯妖来说，世界毫无奥秘可言。

其他科学家和哲学家拒绝接受拉普拉斯妖所在的"机械宇宙"。他们认为，这一立场并不代表我们无法理解机械宇宙，也不代表我们没有正确的工具来测量机械宇宙，关键在于宇宙的奥秘是不可知的。无论技术如何，无论我们能想象出何种无所不知的拉普拉斯妖，未来将永远神秘莫测。并不是我们不知道，而是我们无法知道。

那么，真相到底如何？我们是生活在一个可预测的"机械宇宙"中，还是一个不确定的宇宙中？

六十年前，爱德华·诺顿·洛伦茨让我们离答案更近了一步。洛伦茨从小就对天气很感兴趣，但读大学时，他暂时搁下了这一兴趣，选择在达特茅斯学院学习数学，后来他又去哈佛大学攻读博士学位。在洛伦茨学术生涯的巅峰期，二战爆发了。此时，美国政府需要所有有才能的人为这场战争贡献自己的智慧，包括崭露头角的数学家。一次偶然的机会，洛伦茨瞥见了陆军天气预报部门的招募传单，这唤起了他童年对天气的迷恋之情，于是他报了名。洛伦茨在麻省理工学院接受了气象系方面的高级培训，然后被派往塞班岛和冲绳，他在那里负责预测对日本轰炸时的"云层覆盖情况"[5]（美军投放原子弹时，小仓上方"幸运地"出现了始料未及的云层，洛伦茨很可能是那次天气预测工作的关键人物）。

在20世纪40年代，即使拥有最好的头脑和最好的设备，气象学依然在很大程度上要凭主观得出结论。战争结束后，洛伦茨从太平洋那些不可预测的天气系统中吸取了经验，他决定探究一个更宏大、更深刻的课题——天气发生变化的原因。20世纪60年代，尚处于起步阶段的计算机还不具备模拟真实天气系统的能力，尽管如此，洛伦茨还是在他的LGP–30计算机[1][6]上创建了一个简化的微型世界。与现实世界中的天气系统可能包含数百万个变量的真实情况不同,洛伦茨的计算机模型只有12个简单变量,比如温度和风速。在这个简化的数字宇宙里,洛伦茨扮演了拉普拉斯妖的角色:因为在他的虚拟世界里,他总能知道其中所有变量的精确测量值。那么,洛伦茨能像拉普拉斯妖一样,利用这些精准数据预测模型未来的变化吗?

有一天,洛伦茨决定重新进行一次系统模拟。为了节省时间,他从试验的中间流程开始做起,插入先前测算的数据点。他以为,只要将风速和温度设置在相同水平,天气模式就会像之前一样重现。同样的条件,得出相同的结果。

然而,奇怪的事情发生了。尽管洛伦茨把所有的条件都设置成同之前的一样,但得到的天气模拟结果在各个方面都和之前不一样了。他认为这一定是出了什么差错,但始终找不到原因。在对数据进行了大量核对分析后,洛伦茨终于意识到发生了什么——他的计算机会将打印输出的结果自动保留到小数点后三位。例如,如果确切的风速是每小时 3.506 127 英里[2],打印输出将显示为每小时 3.506 英里。当他将打印输出的结果重新输入模型中进行模拟时,就会产生极小的数据偏差(在这次

---

[1] 1956 年发布的计算机,内存大约有 30 千字节。——译者注
[2] 1 英里 ≈1.609 千米。——编者注

事件中,只是每小时 0.000 127 英里的风速)。如此微小的误差看似毫无影响,却造成了结果的巨大差异。

这次事件让洛伦茨产生了一个新认识——它足以颠覆我们对世界的传统认知:即使在一个一切因素都受控的"机械宇宙"中,微小变化也能产生巨大差异,只要把温度升高百万分之一摄氏度,或者把气压降低千分之一帕,两个月后的天气就可能从晴朗蓝天变为倾盆大雨,甚至是飓风。洛伦茨的发现创造了"蝴蝶效应"这一术语,即一只蝴蝶在巴西扇动翅膀,此举可能会引发得克萨斯州的龙卷风。

洛伦茨无意中创立了混沌理论[7]。我们能从中得出很清晰的启示:如果拉普拉斯妖存在,它的观测必须完美无缺。即使只偏离了一个原子,随着时间推移,拉普拉斯妖的预测也会大错特错。我们现在知道,许多系统都具有混沌性,这类系统对初始条件的细节非常敏感,以至即使它们遵循"机械宇宙"逻辑,也无法准确加以预测。时至今日,虽然我们已经拥有超级计算机,但天气预报仍然不可靠,气象学家甚至很少费心去预测未来一两周以后的天气。微小区别可以导致巨大差异,夏洛克·福尔摩斯曾经打趣道:"我一直秉信一件事情,那就是小事无限重要。"[8] 混沌理论证明福尔摩斯是对的。

微小的变化可以导致截然不同的结果,因此宇宙的变化对我们来说总是不确定的,甚至是随机的。无论我们在技术上取得多大飞跃,人类永远不会成为拉普拉斯妖。如果我们所看、所经历的每件事背后都有一个"机械宇宙"在运行,我们将永远无法完全了解它。

混沌理论意味着,即使一些看似很好预测的事物,比如台球的运动轨迹,也具有很强的不可预测性。站在台球桌附近的人体重不同,其产生的引力就有所区别,这种极微弱的差异会使一个球在被其他球反弹6~7次后,滑向完全不同的方位。[9] 所以,无论一位台球运动员击球的角度和力道多么精确,他也无法设计出通过多次碰撞来击球入洞的方案。既然在如此小的空间尺度上都会发生这样的事情,设想一下,对于包含无数个原子台球的世界,又会是什么样的?最微小的波动都很重要。因此,往往只有骗子或愚人才会信心满满地预测未来。或者,正如神学家佩玛·丘卓所说:"如果你要押注于安全性和确定性,那你就来错星球了。"[10]

混沌理论改变了我们理解世界的方式,但也引出了一些让人焦虑不安的问题。如果一个无限小的风速误差可以决定几个月后的一场风暴,那你在周二清晨是该安心地关掉闹钟,还是从床上一跃而起?我们的生活是否被无关紧要的选择和看似偶然的霉运或幸运所支配?令人费解的是:如果1926年史汀生的度假计划能影响到19年后一万多千米之外数万人的生死,那我们所要担心的就不仅仅是是否按下闹钟按钮这种简单的问题。即使我们从未意识到这一点,但其他80亿人看似无足轻重的选择也同样影响着我们的生活轨迹。

如果你能更关注现实，就会意识到我们彼此在时间和空间上有着千丝万缕的联系。在一个相互纠缠的世界里，我们所做的每件事都至关重要，因为我们轻轻吹动的涟漪可能在别人的生活中引发或平息风暴。这意味着我们远不像自己所认为的那样可以掌控世界，因为很多惊天动地的事件可能源于一些古怪、始料未及、不可预测的相互作用。假装相反的情况也许会让人心安：作为个体，我们掌管着一个有序的、不受他人干扰的自我世界。所以，我们就假装是这样的。

无论我们出于何种原因去否认世界的整体统一性，无论我们多么热切地把世界放入一个个彼此隔绝的分格收纳盒，事物之间的相互关联是现实存在的，它驱动着万事万物的发展。我们生活在一个彼此纠缠的世界，一旦接受了这一真相，你就会清楚地看到：意外、随机和混乱的"计划外"事件会构成许多事情的起因。在这些事件中，偶然非常重要，信号和噪声之间没有明确界限，二者无法割裂。或者说，世界上没有绝对的噪声，一个人的噪声或许会成为另一个人的信号，即使我们无法察觉它们。

同样的情况也发生在我身上，我的曾祖父曾娶过一个精神病患，如果没有100多年前那桩悲惨的案件，就没有现在的我。你的生命中也会有类似的关联，不过我希望它们的性质没那么可怕。一个个由偶然和意外搭建起来的微小"人生转折点"串联起我们的生活，它们无穷无尽。我们想假装这不是真的，但现实并不在乎我们的想法。我们永远在他人吹动的涟漪中冲浪——希腊海岸外，伊万真切地体验到了这一事实，而我们大多选择无视。

适用于个人的道理同样适用于社会。纳西姆·尼古拉斯·塔勒布提出了"黑天鹅"[11]，指那些沉重打击了我们自满情绪的重大意外事件。近几个世纪以来，世界变得愈加错综复杂。这算不上是新颖的观察结论，但它确实意味着微小的改变、意外和偶然比以往任何时候都更有可能导致"黑天鹅"事件的发生。冰岛的一座火山爆发可能会使数百万人陷入困境；一艘船搁浅在苏伊士运河会导致几十个国家的供应链中断；新冠疫情期间，在中国，确诊病例所在场所会被封闭隔离。这就是我们的世界，一个高度关联的世界。

我们的世界不仅纠缠在一起，而且还在不断变化，即便我们感觉不到。当你在读本章内容的时候，你也在改变。你正在衰老（谢天谢地，衰老的幅度很小），你大脑中的神经网络也在不知不觉间随着你的阅读而发生变化。至关重要的是，即使你此刻似乎没有做任何他人关注的事情，但某些当下看起来与你没有丝毫关联，且没在你身边发生的事，也可能会在未来改变你的生活，而你却对此毫无感知。古希腊哲学家赫拉克利特准确地指出："没有人能两次踏进同一条河流。因为河不再是同一条河，人也不再是同一个人。"[12] 赫拉克利特的学生克拉底鲁补充说，我们不仅仅是被动的观察者。当你踏入河流时，你就改变了它。没有什么是静态的，微小变化会在时间进程中产生巨大的累加效应。

科学家，特别是那些研究复杂系统的科学家早就知道这个道理。在一个混沌系统中，比如洛伦茨研究的天气系统，任何一个子集的微小变化都会对其他所有部分产生不可预测的影响。这些科学家无法忽视一个显而易见的事实：没有什么是真正独立的，任何事物都是统一整体的一部分。

有一小群人会比我们更深入地体验到这个真理，他们就是那些得以看到整个地球在黑暗太空映衬下的人。那种景象极为震撼，会在瞬间重塑一个人的世界观。不过，少数有幸看到整个地球景观的宇航员并不是多愁善感、容易被美景所左右的浪漫主义者。当美国太空计划开始时，NASA（美国国家航空航天局）招募的是理性且机械的实用主义者，这些人最不可能被感性或敬畏心打动。NASA担心，那些具有哲学家和诗人气质的人可能会在关键时刻操作失误。

尽管NASA选择的宇航员都性格沉稳甚至有些冷漠，但所有见过蓝绿色地球全貌的人都会因那无与伦比的震撼景象而情不自禁地发出感叹。"这是我一生中看到过最美丽、最动人的画面。"[13]阿波罗8号任务的指挥官弗兰克·博尔曼曾这样描述。阿波罗14号的飞行员埃德加·米切尔对此表示同意，他指出，这一经历让他感到一种"合一的狂喜"，他开始意识到所有存在物之间都存在无法被打破的联系。凝视窗外，他突然想到

"组成我身体的分子和组成宇宙飞船的分子都是从很久以前宇宙中一颗古老恒星的熔炉里燃烧锻造出来的"[14]。对那些从太空看到地球的人来说，这种感受是如此普遍而深刻，以至它有了一个专业术语：总观效应[15]。

但我们大多数人仍然会受困于有限的视野。努力扩展视角，就像宇航员从宇宙飞船向外眺望一样，你会清楚地察觉到，个体主义是一个海市蜃楼，没有什么是真正独立的，"联系"定义了我们的存在方式。

看起来，一个相互交织的世界好像会令人心生恐惧。没有人愿意承认自己无法掌控自己的人生，或者跨越半个地球的一个陌生人的决定会让你陷入死亡风险，一个几十年前随意的选择会导致全社会遭遇严重的经济衰退。但无论你喜欢与否，世界就是这样运转的。即使是那些早已故去的人做出的已被人遗忘的决定，仍然很重要。如果1905年威斯康星州的四个孩子没有被谋杀，你就不会读到这句话了。

这一真相其实并不可怕，反而很奇妙，生命每一刻都被赋予了潜在的隐形意义。它颠覆了个体主义世界观，当我们做出重大决定时，我们不仅是在掌控自己的命运，事实上，即使是我们做出的最小的决定也很重要，也会改变世界。威廉·布莱克的诗《天真的预言》开头几行蕴含了这一深刻的科学道理："一沙一世界，一花一天堂。无限掌中置，刹那成永恒。"

是时候调整一下我们在这个世界中看待自己的方式了。我们混乱、交织的生活揭示了一个颠扑不破的惊人事实：我们什么也控制不了，却影响着一切。[16]

* * *

之所以很少有人意识到这一事实，是因为我们被大量相反的信息所"轰炸"：大众推崇的是个体主义。掌控世界的谜思无处不在，尤其是在现代西方社会。现代文化的一切都让我们觉得自己是主角，可以驯服一切，整个世界要屈从于我们的异想天开。成年人会专门在网络上直播自己的不满情绪。渴望成为"网红"的孩子比渴望成为宇航员的孩子多两倍。[17]"美国梦"是打了兴奋剂的个体主义妄想。我们自己说了算！如果这是真的，那我们的确可以忽略其他人的某些决策在时空中给我们带来的影响。但时不时地，生活中隐藏的关联会用伊万和足球那样的故事来给我们当头棒喝。个体主义神话会接连遭遇一个个诸如此类不和谐的障碍，而我们只是耸耸肩，继续生活，继续生活在谎言之中。

西方现代性是当今世界重要的观念和信仰体系，它创造了一些精简的说法来解释我们生活和社会中诸多变化到底是如何发生的。认为个体独立掌控自己世界的信念无处不在，以至当一个人说出"实际上，我们纠缠于一个统一的因果网中"时，他的口吻像是一个新时代的励志书作家，而不是一个揭示事物真相的科学家。（在科学领域，理论物理学家往往是最乐于接受并传播这一信念的群体。)

现代荒谬信念将现实的巨大复杂性简化了，它使得我们能把令人抓狂的混乱塞进整洁的收纳盒，让一切看起来更容易管理。这些盒子用确定性取代了不确定性，用有序取代了无序，用优雅的简洁性取代了混乱的复杂性，用一个由（大多数）理性个体做出独立选择的世界取代了彼此纠缠的偶然世界，它们成了我们的安慰剂。人类喜欢直截了当的故事，比如 X 导致 Y，而不是一千个不同因素共同导致 Y。我们专注于寻找引发大事件的单一重大变化，而忽略了那些可以在堆积后造成雪崩的小雪花。我们甚至把浩瀚的大自然也放进一个单独的格子里，把它当作一个可供远足去野餐的场地，而不是把我们与自然统一看作一个整体中不可分割的部分。

我们的日常语言处处能体现出这种荒谬的信念，正如哲学家阿伦·瓦兹所指出的那样，当我们谈到自己的出生时，我们常常说我们来到了"世上"，但其实我们明明就是来自"世上"，那些早就存在于宇宙中的原子被重新聚集排列后，有幸暂时地组成了一个人。[18] 无论你往哪里看，类似错误的假设比比皆是，其中最具欺骗性的谎言之一，就是认为我们可以安心忽略生活中的微小波动。当代文化格外重视个体主义，这使得人们很容易无视那相互关联的真相——我们之间是紧密联系在一起的。

当然，无论是过去还是现在，不是每个人都会沉溺于个体主义错觉。哲学领域中的原子论和关系论之间存在本质区别。[19] 原子论思想认为，个体天然是相互独立的，正如同我们在描述宇宙中任何物质时，都可以通过其原子构成将它们细分。研究的重点是组件，而不是组件间的相互作用。哲学家伊丽莎白·沃尔加斯特曾总结，在原子论思想中，"组成社会的个人就像一桶水里的分子一样，是可以互换的——社会只是个人的集合"[20]。西方哲学传统倾向于强调原子论。

东方哲学倾向于以关系思维为主导。相对于组成部分本身，系统内各组成部分之间的联系才是最重要的。关系思维认为，个人只能以身为更大事物的一部分去理解，也就是说，在社会和语境中，我们都被定义为自然界中更广泛整体的一部分。在关系思维中，我们根据自己与他人的关系来定义自己的身份，比如某人的配偶、母亲或会计师。即使我们以原子论的角度来思考，我们的生活也是以关系来定义的。个人之间的联系和关系构成了社会。没有人会在鸡尾酒会上介绍自己是"人"。

东西方思维的分歧从何而来？一些人认为，这在某种程度上是动物学历史的偶然性造就的。在《圣经·创世记》中，上帝宣告说："我们要照着我们的形象造人，让他们管理海里的鱼、空中的鸟、地上的牲畜和一切爬虫。"在这个构想中，人类与自然世界的其他部分泾渭分明，基督教诞生前后，中东和欧洲居民基本秉持以上信念。骆驼、牛、山羊、老鼠和狗组成的动物王国截然不同于人类世界。

相比之下，在许多东方文化中，古代信仰倾向于强调人类与自然世界的统一性。一种观点认为，这可能部分是因为猴子和猿类在东亚和东南亚地区极为常见，人类在这些动物身上看到了自己的影子。正如生物学家罗兰·恩诺斯指出的那样，在马来语中，orangutan（红毛猩猩）有"森林中的人"[21]的意思。印度教有猴神哈努门，中国战国时期的楚国贵族会圈养长臂猿。该理论认为，由于这些灵长类动物的存在，我们无法忽视自己是自然的一部分，当然，自然也是我们的一部分。

姑且不论起源问题，关系论和原子论的对立在宗教中也有体现。印度教中的"梵"（大我）[22]被认为是一切事物的本原或根源，与它对立的是"阿特曼"（小我），后者所认为的"个体独立存在"只是幻觉。印度教中的吠檀多派主张，只有当一个人意识到"自我"只是幻觉时，才能真正解脱。因此，印度教徒明确地给个体主义贴上了"错觉"的标签。与此相一致，佛教徒寻求获得"无我"的感觉，这正是个体主义世界观的反面。相较于个体认同，许多土著文化更倾向于相信生命交织在一起，例如，住在马德雷山脉的塔拉乌马拉人用一个被称为"Iwfgara"的概念来形容"所有生命的相互联系与整合"[23]。

基督教也有这样的思想，早期欧洲基督徒认为上帝不是与自然分离的，而是自然的一部分——上帝"无所不在"[24]。正如《上帝的历史》一书的作者卡伦·阿姆斯特朗所解释的那样，这意味着上帝不是一个存在，而是存在的本身。到了启蒙运动时期，上帝的概念发生了变化，人们开始将上帝看作一个独立个体，牛顿认为他"精通力学和几何学"[25]。

如今，现代基督教更为推崇自我优先的个体主义信念，它会强调个人的道德责任；当祈祷者祈求上帝的神圣干预时，上帝更像是以个体身份行事。在现代新教的一些分支中，"成功神学"已经生根发芽，根据这种新生宗教思想，个人的忠诚信仰、对宗教事业的捐赠，以及积极思考都将直接得到上帝的奖励。财富被列入这份奖励的"菜单"中，但拥有与否全取决于你，只有你有"下单"的权利。

对许多后启蒙时代的基督徒来说，写就我们生活剧本的不是围绕在我们身边的"神性"，而是一位高高在上的真神。伊万没有溺水而亡，那并不是因为我们生活在一个错综复杂的世界里，各种故事线交织在一起，碰巧"缠结"出了一个"挽救之扣"，而是因为上帝——一位具有超自然力量的神，通过一系列隐秘行动，为他送去了救命的足球。这是一种重要的解释转变，它强化了个体主义信念，让人们相信世界是由个人有意且独立的选择所塑造的。美国文化受这种观点影响尤为严重，正如"新教工作伦理"所提倡的那样，任何人都可以通过努力工作来证明自己的虔诚，这正是彻底的个体主义救赎观。

随着时间推移，个体主义越发巩固，因为在现代社会中，人们已感知不到自身与自然世界存在的紧密联系。我们现在把自己看作一种高高在上的存在物，而不是自然世界的一部分。

相较于现代人，遥远的狩猎-采集者对科学技术几乎一无所知，但他们更"理解"大自然，他们不能跨海对话，也不能遨游太空，可他们的日常生活完全依赖于与自然世界的直接接触。相比之下，尽管在经历了数千年的创新和科学进步后，大多数现代人都能掌握一些精深的专业知识，但每个人的知识覆盖领域极为狭隘。如果你被困在一个热带岛屿上，与来自古罗马或中世纪英国的商人或农民在一起，比与精通办公软件的现代专业人才在一起，大概更可能活下来。

现代人类只掌握了一小部分关于世界的科学原理，但通过将各个领域的知识碎片拼凑在一起，我们已经获得了之前人类难以想象的力量。这是还原论[26]的伟大胜利，它假设我们可以将复杂现象分解成单个部分。了解各个部分，就了解了整个系统。但是，你越是把系统视为可拆解的部分，就越容易忽略其中相互交织的联系。还原论已被证明非常有用，它帮助我们取得了惊人的科学进步。但我们过于关注什么是有用的，而忘记了什么是真实的。相互关联的关系即便没有比组件的关系更重要，但起码有与其同样的地位。个体主义越是被置于现代科学的显微镜之下，它就越经不起推敲。

如今，甚至连"个体"的科学定义也在被逐渐修正。一些生物学家已经开始不再将"一个有机体"视为个体，而是将其视为"共生功能体"[27]，其中包括一个核心宿主（以人类为例，核心宿主就是指一个人）以及生活在宿主体内或周围的生物圈。这听起来可能很奇怪,但事实上,我们确实不仅仅是我们自己,而是人类细胞和所有有关微生物(包括真菌、细菌、古菌和病毒)的集合。人体内居住的微生物和人类细胞的比例约为1.3∶1。① 正如生物学家梅林·谢尔德雷克所说:"你肠道中的细菌比银河系的星星数量还多。"[28] 最新研究证据表明,病毒会影响我们的生物钟,[29] 寄生虫会改变我们的思维,[30] 而我们体内的微生物群会引发情绪障碍。[31]* 从科学的角度看,我们从来不是"自己"。如果连我们的思维都会受到那些生活在我们体内的微小有机体的影响,那么个体主义,即独立、自主地掌握自己的世界又从何谈起呢?以上结论可能会让人无所适从,但它是事实。

  这种思维方式与我们的直觉背道而驰。但是,已故的现代最具独创性的哲学家之一——德里克·帕菲特曾借助一个离奇古怪的虚构场景,揭示了我们传统的"个体"概念[32]存有较大的缺陷。想象一下,你有世界上最小的镊子,它可以进行精细微妙的操作,一次夹住一个人体细胞。假设你和麦当娜一起进入手术室,你坐在房间左边的椅子上,她坐在右边的椅子上,

---

① 具体数值存在多方说法。——编者注
* 例如,弓形虫会显著影响受感染动物的行为——感染了弓形虫的狼会变得更加大胆,其更有可能成为狼群领袖。弓形虫也经常在猫身上被发现,这意味着养猫的人更有可能被感染弓形虫。一些研究表明,弓形虫也会显著改变人类的行为。目前世界上大约1/4的人是弓形虫感染者。

然后，一位外科医生不厌其烦地开始将你们俩身上的细胞进行交换，一次用镊子夹住一个，周而复始，来回数十万亿次，直到你们身体的全部细胞互换完。

我们很容易理解这个思想实验中最极端的情况，如果只换一个细胞，你还是"你"；如果你体内所有的细胞都和麦当娜的互换了，那么把坐在左边椅子上的人还当作"你"就显得很荒谬了，毕竟，此刻坐在右边椅子上的人看起来和"你"一模一样，而左边椅子上的人则和麦当娜一模一样。但令人困惑的地方在于，你到底是从什么时候开始不再是你自己的呢？当你30%的细胞被替换后，你还是"你"吗？或者是50.1%的细胞被替换后？这里没有明确的答案。*

因此，只要仔细观察目前依然占主导地位的个体主义范式，你就会发现它明显的缺陷，即使轻微的怀疑也会轻易将它击碎。值得庆幸的是，一旦承认了个体主义幻觉，我们就得以窥视一些令人欣慰的启示，进而知晓自身是如何真正与世界相融合的。帕菲特在阐述自己的思想实验时得出结论：认识到相互纠缠的存在方式会让人彻底释放，甚至感到振奋。

"我的生活就像一个玻璃隧道，[33] 我在其中穿梭的速度一年比一年快，隧道尽头是黑暗……当我改变观点时，玻璃隧道

---

* 该思想实验与"忒修斯之船"相似。2世纪，古罗马时代希腊哲学家普鲁塔克提出一个问题：如果忒修斯之船的木板被逐渐替换，直到所有的木板都不是原来的木板，这艘船还是原来的那艘船吗？

的外墙消失了。现在我感觉自己像住在户外，我的人生和他人的人生还是有区别的，但差异变小了。他人同我之间的距离更近了。我不只在意自己的余生，还在意他人的生活。"了解现实的纠缠关系会改变我们体验世界的方式。

认识到混乱的、错综复杂的现实后，你会得到一些反直觉的结论，接下来我们将一起探索这些结论。在这个过程中，我们将揭开"事情为什么会发生"的谜团，我们会以不同方式思考我们的起源、我们的社会、我们的生活，甚至变化本身。

我们将着手解决以下6个大问题。

1. 每件事的发生都是有原因的吗？还是事情有时就这样发生了？

2. 为什么微小变化有时会产生巨大的影响？

3. 为什么我们会执着于故事书里的"现实"，即使它不是真的？

4. 难道我们不能用更好的数据和更复杂的概率模型来预测和控制偶然吗？

5. 偶然从何而来？为什么它会让我们措手不及？

6. 如果我们接受这个世界的混沌，我们能过得更好、更快乐吗？

当我们将这些问题的答案聚集在一起，可以得出一个惊人的结论：微小、随机，甚至是意外变化——偶然，通常比我们所认为的要重要得多。可能你认为自己在沿着一条直线划水，可事实上，我们所有人都像漂浮的足球一样，在不确定的海洋上随波逐流。相比我们幻想中的那个世界，真实世界充斥着更多的意外性和随意性。正如我们将看到的，这种神秘主义基调可以追溯到最早——20亿年前，地球史上最大的一次偶然。

第 3 章 不是每件事的背后都有目的

为什么在一个由意外和混乱驱动的世界中，
偶然性会占据至高无上的地位

在《物种起源》的结尾,达尔文由衷地为复杂生命的大爆发感到惊叹,生命从"如此简单的初始样貌",经历了世代更迭,进化为"最美丽的形态"。达尔文说的没错,生命初始样貌确实非常简单,在地球历史的大部分时间里,生命一直停滞不前,困守在单细胞生物状态。为了发展出那些"最美丽的形态"——如兰花、章鱼、喜鹊、木兰、鬣狗和人类,我们需要运气,而且不仅仅是普通的运气,是那种几十亿年才出现一次的运气。

直到大约 20 亿年前,地球上所有的生物都是简单而微小的原核生物,它们都只有单细胞,没有细胞核,比如细菌和它们的表亲古菌。然后,由于未知原因,一个细菌撞上了一个原核细胞,并最终进入了原核细胞。[1] 这种细菌最终进化成线粒体——这是我们细胞的能量站。*在那一瞬间,一切都变了。

---

* 1966 年,28 岁的生物学家林恩·马古利斯提出了这个想法,却因此广受嘲笑。她把自己的想法写成论文投给了十几家期刊,但都被拒绝了,因为这听起来很荒谬。但后来,马古利斯的理论被证明是正确的,它被认为是 20 世纪最重要的发现之一。

每一种后来的复杂生命——从树到草，从蜗牛到人类，它们的存在都归功于这种意想不到的微生物融合²过程。最令人不安的是，人类的传奇故事可以追溯到一个如此微观的偶然事件。这种情况在20亿年间只发生过一次，之后就再也没有发生过，这也许是有史以来最伟大的偶然。

当你追溯人类的历史时，同样令人惊异的故事比比皆是。它们清楚地表明，我们的存在和我们现在的生活方式是随机与意外造成的。科学家们最近甚至发现，我们不产卵的原因或许可以追溯到大约1亿年前，某种类似鼩鼱的生物感染了一种逆转录病毒，导致其胎盘进化，最终实现了活体生育。³人类的生命之书有无数作者，其中包括人类，也包括非人类，它们交织在一起，沿着广阔的时间和空间尺度延伸。要不是在早已被遗忘的史前时代发生了一件看似偶然的事件，我们都不会存在。

这种令人敬畏的脆弱命运源自我们漫长的进化史，它似乎与我们的现代生活相去甚远，但我们的社会化世界时时刻刻都在因随机事件而改变。因为我们的世界是纠缠在一起的，改变任何事情都会改变一切。那些看起来毫无意义的调整可能以最匪夷所思、最出人意料的方式产生影响。

* * *

为了我的研究，我从2011年开始定期去马达加斯加考察。几年前，我在路边小吃摊上注意到一种新的美味食物：大理石纹螯虾（又称"大理石纹小龙虾"，以下简称"螯虾"）。这些螯虾十几年前才首次出现在东非海岸的红土岛，但经过十几年的发展，它们已经无处不在。然而有一个谜团：它们是从哪里来的？

科学家们还不确定，但目前最主流的假说是：1995年，一家德国宠物店水族馆里的某只雌性螯虾发生了奇怪的突变，[4]之后这个新物种就出现了。不管你信不信，出于一些神秘原因，宠物店的雌性螯虾以令人无法理解的方式发生了变化：它携带的是三组染色体（即三倍体），而不是标准的两组染色体。它不需要与雄性螯虾交配就能繁殖。[5]突变后的螯虾可以无性克隆自己，产下与自身基因相同的卵，所以每一只新生的螯虾都是雌性，而且它们都是原始突变"母亲"的基因复制品。由于具备这种奇特的孤雌繁殖能力，螯虾无论进入哪一个新地区，其数量都会立刻出现爆发式的增长，就像在马达加斯加所发生的那样。

作为一种入侵物种，螯虾喜好啃食水稻，但它们也带来了意想不到的好处。许多马达加斯加人营养不良，缺乏昂贵的蛋白质，这种繁殖力极强的螯虾成了他们稳定而廉价的蛋白质来源。[6]另外，螯虾还喜好捕食淡水蜗牛。[7]这种蜗牛是血吸虫病的携带者，马达加斯加岛民因其饱受血吸虫病的摧残。虽然，马达加斯加的水稻遭到了破坏，但其3 000万人有了新的营养来源，[8]数百万儿童避免了因寄生虫病感染而死亡的风险。这一切都源于一个基因突变，一个发生于 1995 年德国一家宠物店内的螯虾基因突变。

更奇怪的是，当研究人员将两只基因相同的螯虾放在相同受控环境中时，出现了令人惊叹的观察结果。尽管这两只螯虾是彼此基因的复制体，在相同的环境中长大，它们的后代却表现出巨大差异。研究者迈克尔·布拉斯兰德指出，一只螯虾产生的后代子样本数量比另一只的多了整整二十倍；[9] 而且每个个体的器官都有差异，它们的行为模式也有很大不同，其中一只在 437 天后死亡，另一只存活时长是其三倍多。没有任何基因或环境因素可以解释这些巨大差异。到底是什么原因造成的？这可能与目前正在蓬勃发展的表观遗传学有关，但目前科学家还无法给出答案。

随机波动可以跨越时间和空间，带来意想不到的机遇或毁灭性灾难——当然也可能二者兼而有之。* 马达加斯加数百万人的生活因远在德国的一只螯虾的基因突变而改变，这背后没有什么宏大计划，一切只是起因于一个偶然的意外，而这个意

---

* 当我提到"随机"事件时，我指的是"明显的随机事件"——那些因我们无法知晓而看上去似乎是随机的事件，比如掷骰子时每次得出的点数是不可预测的，我们可以说这是随机事件。但严格来说，结果其实并不是随机的，因为骰子从投出到掉落的整个过程遵循严格的物理定律，你可以把它视为确定性事件。所以，即使"明显的随机事件"也事出有因，但这些原因不是我们通常意义上的"目的"或"意图"（就我们所了解的现代科学而言，宇宙中唯一真正随机的现象可能是原子和亚原子水平上的量子效应）。

外所造成的影响在我们这个相互纠缠的世界中被放大了。面对这种莫测难料的偶然性，我们能做出的最好回应就是耸耸肩，听从苏格兰生物学家达西·汤普森对"无法解释"的事情的解释："万物之所以如此，是因为它们本就如此。"[10]

然而，我们曾被一遍又一遍地告知，"万事皆有因"。这种宽慰人心的神话致使我们试图将现实塞进一个合情理的有序模式中，从而做出错误判断。例如，我们普遍倾向于低估运气的作用，"运气"这个词常常被用来指代生活中发生的随机意外事件。我们可以考虑一下某个被人们广泛相信但其实并不正确的信念——超级富豪靠自己的天赋赚来了巨额财富。只要仔细审视一下，这一谜思就会轻易幻灭。

大多数人类特征，包括智力、技能和努力程度，都是正态分布的，遵循形状像倒U形的高斯曲线（又称"钟形曲线"）。但财富不同，它不遵循正态分布，而遵循幂次分布或帕累托分布，其典型特征是：一小群人控制着全球的巨额财富。你永远找不到比你矮4/5或高五倍的成年人，但在收入方面，富豪与普通人之间可以有几百万倍的差距。所以，一个比你稍微聪明一点儿的人可能不是比你稍微富有一点儿，而是比你富有一百万倍。这就是"肥尾效应"，纳西姆·尼古拉斯·塔勒布在《黑天鹅》一书中对其进行了充分阐述。

但是，如果这种巨额财富并不是源自天赋，而是源自我们通常称为"运气"的随机因素呢？在最近一项研究中，物理学家与经济学家利用计算机建模,模拟了一个虚拟世界,其中的居民会开展个体竞争,他们之间的才智分布较为符合真实情况。在这个虚拟社会中,才华固然重要,但运气同样重要。[11]研究者一遍又一遍地进行模拟后发现,最富有的居民从来都不是最有才华的人。相反,富有者几乎都是才智接近平均水平的人。

这是为什么呢?在一个拥有80亿人口的世界里,大多数人的才智都处于中等水平,这是钟形曲线上范围最大的区域。现在,把运气想象成一道闪电,它随机落下,你认为它会落在哪里?由于几十亿中等才智水平的人占据了曲线大部分区域,所以运气有极大概率击中他们中的某个个体,而不是那极少数才华横溢的天才。正如研究人员总结的那样:"我们的研究结果凸显了某种传统模式的风险,我们称之为'天真的精英体制'……它低估了随机性对于成功的决定性作用。"一部分亿万富翁可能确实很有才华,但所有亿万富翁的共同点是:他们都很幸运。运气是偶然的产物,塔勒布、邓肯·沃茨和罗伯特·弗兰克都曾指出,当个体获得成功时,我们会倾向于逆向推断原因,他们将此现象称为"叙事谬误"[12],或者还有一种更常见的说法——"事后偏差"[13]。认为亿万富翁必然才智过人的观念就是这样一个偏差。

如果运气对于成功如此重要,那我们也应该改变对成败的看法。如果你相信自己生活在一个精英至上的世界,在这个世界里,成功不是出于意外和随机,而是最有才智的人自己争取的，那么，你将成功归功于自己，将失败也归咎于自己，这说得通。但是，如果你接受了另一种想法，即随机和偶然会造成生活的重大变化——事实正是如此——那么你的人生观也应该随之改变。当你在转轮盘游戏中赌输了时，你不会责备自己是个无用的失败者，因为你明白转出的数字完全随机，输赢全凭运气，你会坦然接受游戏结果。同样的，在人生的游戏中，如果你能认识到许多结果都是偶然事件与相互纠缠的世界共同造就的，这将是一种赋能和解脱。我们都应该对自己的成功少一些自得，对自己的失败少一些责备。

面对看似偶然造成的不幸，我们特别倾向于去创造并坚守错误的解释。我们不能轻易接受自己得癌症或出车祸是出于某种单纯的"偶然"。[14] 坏消息背后一定要有一套能自圆其说的逻辑存在。不弄清楚导致痛苦的"真正原因"，你就无法从不幸中走出来。于是，我们要从根本毫无理由的灾难中苦苦探寻难以捉摸的理由。"万事皆有因"是一种应对机制，我们常在失业时，突然被甩时，或者身边有人死去时想到这句话。尽管它可以帮助我们从毫无意义的事情中悟出意义，并宽慰我们，让我们相信，简洁有序的因果关系支配着万事万物，但这种说法并不正确。虽然它"有用"，可以使人消除疑虑，却是一个不折不扣的谎言。有些事情，甚至是非常重要的、令人恼怒的、可怕的事情，就是发生了。这是相互纠缠的混乱世界所必然导致的结果。意外、错误和随机的中性变化可以创造物种，可以塑造社会，也可以改变我们的生活。

有趣的是，研究表明，当人们经历意想不到的积极事件时，比如中彩票，他们会心安理得地接受出于偶然视角的解释，即相信自己只是意外地撞上了好运。在那些令人惊喜的快乐时刻，我们就像一只参加自己生日派对的宠物狗，虽然不知道为什么会莫名其妙地得到享之不尽的鸡肉和奶酪，却很乐意接受命运的安排，毫不犹豫地大快朵颐。

但当我们试图解释任何重要的事情时，随机性和偶然性就会被抛到脑后。想想我们是如何试图理解人与人之间的差异的。我们几乎总是依赖于一个简单的二分法：这一定是出于先天因素（基因遗传）和后天因素（成长环境、教养和经历）的结合，但第三种可能性往往会被忽视。如果像神秘的螯虾一样，人与人之间的某些差异只是偶然造成的呢？

行为遗传学家推断，我们之间大约一半的差异源自 DNA，剩下一半则源自发育过程中的"暗物质"——生命中令人费解的细节。伦敦国王学院的行为遗传学家达米安·莫里斯认为，我们的人生有时会受到随机意外的影响。他用一对同卵双胞胎在课堂上的故事为例："一个盯着窗外，心思全被一只飞过的鸟紧紧抓住了，另一个却着迷于老师正在讲解的诗——这点燃了他对诗歌的热情。"[15] 后来，他们大学就读的专业和职业道路出现了分岔，这一切都因为一只飞过窗边的鸟。

这一猜想正在得到科学研究的证实。如今越来越清楚的是，这些看似随机的波动已经出现于人类胎儿大脑的发育过程中了，这些微小变化可能会对我们今后的生活轨迹产生深远影响。研究人员通过实验对果蝇进行了行为分析对比。这些果蝇不但基因相同，饲养环境也完全一致，然而在控制了所有可控变量后，果蝇之间依然出现了无法解释的非遗传特征差异。这些差异似乎可以追溯到它们神经连接中极小的随机差异，[16]发育过程中的微量波动也会形成终生印记。人类与果蝇具有相似的大脑发育特征，因此，虽然出于伦理原因，我们无法在人类身上开展相似实验，但我们有充分理由相信，人类胎儿的神经网络也会随机发生微小但影响深远的变异。无论我们如何假装，我们都不可避免地成为"偶然"的牵线木偶。

许多人反对这种看待世界的方式，他们坚信偶然性问题很适合哲学家去深究，但说到底，这些问题只是"噪声"而已。或许这些看似随机的波动会随着时间的推移而消失。变化肯定是按照结构化的模式和顺序发生的。让我们一劳永逸地回答这个核心难题：我们的世界是发散的还是趋同的？每件事的发生都有其原因，还是说事情就只是这样发生了？

* * *

根据印度神话、中国神话和一些美洲原住民的起源传说，地球是由一只巨龟支撑起来的。在一则著名寓言中，一个男孩了解了这一故事后问道："那只乌龟站在什么上面呢？"他被告知，支撑地表的巨龟站在另一只乌龟的背上。"那第二只乌龟站在什么上面？"男孩又问。答案很简单："下面是另一只龟，而且一直往下，每只龟都是由下一只龟支撑起来的。"

"龟背上的世界"已经成为一种对"无限递归"的简略表达：你提出的问题会获得解释，每一种解释都建立在另一种解释之上，基础解释之后还有更基础的解释，如此往复。这就是发散性的原理，在一个发散性的世界中，你的存在是无数事件相互作用的结果，所有事件必须以"正确"模式进行排列，紧密相扣地连接，才能创造出"你"的存在。改变其中任何一条链——无论多么微小的改变，"你"都会消失，加入道金斯所说的"未诞生的幽灵"阵营。所以，只要发生一点点调整，所有事情都会不同，偶然性贯穿始终。

许多通俗书籍都设想过"如果……那么"式的人类历史。但是有一个根本问题，我们只有一个地球，我们无法测试关于存在其他可能的世界的假说。没有任何一种方法可以让时间倒流，使我们得以轻微修改某些事件后，让世界重新运行，看看历史是否会以不同方式展开。我们只能停留在猜想上。

1998年，电影《双面情人》（电影名称直译为"滑动门"）设想了我们可以看到其他可能的世界的故事。影片一开始，主角海伦急着赶伦敦地铁，她跑下楼梯，却被一个小女孩挡住了去路，这让海伦晚了几秒钟。当海伦到达车站时，车门砰地关上了，她被迫留在站台上。然后，时间倒回大约15秒前，重新开始。一切似乎都一样，除了这次小女孩母亲把女儿拉开了。结果，就在车门关上的瞬间，海伦挤上了地铁。电影追溯了海伦在两个世界的生活，一个是她赶上了地铁，另一个是她错过了地铁。两个世界中的海伦在生活某些方面截然不同，在其他方面又趋向相似的结果。很明显，这部电影表现了我们生活的真实运作方式，但我们几乎从未仔细考虑过这个问题，也许是因为意识到"生命每一刻都很重要"会让人难以承受，甚至令人抓狂。与电影制作人不同的是，我们没有倒带按钮，所以我们永远不知道哪一个"滑动门"的时刻最重要。

进化生物学的研究反映了这部电影中的概念。是不是无论物种能否赶上进化的列车，它们的兴衰都遵循墨守成规的既定模式？还是看似微不足道的微小变化和意外会改变进化的轨迹，造就新特征、新行为模式以及新物种？进化生物学是一门与历史有关的科学，它为我们提供了一种前所未有的方式来思考和评估更具普遍性的变化。因此，我们有必要先简要回顾一下"达尔文的世界"，基于其他动植物的经验教训来了解我们的生活和社会是如何变化的。

达尔文的核心洞见是：自然世界创造了决定个体生死存亡的"选择压力"。如果一群长着宽喙的鸟生活在岩石峭壁上，它们只能从狭窄的裂缝中寻找食物，那么相比窄喙的鸟，它们获得食物的可能性更低，死亡风险更大。随着时间推移，窄喙会被"选中"，因为拥有窄喙的鸟类更容易在当地生存并繁衍后代，而无法养活自己的鸟类则逐渐灭绝。一代又一代，物种会慢慢适应其生存环境，例如，如果有一天，某只鸟发生了基因突变，发育出细长矛状的喙，那么它就成为进化"彩票"的中奖者。由于这只鸟在生存竞争中更具优势，能留下更多后代，而后代又会遗传它的基因，长出同样的喙。所以，适应环境的特征会不断传递和扩散，这种情况一直持续到环境发生变化。

但要让进化有意义，地球必须足够古老，可以给物种足够的试错和适应时间。但过去几个世纪，最为人所接受的说法是地球只有大约 5 850 年的历史（17 世纪，詹姆斯·厄舍主教宣称，[17] 上帝创造地球的时间是公元前 4004 年 10 月 22 日下午 6 点左右）。好吧，如果真是这样，进化完全不足以发挥魔力。罗马不是一天建成的，上帝也没有在创世的第六天创造鸽子。后来，地质学家发现地球要比前人所认为的古老得多，由此，进化论变得可信起来。

终其一生，达尔文都无法搞清楚进化的潜在机制——一种微观化学"配方"会造成物种内部和物种之间的差异。然而，在他去世后几十年，进化生物学领域被现代综合论思想所塑造，这是一套简单但强大的理论体系，它有助于我们理解人类的社会和文化变化，以及物种内部和物种之间的变化。生物体会发生突变，随机变异可以累积，这为试错解决问题创造了基因构建的基石（如今我们知道，DNA 在复制过程中会发生随机突变,但早在科学家发现DNA双螺旋结构之前71年,达尔文就去世了)。正是由于突变的作用,鸟类会发育出不同形状的喙,有些长而窄,有些短而宽。之后,自然选择完成了它的工作。平均而言,具有更多有用特征的生物体存活下来,并将其基因传递给下一代,而具有较少有用特征的生物体在繁殖前死亡的概率更高。

幸存者书写未来。这听起来很无情,但确实是有效的适应途径。

但是,生物学家们分为两派,一派认为进化变化是缓和的,沿着可预料的轮廓收敛,走向必然发生的结果;另一派则认为变化进程参差不齐、不可预测,一切都是由偶然性决定的(这种分歧也存在于历史学、经济学、政治学和社会学等诸多学科中)。所以,核心议题是,变化发生得有多突然。在这场辩论中,科学家们表现出了他们的幽默感。那些主张进化过程缓慢而持续的人有时会被轻蔑地称为"匍匐式进化论者";而那些相信进化过程大部分时期都很稳定,直到一个突然转变改变了一切的人则被调侃为"痉挛式进化论者"。[18]*

这一争论非常重要,它涉及我们所说的"按掉闹钟效应"。如果世界基本上是趋同的,那么即使你比原计划晚5分钟起床

---

* 科学家们,包括普林斯顿大学的进化生物学家夫妇罗斯玛丽和彼得·格兰特,已经直接证明了进化在极短时间尺度内大爆发的情况。因此,"痉挛式进化"更正式的表达方式是"间断平衡"。

也没关系。但是,如果世界运行轨迹有时会被一些偶然小事件所改变,那么每次按掉闹钟都可能改变一切。

自然界为这两种观点都提供了证据,站在偶然性这一边的典型动物是鸭嘴兽,其被生物学家乔纳森·洛索斯称为进化史中"只可能出现一次"[19]的物种。鸭嘴兽是一种携带毒素的卵生哺乳动物,它长着鸭子的嘴、河狸的尾巴和水獭的脚。雌鸭嘴兽没有乳头,成束的乳腺直接开口于腹部乳腺区,并通过"出汗的方式分泌乳汁",幼崽要用舌头舔舐乳汁。这种生物是如此与众不同,以至当1799年第一个标本被运往英国时,一位著名的解剖学家评论道:"它会让人产生一种错觉,以为这是什么人工制造物。"[20] 他徒劳地寻找着缝线,想证明这是把其他动物尸体缝合在一起而形成的"有鸭嘴的弗兰肯斯坦式的怪物"。另一个人甚至假设鸭嘴兽是进化杂交出的畸形后代,"不同物种之间杂交,于是产下了鸭嘴兽"。[21]

我们再来了解一下熊狸——一种生活在南亚和东南亚的灵猫科动物。熊狸的尿液中含有2-乙酰-1-吡咯啉,这种化学物质可以发出天然的香气,比如爆米花和香米的香味都源于此。熊狸常常会在自己的脚上和尾巴上打上大量尿液泡沫,行动时留下一条气味痕迹,这就是为什么那些走过熊狸栖息地的人会感觉自己闻到了电影院大厅的气味。[22] 在进化过程中,一些偶然事件可能导致非常奇怪的结果。

螃蟹是一种典型的趋同动物。例如,帝王蟹、瓷蟹和寄居蟹都不是真正的螃蟹。① 它们之所以看起来像螃蟹，是因为至少在五种不同环境下，进化使得一些动物的身体变成了类似螃蟹的形态。这种现象非常普遍，甚至有一个与此相对应的专业术语——蟹化，即"把某动物的外形变成和螃蟹的一样"[23]（有些人认为，趋同的力量是如此之大，以至人类早晚有一天会举着一对钳子四处乱窜）。同样，在生命之树上，至少有四个分支独立进化出了飞行能力，包括昆虫、蝙蝠、鸟类和翼龙。[24] 自然选择趋向于对相似问题"给出"相似解决方案。

我们的世界在发散性和趋同性之间穿梭，它让我们幻想出某种秩序感，却又会用一个微小的调整打破一切。雷丁大学的进化生物学家马克·佩格尔通过精密的DNA测序发现，78%的新物种进化过程是由单一事件开启的。[25] 大自然犯了一个意外的错误，或者说是随机的偏差。然后，世界上就出现了一种新甲虫。

但是，这为什么对我们很重要？

* * *

在看待人类历史发展问题上，我们也只能在发散性与趋同性这两种立场之间摇摆。稳定的长期趋势会推动变革吗？还是

---

① 帝王蟹是石蟹科甲壳类生物，寄居蟹是十足目寄居蟹总科生物，而瓷蟹实际是一种龙虾。——译者注

说历史会因微小细节而转向不同轨道？面对这两种历史观，我们只能做出种种猜测，因为我们无法用实验来检验过去。

但如果你能创造出多重世界呢？而且，如果你在这个多重世界里，不仅能够控制所发生的事情，还能控制时间呢？想象一下自己扮演上帝的角色，可以随意按下暂停键，甚至可以倒带和重放关键时刻，这将使我们以前所未有的精准尺度来窥见因果关系的内在奥秘，我们终于能知道变化是如何发生的，以及占主导地位的到底是发散性还是趋同性。听起来，这是一个令人陶醉的思想实验，但它有可能实现吗？

几十年前，科学家理查德·伦斯基证明，我们不是只有在科学幻想中才能看到以上设定。伦斯基是一名进化生物学家，留着令人印象深刻的达尔文式大胡子，他在北卡罗来纳州的农村进行田野调查，研究掠食性南方地表甲虫。伦斯基喜欢户外活动，但工作进展缓慢。一是因为他要时刻提防致命的毒蛇；二是因为他的甲虫经常被倾盆大雨淹死；第三点也是最重要的是，复杂的现实世界涉及太多太多的变量，以至他无法准确检验那些最让自己兴奋的想法。伦斯基开始思考是否可以摆脱难以驾驭的荒野，转而在实验室的可控环境中开展关于进化变化的实验。1988 年，伦斯基发起了科学史上历时最长、最重要的实验之一。

伦斯基的实验简单而精妙。[26] 他将 12 组完全相同的大肠杆菌菌株装入 12 个完全相同的烧瓶，再为它们提供完全相同的葡萄糖作为养分，让它们继续进化。因为大肠杆菌繁殖迅速，每天可经历6.64代，而人类每代的繁殖周期差不多是26.9年[27]，所以在这些大肠杆菌的世界里，其一天大约相当于人类的179年。说出来你可能不信，自1988年以来，伦斯基已经直接观察了7万多代大肠杆菌的进化，相当于人类190万年的变化。2004年，另一位杰出的科学家扎卡里·布朗特加入了伦斯基的实验室。长期以来，他们共同监测着这12个烧瓶，每个烧瓶里都有一个仍然在飞速流转的微生物宇宙。

我曾经访问过他们，这使我有机会一睹这些被控制的"宇宙"。表面看起来。伦斯基和布朗特在密歇根州立大学的实验室并没有什么引人注目之处。像常见的生物实验室一样，架子上堆满了烧杯、刻度圆筒、培养皿和白色的化学药品瓶。门旁边有一个四四方方的培养箱，温度设定在37摄氏度，与人体温度相同。培养箱嗡嗡作响，它慢慢地颤动，摇晃着一个装有微生物的烧瓶。尽管这间实验室看起来毫无生气，但其中种种潜藏线索却已经暗示出它与进化之谜的关系。实验室墙上贴着一张绘有达尔文环球航行的画报。电灯开关旁边有一幅装裱画，画中主角是一个幻想生物，它像人一样站立着，却长着章鱼般的触手。最上面是一条横幅，条幅内容将美国国徽上的格言"*e pluribus unum*"（合众为一）倒了过来，它写的是"*ex una plures*"（一生万物）——这正是生物进化所遵循的规律，在一间进化实验室中，没有人会对此持有异议。

制作这幅标语的人正是实验室的负责人之一——扎卡里·布朗特。我在密歇根州东兰辛市的一家印度餐馆里见到了他。事实上，布朗特非常令人瞩目，他穿着一双登山靴，靴口还露着带彩色条纹的袜子。他自称是一个"21世纪老古董"，至今不使用手机。布朗特通常出现在实验室或荒野露营地。在实验室中，他会努力破译生命中最难解的谜题，而在荒野露营地中，他则一边阅读厚厚的历史书，一边思考着那些奥秘。布朗特对微生物世界的偶然性和人类历史的偶然性同样着迷，他是一个"白天时间被大肠杆菌占据，晚上时间被拜占庭帝国占据"的人。在和他相处了4个小时后，我不确定自己是否曾遇到过对世界如此好奇、思虑如此深邃的人。

布朗特热情地向我描述了他们的实验。每个烧瓶中的大肠杆菌都在相同的培养基中成长，培养基由柠檬酸盐与葡萄糖或糖混合合成。这些大肠杆菌可以在柠檬酸盐中游动，但只能食用葡萄糖，它们是无性繁殖的生物，每个个体可以将自己分裂为两个几乎相同的子细胞。因此，烧瓶中的变异主要来自突变，或者DNA复制过程中发生的小错误。这个实验的天才之处在于，12个原始菌群源自同一个共同祖先，它们可以在相同条件下自由进化，正是"一生万物"。因此，该实验排除了性别、环境变化和捕食者的影响，使科学家能够在最纯粹的环境下观察进化过程。通过该实验，伦斯基和布朗特可以检验主导进化的是趋同性还是发散性。如果变化是由趋同性驱动的，那么即使在很长一段时间内，12个烧瓶内的大肠杆菌菌群也应该只产生很小的差异，它们可能会走上十几条不同的路，但最终"相聚"到一致的终点。这就意味着按掉生物进化的"闹钟"不会造成太大影响。但如果发散性占主导地位，12个烧瓶中的大肠杆菌菌群最终会产生实质性分化，因为偶然事件制造的"微生物怪胎"或许会将进化之路调转向新轨道，所以，按掉"闹钟"就能改变一切。

伦斯基和布朗特还拥有一个大多数科学家没有的工具——"时光机"——冷冻箱。它可以将大肠杆菌在不受到伤害的情况下冷冻封存，它的工作就像一个暂停按钮。要播放时，研究者只需将大肠杆菌解冻。[28]从一开始，伦斯基和他的团队就以500代为周期，循环冻结保存12个烧瓶中的大肠杆菌菌群，这意味着他们可以从任何给定的时间点重新"播放"实验。想让大肠杆菌从苏联解体的那一天或2001年9月11日那天重新经历一次进化吗？没有问题。在这12个"宇宙"的液体培养基里，伦斯基和布朗特控制着时间。

这个实验开始后，前十几年的观察结果似乎支持了进化趋同假设。微小差异是不可避免的，但这12个"世界"好像都在以相似方式发生变化，每一个烧瓶中的细菌对葡萄糖的吸收效率都在逐渐递增，以变得更加"适应"。仿佛存在明确的秩序，特定的突变不会产生太大干扰。就像12个人都在同一条铁轨上，奔向同一个目的地，虽然有的人跌跌撞撞，有的人歪歪斜斜，但方向是一致的。所以在进化问题上，正确的是"匍匐式",而不是"痉挛式"。

2003年1月一个寒冷的日子,博士后研究员蒂姆·库珀来到实验室,照料这12个菌群。在重复过几百次同样工作之后,他早就对此驾轻就熟,但这一次,好像有些不同。11个烧瓶中的菌群看起来都很正常,"就像在装满水的烧瓶里混入了一两滴牛奶,液体轻微浑浊,表明里面潜藏着数百万大肠杆菌"[29]。但第12个烧瓶中的液体截然不同,它明显更浑浊,烧瓶中的液体已经不复原有的清澈。库珀告诉我:"当时我很确定,其中发生了一些有趣的事情。"

库珀叫来了伦斯基。

"我以为这是实验室内操作失误导致的,"[30] 伦斯基告诉我,"为了避免污染,我们实验室信奉的警言是'有疑问就扔掉'。"[31] 伦斯基决定从最后一个冷冻样本中重新开始"播放"这些大肠杆菌"宇宙"的时间线。如你所知,他们有"微生物时光机",可以很容易地纠正错误。

几个星期后,同一个烧瓶又变浑浊了。显然,其中并没有操作失误,一定发生了什么事。科学家们对那个不透明烧瓶里的大肠杆菌进行了 DNA 测序,得出一些令人难以置信的结论:大肠杆菌进化出了一种能力,这种能力使得它们可以吞噬培养基中的柠檬酸盐[32]——这原本是不可能的。在20世纪,人们只发现过一起大肠杆菌能够消化柠檬酸盐的案例。毋庸置疑,重磅发现已然显现,但更有趣的故事还在后面。

为了消化柠檬酸盐,这种"怪异"的大肠杆菌首先至少经历了四次彼此不相关的突变,这些突变对菌群没有明显好处,似乎就是单纯的错误。但是,如果这四个错误没有按照特定顺序一一发生,那么第五种关键突变——赋予它们消化柠檬酸盐能力的突变——就不可能发生。也就是说,有五种偶然突变,它们本身就极不可能发生,而现在,它们竟然按顺序发生了,从始至终都是偶然的。

这到底有多偶然?为了找到答案,布朗特花了数年时间研究"怪胎菌群"。如上所述,任何一个大肠杆菌"宇宙"都有之前的备份,以 500 代为间隔周期。布朗特解冻了突变大肠杆菌菌群过去许多不同时间点的样本备份,想看看它们是否也会进化出消化柠檬酸盐的能力。在分析了近三年时间内的约 40 万亿个细胞后,他成功复制出"消化柠檬酸盐突变大肠杆菌"的次数只有 17 次。但如果追溯到更早的大肠杆菌进化史,他甚至连一次成功复制的经历都没有。所以,这是彻彻底底的意外事件。直到今天,经过 7 万代之后——相当于人类 190 万年,12 个大肠杆菌谱系中只有一个进化出了消化柠檬酸盐的能力。该能力源于一次随机突变,而这次随机突变又源于其他四次毫不相关的随机突变,且它们必须按特定顺序发生。对于一种大肠杆菌来说,这一变化意味着它们未来一切都改变了。正如伦斯基所说,其他 11 个"世界"的大肠杆菌都被"葡萄糖枷锁"牢牢束缚住了,它们没有意识到,自己其实正游走于"柠檬甜点"[33]中。

布朗特认为，长期进化实验为我们思考人类社会的关键转折点提供了启示。例如，许多历史学家说，诺曼底登陆是盟军在二战中获胜的关键。假定研究者可以通过实验来验证这种说法，他们大概会遵循伦斯基和布朗特的研究设计模式。想象一下，你有1 000个相同的地球，可以将它们冻结在战争期间的不同时间点，然后在需要时让它们重新运行。从逻辑上讲，如果只有在诺曼底登陆日之后，盟军才更有可能胜利，历史学家可以得出结论，诺曼底登陆日是关键转折点；相反，如果无论"解冻时间"是1942年6月还是1944年6月，盟军获胜的概率都是75%，那么很明显，历史学家们错了，诺曼底登陆日并不那么重要，盟军总是有更大的获胜可能。

遗憾的是，地球只有一个，我们不能让时间倒流，这些发散性与趋同性的检测实验只能在科学实验室里的微生物身上才能实现。不过，目前看来，伦斯基和布朗特，以及致力于长期进化实验的庞大研究团队，已经解决了发散性与趋同性之争：对我们而言，世界表面是趋同的，直到我们被猛地震动一下，然后才会意识到，事实并非如此。

我们常常对可能发生的"震动"视而不见，直到它们碰巧成真。我们总是遵循惯例，世界一天天运转，小小的变化似乎无关紧要。早间新闻在七点准时播出，通勤需要20~25分钟。从我们的角度来看，"趋同"势头好像不会中断。

但是，每隔一段时间，我们的生活和社会就会因突发的偶然事件而发生巨大变化。有时，这些转变是许多小变化的汇聚点，随着时间的推移，微小改变不断积累，直到将天平压垮，一切土崩瓦解。其他时候，一些看似相互独立的人生轨迹会产生因果关联，就像我们在第 2 章看到的伊万和那只救命的漂流足球一样，这种现象被称为"古诺偶然性"[34]。想象一下，一只苍蝇在空旷区域嗡嗡地飞了几个小时，突然一辆摩托车飞驰而过，苍蝇撞上了车手的眼睛，车手失控，猛地转向，发生了交通事故，车手死亡。那只苍蝇的飞行轨迹会对摩托车手的人生轨迹产生至关重要的影响，但车手显然意识不到，直到车祸发生，却为时已晚。

我们就像《双面情人》中的海伦一样，常常会忽略微小、意外的变化如何改变了我们的生活和社会。其中，有些变化是随机事件，如 DNA 突变；还有一些是我们深思熟虑后做出的"无关紧要"的决定。我们告诉自己，一切尽在掌控之中。但事实是，一切都在不断变化，包括我们自己。我们和大肠杆菌一样，生活在一个"发散-趋同"的世界里，这正是变化发生的方式。世界存在稳定的秩序和结构，但也存在"贪睡按钮效应"。所以，我们可以得出一个会令人心绪不宁但也会令人感到振奋的事实：每一刻都很重要。

* * *

如果"发散-趋同"规律具有至高无上的支配地位，那么为什么在生物进化的变化中一些随机意外常常毫无影响呢？"适者生存"这一概念其实并不是达尔文创造的，只是被达尔文采用到自己的作品中。它似乎暗示，进化是一种从差到好的永恒的进步过程。人们有时会将自然选择观念与崇尚"万事皆有因"的思想流派相并置，持有这类想法的人认为，进化不会宽宥任何错误，因此目前存在的所有进化特征都是智慧设计的产物，都出自自然选择这只"看不见的手"。正如理查德·道金斯曾经说过的那样，进化就像"一个吝啬的会计师，吝啬地盯着每一分钱，不能容忍一丝挥霍浪费，最轻微的铺张也会遭到他无情的惩罚"[35]。在冷酷的优化过程中，进化正一丝不苟地纠正着自己的错误。根据这一立场，进化不仅存在秩序和结构，还有一个明确的目标：生命世界朝着更适应的方向前进。

但事实上，进化有时是一个更随机的过程。当你了解到哺乳动物的崛起是基于一颗巨大陨石撞击地球并摧毁了生命之树的一整个大分支时，这一点就非常显而易见了。由于遗传漂变[36]的存在，进化也会遵循随机变化原则，即种群中的遗传变异因偶然因素而发生变化。但由于各种历史原因，强调进化随机性和偶然性的生物学家一直备受排挤。*在公众讨论层面，我们大多听到的是"适者生存"，而不是"幸（运）者生存"。

---

* 已故的普林斯顿大学生物学教授约翰·泰勒·邦纳在一本名为《进化的偶然性》的书中也发表了类似的"亵渎"言论，不过他主要指向的是微生物。一篇介绍该书的文章称，邦纳的观点"不是接近异端邪说，而是实实在在的异端邪说"。

然而，你之所以现在能存在于世界上，的确要归功于一些幸运儿——那些抽中了进化"彩票"的中奖者，他们来自遥远的过去。我们许多祖先都源自大大小小的"遗传瓶颈"，遗传瓶颈是遗传漂变中的一种，当一个物种可存活个体数迅速减少而导致遗传多样性急剧下降时，就会出现"瓶颈"。例如，许多人（包括我自己）都会对北象海豹[37]的形象感到惊叹，它们如今散布于加利福尼亚的各处海滩上。但在19世纪，人们为了获得鲸脂，对北象海豹展开疯狂猎杀，导致其近乎灭绝，最危急时其幸存数量只有20对左右。所以，如今每一只北象海豹都是当时那一小群幸存者的后代。不难看出，这些数量极少的幸存者会对整个族群的后续发展产生多大影响。

现在，想象一下，如果类似的事情发生在人类身上，全人类减少到只有40人[38]，然后又爆炸性地增长到80亿人，这40人的基因集合就构成了人类的边界。想象一下，如果这40人都是来自儿童医院的护士和医生，那么未来人类会怎样？如果这40人都来自卡戴珊家族①，未来人类又会怎样？显然，二者会有千差万别。在"基数"如此少的情况下，每个原始祖先都会在一定程度上重塑人类，无论好坏。现在，设想这40人中有唐纳德·特朗普，我们将他换成马拉拉·优素福扎伊②，尽管只有1/40

---

① 美国纽约的名媛家族，以高曝光率而闻名。——译者注
② 巴基斯坦社会活动家、女性主义者，积极为巴基斯坦女童争取受教育权，是史上最年轻的诺贝尔和平奖获得者。——译者注

的原始差别，但这两种基因库产生的后代会大不相同。

这不是幻想。几万年前，人类经历了一次严重的人口下滑（可能是多次）。*一项研究得出的结论是，全世界一度只保留下1 000对可繁殖后代的人类伴侣——其他研究给出的数字没有这么低，但也认为，当时尚存于世的人类约1万人。这些幸存者组成的基因库只占更早期基因库的一小部分。[39]再之后，人类又逐渐扩大到80亿人，但那1万名原始祖先构成了人类的遗传瓶颈。正是由于瓶颈的存在，人类遗传多样性大幅下降，以至如今来自两个大陆、相隔数千千米之外的人类，其个体间基因差异程度还比不上喀麦隆一条河两岸黑猩猩间的基因差异程度。[40]**我们所有的生活、所有的历史，都以这些瓶颈为起点，这是漫长进化史中一张微不足道的截图，但没有它，你和你认识的所有人都不会存在。

史前迁徙也意味着，少数个体（仍是随机组成的）在地理隔绝下独自发展壮大，因此少数个体身上的一些"非选择性"（非适应性）特征会成为大群体的普遍特征，这被称为"创始者效应"。例如，一些遗传研究表明，美洲原住民可能源于一个从亚洲穿过大陆桥来到美洲的迁徙部族，他们的人数只

---

* 研究人类进化的研究人员提出的一些瓶颈现象至今仍存争议，例如多巴火山爆发的相关现象。目前尚不清楚这类现象的发生次数、严重程度。

** 猎豹经历了更严重的瓶颈期，它们的遗传多样性水平远比人类更低。以至研究人员将猎豹的皮肤相互移植，也不会导致受体发生排斥反应。

有 70~250 人；[41] 在南大西洋偏远的特里斯坦-达库尼亚群岛上，300 名居民中竟然有一半人是哮喘病患者，这是因为该岛最初只有 15 个定居者，而其中许多人患有哮喘；[42] 数百万年前，一群亚洲鸽子降落在毛里求斯，它们的体重增加了一些，同时慢慢失去了飞行能力，之后就成了鼎鼎大名的渡渡鸟，[43] 这种早已灭绝的动物同样起源于创始者效应。没有一只"看不见的设计之手"在引导着迁徙的部族、患哮喘的岛民和迷途的鸽子，它们都是偶然事件。

与这些现象和观念相关的另一个概念是"幸存者偏差"，它指的是我们只能观察幸存下来的东西，因此一些关于真相的结论可能存在偏差。例如，我们将住在洞穴中的原始人称为"穴居人"，我们对穴居人的了解大多来自洞穴壁画；但有些原始人可能并不住在洞穴里，他们也许住在树上，并且在树皮上作画，所以我们应该把他们称为"树居人"。但是树早就不见了，而洞穴壁画却保存了下来，所以我们如今只有穴居人的说法，而没有树居人的说法。同样，古希腊和古罗马的传统思想深刻地塑造了西方现代意识形态，但西方人对自身传统思想的理解同样受到一个随机因素的干扰：部分思想通过手稿幸存下来了，而部分思想则消失在历史长河中。就像自然界一样，人类历史的某些方面是不可简化的偶然过程。

然而，就像我们之前所说的，在许多人的观念中，大自然的形象就像一位孜孜不倦的优化师。《差不多就行：自然与社会对平庸的容忍》[44]一书的作者丹尼尔·S.米罗对这种观点提出了怀疑，他宣称，世界上充满了"差不多就行"式的解决方案，其他人也常将这类解决方案叫作"拼凑"对付法（拼凑，是指"为了实现特定目标而将一堆部件杂乱无章地组装起来"）。比如，大多数年过五十的人都会承认，自己的膝盖或腰部能够基本上起到该起的作用，但很少有人会说它们处于最佳状态。前文提到过的生物学家木村资生证明，许多进化中的变化是由毫无意义的偶然事件引发的，他是该领域为数不多证明了这一想法的人（谢天谢地，他没有在京都被原子弹蒸发）。木村资生的中性分子理论表明，在分子或基因水平上，随机性会导致相当大的变化。然而，很少有进化生物学专业领域之外的人听说过他或他的这一重要观点。只要有微小改变，很多事情就会变得不同。这不仅适用于进化，也适用于我们的生活和社会，不是每件事的发生都有充分理由。

* * *

看似随机的波动会带来意想不到的好处。进化给我们上了极富启发性的一课：漫无目的的尝试是必不可少的。在瞬息万变的环境中，用试错法能让我们找到最好的前进道路。通过看似毫无意义的随机尝试，我们会在生活中找到许多始料未及的乐趣。

2014年2月，伦敦地铁工人大罢工，地铁停摆，成千上万的通勤者因此而受到影响，被迫尝试其他通勤方案。牛津大学和剑桥大学的经济学家研究了地铁工人罢工前后的 2 亿个数据点。在罢工前，许多通勤者长期依赖同一条交通路线，他们一直没有意识到自己有更好的选择或更便捷的路径。这次他们遭遇的小意外事件，使他们走出了自己的舒适区。在分析了这些数字之后，经济学家们得出了一个令人惊讶的结论：由于成千上万的通勤者找到了更高效的交通选择，地铁罢工无意中给伦敦带来了巨大的经济净收益。[45]

在创作音乐的过程中，"试错"对我们和我们的动物"同行"也起着至关重要的作用。例如鸣禽就是通过模仿和试错[46]相结合的方式来学习鸣叫的，它们会不断测试，直到找到悦耳的音符，再通过反复、细微修改[47]来完善音符。人类也是如此。贝多芬会在随身携带的笔记本上记下自己的灵感乐句，这些小乐句就是他那些伟大的交响乐的基础。2021 年，一部关于披头士乐队的纪录片[48]展示了一段珍贵的影像：披头士乐队主唱之一保罗·麦卡特尼先是漫不经心地胡乱弹奏吉他，直到有几个音符打动了他，于是他弹奏着这些音符，不断尝试微妙变化会产生什么效果。四分钟后，《回归》这首有史以来最伟大的流行歌曲之一，就这样诞生了。麦卡特尼正是通过试错完成了这一切。

很多时候，我们只是被迫做出改变，并从中吸取教训，而不是主动去尝试新鲜事物。1975 年 1 月，著名爵士钢琴家凯斯·贾瑞特来到德国科隆歌剧院参加一场特别演出。由于一个误会，贾瑞特只能用一架摇摇晃晃且走音的旧钢琴进行演奏。这架钢琴本来只适合业余选手练习。贾瑞特不得不努力适应这架旧钢琴，[49]他不断尝试，让自己完美无瑕的演奏天赋与有缺陷的乐器相得益彰，结果产生了神奇的音乐魔力。那场音乐会的录音至今仍是史上最畅销的爵士乐独奏专辑。

在一个发散的世界中，"试错"推动着我们前进。正是由于一些微小而漫无目的的突变事件，密歇根州实验室中的大肠杆菌获得了全新的适应性优势；伦敦的通勤者找到了更好的通勤方案；披头士乐队写出了经典歌曲；爵士钢琴家在被迫离开舒适区后，随机应变，创造了出人意料的绝美艺术。人们总认为，要想实现优化，必须进行有意为之的设计，但有时，偶然的意外最能激发灵感，改善生活。

可是，如果偶然性可以左右任何事情，而"发散-趋同"又主宰着我们的世界，那为什么我们如此关注趋同，却很少关注发散呢？为什么我们在解释事情发生的原因时，常常把随机性排除在外？答案是，我们的大脑已经进化到了可以实现自我欺骗的地步。

第 4 章

为什么我们的大脑会歪曲现实

对喜欢走捷径的"自欺"动物来说，自欺会带来什么后果

想象两种生物：我们可以称之为"真相生物"和"捷径生物"。真相生物能准确地看到万事万物的本来面目，它能直观地感知每一颗氧气分子、每一束紫外线、每一片脚指甲下潜伏的细菌。每一个潜在视觉信息片段都会被真相生物的大脑捕捉和处理，没有什么会被忽视。相比之下，捷径生物无法看到任何细节，它只能捕捉和处理对自己最有用的信息，其他一切要么被忽略，要么根本无法被察觉。因此，捷径生物无法感知现实中的大部分事物。

你想成为哪种生物？

大多数人可能会选择真相生物，但这将是一个致命的错误选择，捷径生物会在物种竞争中获胜。值得庆幸的是，我们正是后者——一个进化到以精简形式感知现实的物种。为了生存，我们可以在头脑中"理解"现实，而不是"复制"现实。该猜想符合所谓的"适应性胜过真相"[1]原则——这是一个由数学家和认知科学家提出的观念，并被加利福尼亚大学欧文分校的唐纳德·D.霍夫曼所推广普及。他们的发现颠覆了我们对"世界如何运转"的常识性看法。

我们大多数人都认为，真相很有用。但仔细思考一下就会发现，事实并非如此。我们看到的不是现实，而是现实的"显现图像"[2]，这是一种有益的幻觉，可以帮助我们驾驭世界。霍夫曼用计算机的例子说明了自己的观点。非专业人士其实无法理解计算机"真正的"机械运作机制。当我们双击图标、敲击键盘或删除文件时，大多数人都无法用几句话来解释物理层面上到底发生了什么。值得庆幸的是，技术专家们已经开发出一种完全不准确但很有用的错觉，它可以让我们理解——或者说误解——计算机是如何运行的。这种错觉机制就是"桌面"，我们可以在桌面上移动光标、清理桌面、查看文件夹，以及将不同的文件夹合并在一起。但我们使用的机器中其实没有"桌面"，也没有光标和文件夹，它只是借助一堆硅、塑料和铜来执行二进制计算。想想吧，如果你在写电子邮件的时候也这样看待计算机，那你可能会陷入真相的泥潭，迷失在现实中，永远无法完成任何事情。当计算机将真实运算过程转化为一种错觉捷径——虚假的视觉影像，包括桌面、光标和文件夹，它能够更好地为我们所用。对于霍夫曼的例子，我想补充一点，如果你能联想起早期个人计算机的操作页面，比如MS-DOS系统，这个例子的意义就更清晰了。MS-DOS系统会让计算机用户更接近"真相",但正因如此,它也常常把人搞得晕头转向。后来,视觉桌面出现了,这是一种离现实更遥远但同时也更有用的操作系统,于是 MS–DOS 便逐渐走向了"灭绝"。

同样的动态过程在自然界中不断上演,这就是我们心智的起源。我们对现实的感知是自然选择进化过程中的偶然性的副产品。在进化的轨道上,我们的祖先曾面临分岔路,一条路通向真相,另一条通向有用。你可以成为真相生物或捷径生物,但不能两者兼得。对进化来说,最重要的是繁殖成功。正如适应性胜过真相原则所证明的那样,一旦真相和有用发生冲突,最终总是捷径策略胜过真相策略。认知心理学家史蒂文·平克这样说:"我们是生物有机体,不是天使;我们的头脑是器官,不是通向真相的管道;我们的思维是通过自然选择进化形成的,目的是为了解决那些对我们的祖先来说生死攸关的问题,而不是为了要与真相进行对话。"[3]我们的感知系统已经被塑造了数百万年,经过了无数次精妙的调制,它获取的信息不多也不少,恰恰适合帮助我们最有效生存。

越来越多的神经科学证据表明,我们通过"突触修剪"来更好地驾驭世界。新生儿大脑内充斥着 1 000 亿个神经元。而成人大脑中神经元的数量只有 860 亿个左右(上下浮动约几十亿个)。另外,婴儿大脑皮层的突触密度也远胜于成人,大约高 50% 左右。令人欣慰的是,这并不是坏事,进化通过"突触修剪"机制帮助我们理解世界。正如卡耐基-梅隆大学的神经学家艾莉森·巴特所解释的那样:"先是过度搭建,之后再修剪,这样的网络将更加坚固且有效。"[4]我们的大脑使用"去芜存菁"的方式来帮助我们保留最有用的连接,从而让我们的心智与我们所生活的世界相校准。

我们的感官也是如此,我们从未停下来思考,自己看待世界的方式并不是获得真相,而是通过进化感官"过滤"信息。我们无法充分感知现实,因为我们没有能完全感知现实的器官。诸如紫外线、红外光、原子、夸克和阿米巴虫等,都无法被我们的感官所捕获。所以,我们看到的不是现实。但即使是我们可以感知和处理的那些信息,我们也会自动忽略其中的大部分。因为我们的大脑会将它们过滤掉。

人类如今正处于一个信息爆炸的时代,我们不可能关注所有的事情。如果这样做,我们会被密集的信息压得喘不过气来,反而看不到重要的东西。为了应对这种情况,我们的大脑会像激光扫描仪一样专注于发现具有潜在价值或威胁的刺激,同时舍弃那些不太有用的刺激。正如哲学家路德维希·维特根斯坦所观察到的:"我们看到了情感……但没有看到面部肌肉是如何活动的。我们会从一个人的面部来推断他快乐、悲伤还是无聊。当我们描述一张脸时,我们可能无法给出其他细节,但会立即说出整体印象,如悲痛欲绝、容光焕发或心不在焉。"[5]这正是捷径生物的优势。

为了更好地生存,我们的感官系统会抛弃不必要的细节。

如果不信，你可以试着尽可能准确地画出见过几千次的东西，比如一张5美元/英镑/欧元的钞票，完全凭记忆画。我向你保证，这件事没那么顺利。我们的大脑可以自动处理现实，它只会感知并保留一些有用的信息碎片，而不会仅为了将来回忆而保留太多无用细节。

我们体验现实的基本方式在一定程度上源于随机的进化意外。想想看，如果少了一些意外变化，我们的视野以及我们观察世界的视窗可能会完全不同。如果我们有鹰一样的视力，能够发现两千米外的敌军士兵，战争还会以同样方式展开吗？如果我们像许多动物一样，只能分清黑白，历史将会如何不同？

这可不是什么牵强附会的思想实验。这个世界上存在许多"看"的方式，人类的视觉只是其中一种。例如，我们的眼睛有三种类型的感光细胞（红、绿、蓝），所以人类被称为"三色视者"。大多数哺乳动物，包括我们的宠物狗，只有蓝色和绿色的感光细胞，所以它们是二色视者，其视觉体验与人类红绿色盲[6]的视觉体验相似。海豚和鲸鱼[7]是单色视者（也被称为"全色盲者"），它们只能看到黑色和白色。大多数鸟类、鱼类和一些昆虫及爬行动物[8]（包括恐龙）都是四色视者，因为它们还能看到紫外线。新大陆猴[9]就更奇怪了，比如属其科类的蜘蛛猴，雌猴是三色视者，而雄猴是二色视者（试想一下，如果人类男性和女性对颜色的感知不同，会发生多少不可思议的事情）。由于视觉发育是由基因操控的，理论上，可能有些人在出生时眼睛中就有四种而不是三种功能正常的视锥细胞，这样的人是四色视者。纽卡斯尔大学的加布里埃尔·乔丹博士在其职业生涯的大部分时间里，都在致力于寻找四色视者，在澄清了许多虚假案例后，乔丹终于找到了一个真正的案例——当事人是英格兰北部的一名女性医生，科学界代称其为"cDa29"[10]，因为她想尽量避免自己的生活被记者和自媒体运营人所打扰，这完全可以理解。人类的眼睛可以感知一百多万种颜色，而对于cDa29来说，这个数字是一亿，我们简直无法想象她眼中的世界有多么精彩纷呈。

我们乐于认为每件事的发生都有理由，而且有充分的理由。但事实是，如果没有一些微小的意外发生，我们都可能像cDa29一样，看到更绚丽的世界；或者会像鲸鱼一样，被困在黑与白的视觉世界中；我们还有可能像雀尾螳螂虾[11]一样，拥有多达16种视锥细胞。倘若真的如此，人类的一切历史都会被改变。那些反史实幻想往往只是限定于某个特定的"如果……那么"式假设，在这类故事中，一个关键选择或结果发生了改变，便会制造出一个与现实截然不同的世界。如果希特勒被维也纳艺术学院录取了会怎样？如果亚伯拉罕·林肯没有被枪击会怎样？再试想一下，在数十万年的时间里，所有人对现实的感知都大不相同，那么人类历史的走向会变得多么不同？我们的感官是一个至关重要却又不易被察觉的变量。就像生活中的很多事情一样，只要稍微调整一下，情况就会有所不同。

我们的感官系统不是随机出现的，而是复杂进化史偶然造就的结果。那么，为什么人类有三种（红、绿、蓝）而不是两种视锥细胞呢？数百万年前，灵长类动物按视觉差异可分为两大类。研究人员注意到一个有趣的相关性：如果某个地区翠绿的棕榈丛中生长着许多红色无花果，那里的灵长类动物就会进化出在绿色背景下识别红色的能力，这可以帮助它们更好地生存下去；而在不生长红色无花果的地区，灵长类动物就不会进化出这一能力，它们依然是红绿色盲。人类是"无花果灵长类动物"的分支[12]。由此，科学家可能已经提出了一个貌似很充分的"理由"——人类的眼睛里之所以有三种感光细胞，是因为我们的祖先需要比竞争对手更快、更准确地看到成熟的无花果。但这种解释有多随意呢？生命中一个伟大谜团的答案竟然是……无花果？

捷径生物的另一个诀窍是，人类大脑是"模式检测机"[13]。在很久很久之前，古人就把天空中的点连接起来，形成星座，并赋予它们许多完整的传奇故事。* 如今，许多神经科学家认为，人之所以为人，所仰赖的根本特征之一就是我们"卓越的

---

* 星座图案及基于星座的故事是如此普遍，遍布古今中外。例如，在基督教传入之前的斯堪的纳维亚，猎户座的腰带被称为"弗丽嘉的纺纱杆"（见本章注释14）；而在新西兰的毛利人文化中，猎户腰带的三颗星被称为"Tautoru"，它们是巨大的空中独木舟的一部分。不同时空的人们，在天空群星中识别出了相同的星座图案。

模式加工机制",它产生了非凡的智慧、想象力和创造力。我们拥有对复杂世界进行分类、推断因果关系[15]以及识别模式的神经系统。

但与此同时,进化也让我们的头脑对意外和混乱感到反感,因此,有时我们会自以为是地找到某些模式,坚定地相信自己提出的因果解释,而不愿意相信事情的起因完全就是随机事件或意外。面对显而易见的随机事件,捷径生物会想方设法提出一套简洁合理的解释,这就导致我们误以为偶然性微不足道。由于进化优先考虑的是生存而不是真相,因此,它对我们因果认知机制的塑造标准也是看重实用而不是正确。我们乐于为结果寻找原因;我们乐于想象因果之间存在直接线性关系(小原因产生小影响,大原因产生大影响);我们乐于忽视随机性和偶然性的影响,甚至在理由不存在时会刻意编造理由,也不愿意面对不确定性和未知事物。

人类进化出了"过度探测"模式倾向。大多数情况下,这都不是坏事,将风吹树叶的沙沙作响误以为是猎食者在步步逼近,总比反过来——忽视猎食者的威胁——要好得多,误报的代价要远远小于对危险视而不见。为了生存,我们的头脑特别擅长察觉行动和意图。认知科学家和哲学家丹尼尔·丹尼特认为,我们不仅对动作特别敏感,而且对他人的信念、欲望、信息和目标也特别敏感。[16]或者,正如他所说,进化将我们驯化成了喜欢提问的动物,其中,最重要的一些问题包括"谁知道什么""谁想要什么"。那个长着尖牙的奇怪生物是想吃我,还是只是对我有点儿好奇——这是一个相当重要的问题。在遥远的过去,那些弄错了答案的人不太可能将他们的基因遗传下去。"误报"(或者说假阳性)只是让人心情不爽,而"漏报"(或者说假阴性)却会让人陷入致命险境。神经科学家和进化生物学家认为,我们大脑进化出的"过度探测"模式倾向很可能会在关键时刻让我们幸免于难。

作为善于识别模式的人类,我们渴望知道事情发生的理由,即使并不存在充分的理由。1944年,马萨诸塞州史密斯学院的心理学家玛丽安·西梅尔和弗里茨·海德完成了一个实验,他们制作了一个在屏幕上随机移动的图形动画,[17]结果发现,在36名观看动画的被试中,有35名认为动画中的大三角形是"恶棍",它正在追逐其他"勇敢""活泼"的小图形。被试大脑会不由自主地赋予这些动态图形以因果关系、故事情节甚至个性。

但这种敏感的"过度探测"模式还导致了另一类结果:我们要么忽略随机事件,要么假装它们也具有有序结构,只是不易被察觉。就像我们会从无序的散点图中看到整齐的线条一样,人类是因果崇拜的忠实信徒。

对我们来说,可能最令人手足无措的事,就是体会到自己的命运受偶然事件的摆布;最让人惶恐不安的事,就是相信自己的生死完全由随机性决定。但事实往往就是如此。长久以来,我们及我们的古人类近亲都渴望从毫无意义的事情中发现意义。5 万年前的尼安德特人的墓葬就已经显露出迷信的迹象,[18]比如,一些尸骸周围的土壤样本中含有花粉成分;①在另一些墓葬中,考古学家还发现了各种动物的角和犀牛头骨[19]。

启蒙运动指引了理性时代的到来,自此之后,(非宗教性的)世俗迷信在知识精英阶层越发成为受人讥讽的对象。但它仍然广泛存在,甚至出现于很多让人意想不到的地方。有一个或许完全出于杜撰的故事:诺贝尔物理学奖得主尼尔斯·玻尔家中来了一位访客,他注意到玻尔家门上挂着一只马蹄铁。身为原子理论和量子物理学奠基人之一的玻尔竟然迷信,这让访客大感惊讶。他问玻尔是否真的相信马蹄铁会给他带来好运,玻尔回答说:"当然不会,但有人告诉我,即使你不相信马蹄铁的传说,马蹄铁也照样会给你带来好运。"[20]

在没有现成解释的情况下,我们也会不遗余力地编造解释。例如,一战结束时,血流成河的战壕里不仅堆满了尸体,还堆满了护身符,比如石南花枝、心形护身符[21]和幸运兔脚。奥匈帝国山区的部队会将蝙蝠翅膀缝在内衣里,将士相信这可以帮助他们躲过生死大劫。很少有人敢穿死者的靴子,无论靴子的皮质多么细腻。

---

① 这正是殓葬仪式的证据,说明尼安德特人在墓葬中放满鲜花,以纪念死者。——译者注

20 年后，世界大战再次爆发，于是各类迷信活动也再次蜂拥而至。1944 年 6 月，德军将新研发成功的巡航导弹 V-1 用于对伦敦的轰炸，于是，伦敦市民开始使用千奇百怪的方式预测下一波巡航导弹会落在哪里。但战后政府工作人员对受损情况进行统计分析时发现，爆炸点遵循泊松分布[22]——一种几乎完全随机的分布。

迷信是未解之谜和看似随机的事件的产物，是人类为了应对因果关系的不确定性的选择。当我们不知道为什么会发生某件事时，就会有一种强烈的迷失感，感觉自己像混沌的玩物。许多人会以为，只有头脑不清醒的人才会投身于迷信活动，这种看法很不公允。事实上，当人们感觉普通的、理性的改变世界的方法变得无用时，为了维护自己的控制权，可能诉诸迷信活动，这是一种可以被理解的、非常普遍的应对策略。用英国历史学家西奥多·泽尔丁的话说，这就像"现代汽车司机一样，他不知道自己的汽车到底是如何动起来的，却相信它，他感兴趣的只是该按哪个钮来发动汽车"[23]。幸运护身符可能不起作用，但如果炸弹说不定何时从天而降，你还有更好的应对办法吗？

随机性之所以让我们不满意，还有一个原因，借用美国华盛顿与杰斐逊学院英文系教授乔纳森·歌德夏的话来说，我们是"讲故事的动物"[24]。我们的大脑是为叙述故事而设计的，我们给自己讲故事，所有好故事都有一个清晰的因果关系。我们不愿闲坐在座位上,等待随机数字生成器吐出一个个新的数字。

英国作家 E. M. 福斯特曾写道:"'国王死了,之后,王后也死了',这只是一则消息;而'国王去世了,王后因过度悲伤而离世'则是一个故事情节。"英国推理小说家 P. D. 詹姆斯对此表示赞同,但她补充指出,故事情节还可以进一步提升,如"每个人都认为王后悲伤而死,直到他们发现了她喉咙上的刺痕"[25]。这三个句子的可记忆性或难忘程度依次递增。第一种说法没有因果关系,因此只是一系列不具备相关性的事实,这是我们最难记住的信息;第二种说法引入了因果关系,但直说了王后死亡的原因,而没有激起我们更深入了解的兴趣;而第三种说法则制造了悬念,于是我们想知道是谁在王后的喉咙上留下了刺痕。这就是推理小说作家能写出畅销书的原因,也是侦探故事会霸占视频网站和纪录片排行榜的原因。我们想知道"是谁",但最重要的是,我们必须知道到底"为什么"。

在其长篇小说《猫的摇篮》中,美国作家库尔特·冯内古特虚构了布克农教,该宗教揶揄了人类的这一欲望。当其谈及人与上帝的相遇时,虚构的宗教书(类似《圣经》)记载,那人眨了眨眼睛,礼貌地问:"这一切的目的是什么?"上帝反问:"每件事都必须有目的?"那人回答:"当然了!""那我就留给你自己去解决这一切吧!"上帝说完,转身走开。[26]

当人们不知道"为什么"时,可能会假装知道。人类这种"发明"原因的倾向在裂脑实验中表现得尤为明显。有时,一些患有严重癫痫的病人需要接受切断胼胝体的手术。胼胝体是连接大脑右半球和左半球的宽神经纤维带。患者在手术完成后，其他脑功能如常，只是大脑的信息交换通道被切断，信息不能在左右两个半球之间传递了。人类语言加工能力主要定位于大脑左半球，所以，左半球还负责形成叙事性解释以让我们理解世界。让人感到奇异的地方在于，当信息被传递给术后患者的右半球而不是左半球时，为了应对混乱局面（左半球不知道到底发生了什么），左半球会自动创造出一个合理解释。基于这一现象，神经科学家提出，左半球可以被视为人类的"颅内解释器"[27]：当没有理由时，我们的大脑就会编造一个理由。

我们不仅需要理由，而且需要简单的理由。在我们渴望的整齐划一的世界里，一个原因产生一个直接结果，结果的影响力与原因的重要性成正比。但现代世界并非如此（下一章会展开论述）。我们可能会把"目的"和"有序"强加给无序甚至随机的过程，这种认知错误被称为"目的论偏差"。它跨越了文化隔阂，似乎是人类与生俱来的认知模式。例如，儿童容易凭直觉认为山存在的"目的"是为了让人类攀登。[28]教育可以消除这种认知偏差，但目的论思维依然存在。对那些塑造变革观念的思想家来说，他们几乎不可能指出某一特定事件是由其他中性事件、随机事件、偶然事件或混沌事件所导致的。当战壕里的士兵给随机性和不确定性赋予简单明了的因果关系时，我们称之为"迷信"。当研究者用类似的方法来解释复杂世界的变化时，我们便可称之为：学究做派和拙劣的社会科学。

　　我是从个人经历中得出这一结论的。我有时被邀请参加电视新闻节目，在现场，我会尽力回答所有问题。但这类节目有许多不成文的规定，比如，新颖的说法会得到"奖励"。当你持有一个不太确定的观念时，要自信而确定地表达出来，这要好过羞怯和犹豫不决。用"因为"作为开头的回答永远比"我不知道"要强。还有一条铁律：你绝不能认为之所以会发生某些重大事件，只是因为那个由 80 亿人相互纠缠的复杂系统中出现了一些微小、偶然的扰动。或者更准确地说，在一档邀请了 8 位嘉宾，且每位嘉宾每次只能有 40 秒发言时间的谈话节目中，如果你想成为常驻嘉宾，你就不能那么说。这种现象在市场分析中尤为突出，股票价格的一些（明显的）随机波动几乎总被解释为是某种明确因果关系导致的。每当你听到"市场正在对……做出反应"或"股票今天下跌是因为……"时，你的目的论偏差天线就应该处于高度戒备状态。

　　目的论偏差与"幻想性错觉"[29]有关，即认为两个实际毫无关联的事物间具有相关性，或者错误地推断因果关系。* 如体育赛场上的"热手谬误"[30]就属于这类妄想。有时，当一

---

* "空想性错视"是此类认知偏差中很有趣的一种，即人们有时会在一些无意义的随意图像中发现视觉模式，如人脸。1994 年，佛罗里达州的黛安·达伊瑟在自己制作的烤奶酪三明治里看到了圣母玛利亚的面孔，还有很多其他人也都看到了同样的图案，于是，这块三明治最后被拍出了 2.8 万美元的天价。

个篮球运动员连续投中好几个球后,人们会认为他"手气好",应该尽量将球传给他,让他完成投球,但他之前的投篮行为其实对其之后的投篮命中率没有任何影响。另一类相似的妄想是"赌徒谬误",它指的是,有时接二连三地赢会让人过度自信,于是自以为是地从随机结果中推断出某些规律。

这种认知偏差也构成了阴谋论的心理基础,其中,量级偏差的作用格外明显。按照简单的线性世界观思维,大事件一定是由"大动作"主导的,而不会起因于微小、随机或偶然的变化。克里斯托弗·弗兰奇是伦敦大学金史密斯学院异常心理研究小组的负责人,他告诉我,戴安娜王妃的死亡之所以会引发如此多的阴谋论,正是因为许多人无法接受事实:这么重大的事件竟然仅仅是因为人为操作失误和汽车超速行驶造成的普通交通事故。在阴谋论者看来,一定还发生了别的事情,这背后一定有不为人知的秘密。他们宁愿接受一些相互矛盾的解释,也不愿意相信根本不存在什么阴谋的说法。一些人认为戴安娜王妃还活着,还有一些人认为她是被英国安全部门杀害的。对阴谋论者来说,虽然这两种解释从逻辑上看都有很多漏洞,但相比令人不满的解释——戴安娜王妃之死是一次意外,它们的问题要小得多。

1755年的里斯本大地震引发了海啸,夷平了整个城市,造成1.2万人死亡,显然,这场悲剧毫无缘由。受此意外灾难启发,伏尔泰对天真的乐观主义提出了质疑,在此背景下,他创作了经典小说《老实人》。书中过度乐观的角色——潘格罗斯博士，正是目的论偏差的化身，他目之所及，皆是最合理、最理想的设计。地上的石头是为了方便封建领主日后用来建造城堡；人的腿是为了让18世纪的人穿上束脚裤；我们的鼻子长在脸上，是为了架起眼镜。伏尔泰笔下的这一人物促成了一个新词汇的诞生——盲目乐观主义［Panglossian，即书中潘格罗斯博士名字（Pangloss）的化用］，它用来表示不分青红皂白的乐观主义态度，具体表现为相信我们所处的世界是最好的世界，所有事物、事情都是按其职责精心设计的，世界会永无止境地迈向进步。这一观点与"事出皆有因，诸因皆可探"的古老哲思如出一辙。潘格罗斯博士宣称，"如果你没有被送到宗教法庭"，或者"如果你没有丢掉黄金国的绵羊"，那么"你就不会在这里吃腌香橼和开心果了"。

也许是这样，但潘格罗斯博士有一个判断是错的——他认为事物一直沿着线性轨迹朝着进步的方向发展，我们中许多人也是这样想的。犯了同样错误的人还包括黑格尔：作为复杂系统，自然界和人类社会并没有朝着某个理想化的终点前进。当潘格罗斯大肆宣扬这种极端、怪异的思想时，他的做法显得荒诞可笑。然而，类似思想却仍然在现代社会大部分领域都占据主导地位。我们有时会看到实际上并不存在的模式及意义关系，因为这总比什么都看不到要好。用已故哲学家苏珊·朗格的话说："人类可以适应自己所想象的世界，但唯独无法应对混乱。"[31]

诚如我们上文所言，捷径通常很有用，然而，它有时也会出现运行故障。在我们人类在地球上生存的大部分时间里，我们进化出的大脑在帮助我们生存方面做了很大贡献——历史上的幸存者塑造了我们人类这一物种。但是当世界发生变化时，捷径生物可能会将自身置于危险之中。如果旧模式让位于新模式，那么曾经的有益做法就可能突然变成弊端。我们可以从两个物种身上学到这一课，这两个物种与人类是完全不同的动物，但它们同我们一样，都被进化设计成了"自欺"动物，当外部环境发生变化，它们的自欺模式带来了毁灭性后果。

我们暂时将目光转向海龟和宝石甲虫，它们和我们一样，都是捷径生物。海龟以光为捷径：刚刚孵化出的海龟会朝地平线上最亮的地方游去，那通常是反射在海水上的月光，这条捷径是可靠的。但当人类建造了装有明亮射灯的海滨酒店后，小海龟们误以为酒店射灯的光就是曾经引路的月光，它们为了寻找水源，挣扎着朝人造光方向移动，于是离大海越来越远，最终陆续死去（为了防止这种悲剧的发生，许多沿海地区已经通过了亮度管理法案）。

谈到"抄捷径"而出错的可怜动物，最令人难忘的例子还要数宝石甲虫。由于其雌甲虫体型较大，雄甲虫看不全它们身体的"真相"，因此雄性在求偶时会以雌性独特的颜色和凹痕作为线索。这种捷径一直很有效，直到有一天，一家澳大利亚啤酒公司意外地在其酒瓶设计中复制了雌性宝石甲虫的外貌特征。小小意外引发了不可思议的结果：由于雄性甲虫依然依赖捷径，结果它们开始尝试与废弃的瓶子交配，这自然无法产生后代。当科学家们在路边遇到一个废弃的啤酒瓶时，他们非常生动地描述了这一现象：雄性甲虫成群结队地爬上啤酒瓶，"试图与酒瓶交配"[32]。

这些不再匹配的捷径被称为"进化陷阱"[33]。当旧的生存方式与新的现实不匹配时，它们就会出现。遗憾的是，正如我们现在所看到的，人类现在正面临自己的进化陷阱。我们试图驾驭现代社会难以想象的复杂关系，但我们的（进化）心智并不足以应付一个高度互联的世界。这个世界无情地向刀锋汇聚，每个人都像是在刀尖上跳舞，一个小小的意外就可以瞬间改变一切。一旦我们开始在一个如此复杂的世界航行时，原来的捷径导航就不再那么好用了。

第5章 人类的蝗群

为什么自组织临界性
会创造"黑天鹅"

1875年，一场蝗灾席卷了美国，蝗虫覆盖了相当于整个加利福尼亚州的土地面积，它们吞噬了沿途的一切，上至明尼苏达州，下至得克萨斯州，每一处肥沃的平原都成了它们袭击的对象。据估计，3.5万亿只蝗虫形成了约2 800千米长的"虫云"。[1]当蝗群逼近时，远处的农民对他们眼中的景象感到困惑：在一些人看来，这就像一场猛烈的冰雹袭击了地平线上的庄稼；而在另一些人眼中，这像一场草原上肆虐的大火，伴随着地面升腾盘旋的浓烟。之后，当蝗虫真正靠近时，他们终于可以看清那恐怖的真相。这是人类历史有记录以来，规模最大的动物聚集事件。

蝗灾在美国肆虐了好几年。大地被"几厘米厚的无所不及的蠕动的虫群所覆盖"[2]，它们遮天蔽日，抹去了白昼，伴随着"成千上万把剪子一起剪断和切割"[3]的轰鸣声与黑暗交相呼应。蝗虫几乎吃掉了一切，它们像灰色的闪电划过，转瞬间大麦、小麦和卷心菜就全消失了,桃树皮也被剥得干干净净,玉米地"像是正午阳光下的白霜[4]一样融化了,一切不复存在"。男人们绝望地向空中射击,但一颗颗子弹无法对抗3.5万亿只嗡嗡作响的昆虫兵。女人们试图用衣服和毯子盖住她们的菜地,可也只能眼睁睁地看着蝗虫把这些衣服、毯子当成大餐前的开胃小菜。蝗虫甚至会直接吃掉羊背上的羊毛。农民们匆忙地创造了一种用来诱捕蝗虫的大型设备,上面涂满了煤油或黏稠的蜜糖。为了减少蝗虫数量,明尼苏达州州长约翰·S.皮尔斯伯里[*]提议重金悬赏,[5]鼓励民众在蝗虫卵孵化前碾碎它。此时,每个人都试图预测蝗虫下一步会去哪里,这样人们就可以为蝗灾做好准备。

但没有任何一种办法奏效。

蝗虫掏空了美国人的面包篮。总的来说,蝗群吞噬了美国3/4的农产品,造成了相当于现在1 200亿美元的损失(《纽约时报》的一位撰稿人提出,损失的粮食可以用蝗虫本身来弥补,把蝗虫炸脆后,再配上蜂蜜,就是一道营养丰富的美食。《圣经》人物施洗约翰以此为食[6])。蝗虫甚至没有放过女作家劳拉·伊丽莎白·英格斯·怀德草原上的小木屋。她在《在梅溪边》中描述了它们的破坏力。当蝗虫吞食她家的庄稼时,怀德注意到它们的组织性——"如同军队一样"[7]向麦田挺进。

蝗虫确实会"行军",这是科学家用来描述它们群体协调

---

[*] 皮尔斯伯里公司联合创始人,该公司品牌形象有面团男孩、绿色豌豆巨人。

行为的专业术语。将人类与蝗灾进行对比可能会让人感到不悦，但通过这种方式我们确实可以更好地了解自身的特点。蝗虫和人类都能以惊人的规模消耗资源、破坏环境，但这不是我们要从它们身上得到的启示。真正重要的是，蝗虫的个体和群体行为为我们分析现代人类社会提供了一个绝佳参照，现代人类社会的各个领域都极其强调组织、协调与结构，但同时，现代社会系统比人类历史中任何一个时期的社会都更不稳定，更容易遭受意外事件的冲击。蝗群模式有助于我们理解现代社会的重要特征：所有事原本都看起来稳定有序，但一瞬间，一切都被改变了。借用物理学的一句话，我们在混沌的边缘摇摇欲坠。[8]

蝗虫有点儿像"化身博士"[①]，在它们生命的大部分时间里，它们都独自随心所欲地飞来飞去，饿了就找点儿吃的。如果任其自生自灭，它们会尽量避开蝗虫同伴。但若蝗虫被迫聚在一起——通常是由于食物短缺，它们就会暴露出内心邪恶的一面。在这种情况下，蝗虫会转变为"群生"状态，它们褪去棕绿色的伪装，变成更亮的黄色甚至黑色。尽管它们此时变成了友善的"合群者"，但你不会希望它们出现在你的晚宴上，除非你喜欢一群除了账单外其他什么东西都吃的访客。

长期以来，科学家们一直对蝗群形成的原因感到困惑，最

[①] 出自罗伯特·路易斯·史蒂文森创作的科幻小说《化身博士》，书中主人公海德先生具有双重人格。——译者注

近的研究可能终于解决了该难题——这一切都与密度有关。[9]当每平方米的蝗虫数量少于17只时，每只蝗虫就会独来独往。它们的个体行动缺乏协调或目的，没有任何模式可言，在这种纯粹的无序状态下，局外人基本不可能预测它们的行动路径。总之，孤立与自主，而不是联系与依存，构成了个体蝗虫的生命特征。

当更多蝗虫加入同一个虫群时，它们的行为开始发生变化。在中等密度的情况下——每平方米平均有24~61只蝗虫，它们以小群的形式聚集在一起。[10]在一定程度上，它们会统一移动，但这些小群是相互独立的。大群移动时虽然是一个整体，但小群间没有协调行动。这时的虫群更像是中学生的小团体，而不像军队。就像小团体一样，它们的行动也很不稳定，会在瞬间改变方向，就好像它们在追逐一种时尚之后又奔向另一种时尚。小团体中的每只蝗虫都能左右该小团体，但不会影响其他小团体。

当蝗虫的密度达到每平方米73.7只时，蝗虫就会结为一个统一的蝗群成队前进（不要问蝗虫是如何或为什么确定这个密度的，大自然有很多无法解释的秘密）。"这是一个相当稳固的临界点。"[11]主持这项研究的澳大利亚阿德莱德大学教授杰罗姆·布尔告诉我。一旦达到这个密度临界点，行军现象便会出现。此时蝗群成为一种最稳定的组织，它们会作为一个统一整体进行行动，个体要严格贯彻群体意志，如果有蝗虫逆蝗群而动，就会被其他蝗虫吃掉。这种惩罚措施能确保蝗群保持一致，事实也确实如此，"蝗虫云"很像一个独立的生命体。

尽管蝗虫会无情地行动，但我们无法预测狂暴中的它们下一步会去哪里，这种混乱现象类似我们经常看到的鸟群在空中随意飞翔，或者鱼群在珊瑚礁中来回穿梭。"在我们的实验中，"布尔指出，"事实上，我们已经证明，方向的变化是完全随机的，不可预测。"如果政府希望找准地方喷洒杀虫剂，或者19世纪的农民试图准确定位灭蝗机，就会遇到问题。这就是我们常说的群体悖论。在完全混乱中，蝗群产生了令人吃惊的秩序。但一旦间隔时间足够久，蝗群的整体运动趋势就会变得复杂而难以预测。它们步调一致地前进，然后突然毫无征兆地改变方向。

这不是一个完美的类比——我们不是昆虫，但从中等密度虫群到高密度虫群的转变，正映照了人类社会在最近几千年的转变。进化将我们塑造成了小群体群居动物，但如今，我们所有人都被裹入一个巨大的世界，且比以往任何时候都疯狂和脆弱。

例如，5万年前，大多数人生活在彼此隔绝的小型部族中。每隔一段时间，他们可能会遇到另一个部落，但互动期很短暂。每个社群形成了自己独特的习俗和文化，社群之间既没有密集的文化交流，也没有跨越遥远距离的共同习俗。在石器时代，即使是最热衷于游牧的英国狩猎-采集者，也不可能遇到亚洲或非洲同类。这时的人类有点儿像蝗虫的小团体，有一定组织性，但彼此独立。

后来又形成了酋邦和国家，接着是不断扩张的帝国。但人类一直处于中间层，在这些控制较为松散的社会中，物理距离最为重要。低关联性和有限的跨空间相互依存性构成了人类社会的主要特征，少数有权势的人物，如国王、宗教领袖和将军，可以重塑社会，但即使是他们，影响力也极其有限，且只能维持很短一段时期。回想一下电影《巨蟒与圣杯》①中的场景：一个农民遇到了不列颠国王亚瑟，但他从未听说过亚瑟，也从未听说过不列颠人。普通人，如农民，很少能重塑群体。这种态势贯穿了人类历史的大部分时间。

我们还可以想想前现代生活方式在不同年份的稳定性、规律性和有序性。在过去，一个地区的不稳定态势主要是由当地因素决定的，日常生活的确有难以预料的一面：你可能前一天还很健康，第二天就被神秘的瘟疫夺去生命；分娩是一个死亡陷阱；饥饿的威胁始终存在，因为庄稼可能会莫名其妙地歉收，或者一度充裕的动物资源突然就不知所终。然而，基于全球宏观层面看，我们祖先的生活是稳定的。这并不意味着世界从未发生变化，而是说，从广义上讲，从一代人到另一代人，社会差不多都以类似的方式向前发展。如果你的父母是农民，那么你很可能也是农民。不同于如今，那时候祖辈和孙辈生活在相同的社会环境

---

① 20世纪70年代经典喜剧电影，讲述了亚瑟王和圆桌武士们接受上帝的旨意去寻找圣杯的传说故事。——译者注

中，他们所面对的文化环境没什么区别。子女会从父母那里习得技术、经验，而不是通过其他途径。在石器时代，技术革命每隔几千年才会发生一次，现在则变成了几个月一次。

现代社会与过去有本质不同。尽管人口暴增，其密度达到了前所未有的水平，但现在社会仍秩序井然，看起来有条不紊，就像蝗虫大军齐步并进一样。虽然全世界有80多亿人，却没有任何两个人是完全相同的，一旦将这些人汇聚到以现代法治为基础的经济文明中，人们就会开始表现出可预测模式。与祖先不同，我们的局部微观生活极其稳定。最近一项利用匿名手机数据进行的研究发现，由于人类是一种乐于重复的习惯性动物，因此我们可以在平均93%的时间内准确预测某个人所在的位置。[12] 社会对个人行为施加了有力控制，以至我们可以自信地驾驶着汽车，以约110千米的时速在狭窄的柏油路上飞驰，而且几乎可以肯定，其他人也会遵守同样的规则。那些不遵守规则的人，就像愚顽逆飞的蝗虫一样，会被惩罚。

与此同时，世界各地人群之间的联系也达到了空前水平，这使得人类群体间的文化和习俗在整体上趋于一致。下次你进电梯时，可以环顾一下四周，你会发现每个乘客都会面向电梯门，这样的场景会出现在任何地方，但实际上没有法律规定人们必须这样做。如果你乘坐的是写字楼里的电梯，无论是在马尼拉还是在曼哈顿，你会发现许多男士都会穿着相似的商务套装。当你面对一位穿着得体西装的男士时，你可以大致推测出他的行为风格。我们竟然可以用西装来弥合巨大的文化鸿沟，这真令人惊讶！*还有，你几乎可以在世界上任何一个地方的ATM（自动柜员机）上输入密码，取出银行卡里的钱，即使你的开户银行可能远在千里之外。你还可以在118个国家点到同样的麦当劳汉堡。现代人类社会具有前所未有的规律性。我们生活的世界比以往任何时候都有序、规范和结构化。它让人感觉坚不可摧，井然有序。

然而，当下社会的一切都可能在瞬间改变，就像蝗群经过一样。我们的生活经常被金融危机、大流行病和战争等重大社会事件所惊扰。我们也会被那些难以预料且风险高、影响广的"黑天鹅"事件搞得措手不及。所有的这些都会使我们的生存更易受到全球不稳定态势的影响。如今，无论多喜欢离群索居的人，都无法完全未雨绸缪，让自己免受突发事件的影响。

这就是群体悖论。人类社会在变得更加趋同、更为有序且更有规律性的同时，也会变得更不确定、更混乱，且更容易遭受偶然事件的影响。现代人类生活在有史以来最有秩序的社会中，但我们的世界也比人类历史上任何其他社会都更容易陷入混乱和无序的旋涡。

这是怎么回事？

---

* 追溯来源，你会发现生活中每件事都存在偶然性。现代商务套装的出现可追溯至英国摄政时期的名流——博·布鲁梅尔（Beau Brummell）（见本章注释13）。西方人称某人"Beau"（"喜打扮"等），就是源于他。

* * *

我们的大脑适应了在一个简单世界中生活。过去的20万年里，人类大约经历了8 000代人。但自罗马灭亡以来，人类大约只经历了57代人。这意味着，我们的大脑是在一个与当前世界截然不同的环境中进化形成的。在过去我们只需要理解简单的模式，比如"剑齿虎的袭击会导致被袭者痛苦地死亡"，这已经是一种足够复杂的因果关系了。所以，我们的大脑进化到可以从容运用简单的因果模式，比如，在现代社会，我们可以想象这样一种直接关系：吸烟→摄入有害化学物质→DNA受损→肺癌风险提升。*

然而，几乎没有任何一个复杂的社会系统可以用这种简单的因果关系箭头来加以描述。如今的现实世界中充斥着反馈回路、临界点、反向因果关系，以及无穷无尽且看似微不足道的连锁反应——偶然，但这些都会引出非常重要的结果。当然，在我们日常生活中，并不是每一件小事都会产生至关重要的影响，我们仍然可以有效地掌控自己的人生。但是，当我们试图理解并驾驭一个复杂得多的社会时，问题就来了：既然我们大脑的进化是为了在一个更为简单的世界中生存，那接下来，我们该怎么做呢？

---

* 现代研究中充斥着这些对现实的简单化提炼，它们通常被称为"有向无环图"（见本章注释14）。它们在封闭、稳定的系统中可能很有用，但在动态、混乱的系统建模（比如在经济学、生态学、政治学等我们最关心的领域）中往往毫无用处。

答案就在一个新近出现的知识领域：复杂性科学[15]和复杂适应系统①研究。复杂性科学是从物理学、数学、化学、生态学和经济学等多个不同研究领域发展而来的，它关注的是介于两个极端情形——有序与无序、可控与混乱、稳定性与随机性——之间的世界状态。复杂性科学的圣地是圣塔菲研究所，该研究所目前发展态势蓬勃向上，它位于新墨西哥州的灌木丛山上，离当初的原子弹研制地不远。现代人类社会显然是一个复杂适应系统，但遗憾的是，在经济学、政治学与社会学等主流学科中，只有极少数研究人员会明确地将社会视为复杂系统。但这不是说跨学科合作。相反，这种观念可以为我们观察世界提供一种全新的视角，它让一切变得更加清晰明了。

在旧视角下，研究人员很大程度上主要依赖具有单平衡点的线性系统对社会问题进行描述，但它们常常会让人误入歧途。例如在供需曲线上，每个价格点所对应的其他参数都非常明确，你可以根据价格来预测供需，反之亦然。但在真实世界中，经济运行可没有这么简单。然而，这种具有欺骗性的图表成为一代又一代学生学习的内容，它会扭曲人类的思维，让人们误以为世界就是一个二维坐标系，有着严格定义的规则和界限。同样，在传统的、简化的、线性的社会变革模型中，任何因果变

---

① 复杂适应系统，指由许多相互作用的个体组成的系统，这些个体能够根据环境的变化自适应地调整其行为和结构。——译者注

化都被认为与影响的大小成正比。小改变产生小影响，大改变产生大影响。很明显，事实并非如此。总的来说，旧视角主要基于以下三个看似很有道理的假设：

1. 你能看到的每一个结果都有相对应的特定原因；
2. 如果你想了解某个事物，只需要了解它的组成部分；
3. 如果我们了解了过去的模式，我们就能更好地预测未来。

然而，在复杂适应系统中，比如现代人类社会，这三个假设都不成立。第一，微小事件常常导致重大影响，而且结果几乎总是有多个原因，这些原因很难被条理清晰地拆分。第二，仅仅了解系统的组成部分是不够的，你需要了解每个部分如何与其他部分相互作用，因为是相互纠缠的关系而不是各个独立部分决定了复杂系统。第三，过去的模式不一定能构成未来行动指南，因为一个系统的动态机制可能会随着时间的推移而发生彻底改变，或者在触发临界点后，长期规律被瞬间颠覆。总之，现代社会的运行模式与我们长久以来所设想的运行模式有很大不同。

在这里，我们先澄清一些术语。瑞士手表的结构很精细，但并不复杂。手表有许多精密复杂的活动部件，每个部件都要发挥特定功能，可手表并没有什么难以理解之处，它的运行模式也很好预测。之所以说手表只是很精细，但不复杂，是因为手表的单个部件不会根据另一个部件的变化而自发做出调整。如果手表内某个齿轮断裂，其他部件不会变形为新的东西，也不会自动发展出新功能以接替齿轮传动系统的工作,手表只是单纯地坏了。甚至一些凝结了人类最高端智慧的设备,比如航天飞机,也只是极其精细,但算不上复杂。这就是为什么"挑战者"号飞船可能会因为一个小小的O形环出现问题而爆炸。那么,什么才是复杂的东西呢?

复杂系统,就如蝗群或现代人类社会,涉及各种各样相互关联的部分,这些部分会相互作用、彼此适应。[16]*这个系统就像我们的世界一样,处于不断变化之中。如果你改变了该系统中的一个方面,其他部分就会自发做出调整,创造出全新的东西。假定一个人在开车时踩了刹车,或者人流中有一个人突然停下来和别人攀谈,其他人不会按照"原有"轨迹继续前进,他们会去适应和调整。系统中的整个人流或车流可能会对一个微小的变化做出反应。

因此,复杂适应系统具有路径依赖性质,有点儿像博尔赫斯笔下的"小径分岔的花园"。当你选择了一条路后,它会影响你未来所面对的分岔路,就像QWERTY键盘,它的布局方式是将常用字母分开,这样可以减少打字机卡壳的风险。如今这类问题早已不存在了,可我们依然在使用QWERTY键盘打字,即使开发出更合理的键盘布局,也太晚了,因为我们已经做出了选择。因此,要理解一个复杂适应系统,你还必须了解

---

* 这个定义来自密歇根大学的复杂系统研究者斯科特·E.佩奇。

它的历史。

自适应系统不会形成持续稳定的秩序,就像蝗群一样。然而,由于整个系统还具有去中心化和自组织的特性,因此,决定系统运行方式的是无数行为,以及这些行为所引发的适应和调整行为的总和,而不是从上而下强加的支配规则。以股市为例,价格不是由高层制定的,崩盘也不是出自中央银行的指令。市场既没有可预测的秩序,也不是纯粹的无序与混乱,它介于二者之间,由数百万个相互作用的主体共同推动其走势。这是一个无中心的分散式系统,就像蝗群一样,无法控制。

许多交织关联的主体或单位不断地适应彼此,它们之间的相互作用可以产生一种被称为"涌现"的现象。当个体或组成部分以一种不同于其各部分总和的方式组织起来时,"涌现"就出现了,就像蝗群与单个蝗虫具有本质上的不同特征(人类大脑就是一种涌现现象,因为没有单个神经元能够产生意识或复杂思维,但这些神经元合在一起能做出惊人壮举)。同样,人类社会也体现了"涌现"。

随着分散式自组织[17]的涌现,复杂适应系统或许会产生规律和模式,这种情况被复杂系统科学家称为"吸引域"[18]。虽然听起来有点儿晦涩,但它其实很好理解,吸引域的意思是,随着时间推移,一个系统将向一个或多个特定结果收敛。想象一个钟摆在摆动,从哪里开始摆动并不重要,它最终会停在中间的最低点,那就是一个简单运动系统中的吸引域。如果我们把这个逻辑应用到人类身上，交通流量、汽车速度和它们之间的距离也可以被认为是一个吸引域。开始时，汽车可能以不同速度行驶，可一旦它们在道路上串成车流，往往会以大致相同的速度组织起来，间距也相似。当吸引域存在时，我们很可能会看到一些反复出现的固定模式。

在复杂系统中，吸引域会随着时间推移而改变，从而产生不稳定性。例如，如果你将吸引域概念映射于政治领域，我们可以认为在美国政治体制下，有两个主要的党派认同吸引域：共和党、民主党。当一个人参与政治时，不管他最初的意识形态是什么，他最终都会倾向这两大阵营之一。但偶尔也会出现分裂。唐纳德·特朗普在2016年将共和党分裂为"绝不要特朗普派"（Never Trump）和"MAGA 共和党人"①。英国工党和保守党之间的传统分歧让位于英国脱欧带来的新吸引域。*同样，在中世纪，西方世界曾经有一个主要的宗教吸引域，但新教改革创造了一个新吸引域，导致了分裂和动荡。当吸引域数量突然增加时，系统会变得更容易受到冲击。

相反，当社会看起来稳定时，通常是因为吸引域是稳定的，

---

① MAGA 即 "Make America Great Again"（"让美国再次伟大"），这是特朗普的竞选口号。——译者注
* 这些都是不严谨的类比。所有这些来自混沌理论和复杂系统的概念都源自精准的数学术语，在动力系统中被赋予更具体的定义。所以为了便于理解，请读者们原谅我们的不严谨之处。吸引子也可以存在于稳定系统中，而奇异吸引子存在于混沌系统中。

并且按照它们的"正常"模式在运行。但问题是：现代社会只是制造了稳定的假象。我们设计的许多复杂系统都有一个让人感到遗憾的特征：吸引域位于悬崖边上，接近临界点，这种情况有时也被称为"混沌边缘"[①]。

我们可以将人类社会想象成一个漫游于崎岖荒野的探索者，由于在人类历史的大部分时间里，狩猎-采集者都受困于相对简单的社会网络，此时的探索者更像是一个胸无大志的流浪汉，他漫无目的地徘徊，常常画地为牢，在有限空间内踟蹰不前。

但在现代，我们痴迷于成果和效率，所以人类社会就从一个流浪汉变成了狂热、偏执、难以自抑的登山家。现代社会不再随意地四处游荡，而是发足狂奔，直达山顶，即使它就在岌岌可危、摇摇欲坠的悬崖边缘。或许登山家刚攀上顶峰，就听到了隆隆声，雪崩随之而来，一切轰然倒塌。但当登山家跌入谷底后，他又重新燃起了激情，于是径直爬回山顶，等待下一场大雪的到来。由于我们的社会在矢志不渝地追求优化与提升，大多数现代社会系统毫不懈怠，比如政治和经济改革从未停歇。而现代社会互联互动的水平又是如此之高，以至即使是微小的扰动也会造成重大冲击。总之，我们本能地冲向悬崖边缘，但当我们从悬崖上跌落时，却仍感到万分惊讶。

---

① 指在系统中处于有序和混乱之间的临界状态。——译者注

或者，你可以想象有一个纸做的碗，里面放了一颗弹珠。当纸保持碗的形状时，小的扰动不会造成太大影响，弹珠总是落回碗底。*可是，系统随着时间变化，你将纸碗完全压平。现在，再让弹珠滚动，它就可能滚到纸片以外的地方，要是你将它往回推，它又会回到纸上。但是，如果你把碗倒过来，甚至把纸叠成一个尖端朝上的垂直锥体，会发生什么呢？倘若你把弹珠放在锥体顶端，让它摇摇欲坠地保持平衡，那么即使是最微弱的一阵风，甚至是一个人的呼吸，都会致使弹珠坠落，最终远离它的初始位置。你可以试着把弹珠射回圆锥体，但它不太可能再次停在圆锥体的顶端。我们可以用弹珠和纸的关系来理解社会，社会有时有很强的弹性和复原力，就像弹珠总会落回碗底；社会有时就像一张被压平的纸，弹珠很可能会脱离纸的掌控；如果我们不断地优化升级我们的社会，它最终会成为一个垂直锥体，而弹珠则处于混沌边缘，最微小的震动也可能引发巨大危机。

由于复杂系统是非线性的，这意味着变化的尺度与影响的尺度不成比例，小变化有时却会引发不可预估的重大事件，如塔勒布警告过的"黑天鹅"事件。它们通常是连锁反应的结果，很难对其后果进行预测。当连锁反应发生时，我们常常无法理

---

* 这种稳定性的类比只适用于较短时间尺度内的人类社会。从长期来看，由于整个系统是混沌的，即使是最像"碗"的社会最终也会屈服于无序的动力机制。

解它们,即使事后进行分析也难以明白其成因。

例如,1995年,灰狼被重新引入黄石国家公园,它引发了一系列意想不到的连锁反应,[19]园区内的整个生态系统都因这一小小的举动而陡然改变。[20]在没有灰狼的时候,公园里的麋鹿不需要跑来跑去躲避捕食者,所以它们常待在原地,悠闲地啃食柳树。有了灰狼之后,麋鹿开始到处跑动,它们的食物因此变得更加多样化,柳树也得以恢复生机。而柳树的繁茂又为河狸提供了新的生存机遇。河狸的数量原本已非常稀少,但随着柳树重新焕发活力,河狸族群也兴旺起来。河狸数量的增加改变了公园里的溪流,进而改善了其中鱼类种群的生态环境。这种连锁反应在接下来的近30年中持续发生,而人们却一直对它一知半解。然而,这一切的连锁反应都始于1995年那31只灰狼被放归公园。

连锁反应有多种不同的表现形式。在中世纪欧洲,长期以来,很多人都对天主教会感到不满,于是当马丁·路德在1517年将他的《九十五条论纲》钉在维滕贝格诸圣堂的门上时,他引发了一场宗教革命。这场革命使世界上最强大的宗教机构四分五裂。在那一刻之前,基督教世界已经处于崩溃的边缘——接近临界点,而路德的小小举动将整个体系推下了悬崖。随后发生的一连串事件打破了天主教在欧洲大部分地区的垄断统治地位。

如今,我们更容易游走于混沌边缘,现代社会的连锁反应不需要像中世纪宗教改革一样，以积累了几百年的压抑和怨恨为基础。在2008—2009年金融危机爆发之前，抵押贷款行业的从业人员向许多无力偿还贷款的人提供了巨额贷款，这无异于将后者推到了悬崖峭壁之上。表面上，市场走势越来越高，交易额不断突破纪录，一切似乎都很顺利。然后，金融体系突然达到了临界点，次贷危机的大爆发摧毁了无数人的生计，全世界50%的企业市值就此蒸发。

当复杂系统接近混沌边缘，即将达到临界点时，它们就开始显露出警示信号。其中，临界慢化[21]就是一种新近发现的警示信号现象。"慢化"指的是系统在遭受轻微扰动后恢复平衡所需的时间。当复杂系统较稳固时，微小变化可能会被吸收，在一段时间内，系统将迅速恢复"正常"，我们可以说这样的系统具有较强复原力。但在复杂系统变得脆弱时，任何微小扰动都可能会造成极端波动，直到一个变化从根本上重新调整整个系统，引发一长串连锁反应。临界慢化理论是由生态学家提出的，他们注意到一个规律：森林中食树昆虫的数量有时会出人意料地莫名猛增，导致生态系统遭到严重破坏，但就在虫灾大爆发之前，森林各个地区的昆虫数量会出现戏剧性波动，森林不会再像以往那样迅速恢复到"正常"状态。生态学家认为，复原能力的减速，很可能就是大自然的早期预警信号。[22]果然，他们发现，一旦检测到种群异常波动，不久之后一个微小变化就可能引发虫灾，进而吞噬整个森林。

为什么会发生不可预测的连锁反应？答案可能在于一种被称为"自组织临界性"[23]的现象。该概念是丹麦物理学家帕·巴克于1987年提出的，他借用沙堆与沙粒的关系说明了这一概念，并进行了解释。想象一下，我们将沙粒一颗接一颗地放到一起，它们会形成沙堆，随着沙粒不断落下，沙堆稳步扩大，一切似乎都井然有序、稳定、可预测。直到沙堆达到临界状态，再多一粒沙子就会引发一场巨大滑坡。在这样一个沙堆模型中，你可能会看到长时间的稳定，然后是灾难性的连锁反应，没有任何警告。一粒沙子就能造成崩溃，微小变化也可以对系统产生巨大影响。正如维克多·雨果在《悲惨世界》中所写的："我们怎么知道这世界的创造不是由陨落的沙粒所决定？"帕·巴克的回答很简单：我们确实知道。有时，决定世界的甚至不是许多下落的沙粒，而只是一颗沙粒。

沙粒如果被堆得太高，就容易崩塌，同样，蝗群也存在这种临界状态，进入这种状态后，它们可能看起来很稳定，但其实岌岌可危，极易被摧折。研究蝗虫的科学家发现，对一些蝗虫个体的微小干扰就可以引发连锁效应，致使蝗群被导向一条全新行进的轨道上。有时，只将一只或两只蝗虫挤开几厘米，整个蝗群可能会嗖的一声改变方向。这群数以十亿计、绵延数千米的蝗群，只要受到一只手的微小干扰，它们的行动就会发生根本变化。[24]这会令我们得出一个难以置信的结论：对19世纪70年代饱受蝗灾困扰的美国公民或现代非洲农民来说，他们的整个生计可能会因一只虫子刹那间的飞行轨迹而得以幸存或毁灭。在我们这个相互纠缠的世界里，自组织临界性放大了偶然性。

然而，没有一只蝗虫可以指挥蝗群。从某种意义上说，单只蝗虫不能决定整个蝗群到底是向东还是向西移动，因为任何个体移动的结果都是不可预测的。正如斯科特·E.佩奇指出的那样——个体几乎什么都控制不了，却几乎影响一切。我们也是如此。蝗群和沙堆的例子可以帮助我们理解为什么人类经常陷入一种错误的安全感。我们自欺欺人地相信一切尽在掌握之中，直到被一场毁灭性的危机击垮，比如金融危机、颠覆性的新技术、恐怖袭击或流行病。但是，我们并没有把这些不可避免的崩溃理解为系统的正常运作机制——就像沙堆滑坡一样，只要沙粒不断累积，就会发生这样的事，而是错误地将它们视为"冲击"。

当我们试图控制复杂系统时，很可能会导致更多无心之过。在特殊的历史条件下，中国曾组织"除四害"运动，组织杀死老鼠、麻雀、苍蝇和蚊子，但麻雀其实是林木果树害虫的"天敌"。

对于现代人类社会是否符合自组织临界性的精确数学定义，学者们意见不一，但这一概念显然为理解人类世界提供了一个有用的框架。* 在正确的法律法规和合理的经济政策的基础上，我们看似已经建立了一个运行通畅、有条不紊、一切可控的现代社会。当人们对突发性的社会冲击感到惊讶时，他们得出的教训往往是：现代人需要更加努力地掌控世界，如果我们有更好的法律、更好的监管、更好的预测数据，"黑天鹅"事件可能完全成为历史。但这不是真的。真正的教训是，现代世界就像蝗群一样，从根本上是无法控制和不可预测的。我们的傲慢欺骗了我们。现代社会是一个复杂系统，它看似稳定，其实却处于混沌边缘，我们所拥有的一切都可能因为一个微小、意外、随机的变化而分崩离析。

* * *

复杂系统还可以帮助我们更好地理解历史发展。一战的爆发正说明了临界状态和偶然事件之间的关系，在历史学界，关于一战的起因曾引发旷日持久的争论。在战争爆发之前，欧洲主要大国之间已经结成了一系列同盟，这种做法明确了欧洲大陆的权力结构，且对侵略和战争形成了有效威慑，因此，它在一段时间内带来了和平与稳定。之后，法国和沙俄同意缔结盟约以抗衡德国。由此，"沙堆"被拱高了。为了应对这一局面，

---

* 例如，加利福尼亚大学圣巴巴拉分校的物理学家、复杂系统研究的先驱琼·卡尔森认为，她提出的高容错性理论（见本章注释25）可以更好地预测生物和人造复杂系统的行为。

德国又决定与奥匈帝国发展为更紧密的盟友关系，以制衡法国和沙俄联盟。"沙堆"上又添了一把沙子。英国担心旧的权力平衡被打破，为了维护自身利益，它也加入了法国与沙俄的阵营。"沙堆"越堆越高。反过来，德国担心被敌视它的三个大国"包围"，于是扩充军备。"沙堆"此时已经高耸入云了。德国的做法导致其他大国都开始全副武装。"沙堆"一触即溃。到1914年，各国陆续的行动已经将世界带到了灾难性崩溃的边缘。然而，这是一场小滑坡，还是一场大崩溃？一切仍未有定数，答案取决于一个偶然事件，或者说，一个可怕的历史意外。

1913年11月，奥匈帝国的皇储弗朗茨·斐迪南大公来到英国，拜访了住在诺丁汉郡维尔贝克修道院的波特兰公爵。时值寒冬，厚厚的积雪覆盖了城堡的庭院，但公爵和大公仍决定冒险外出打猎。打猎期间，有几只野鸡突然飞到空中，这把负责给枪上膛的"装弹手"吓了一跳，他被绊了一下，倒在雪地上。[26]当他摔倒时，他手里的两支枪管都走火了，意外射出的子弹差点击中弗朗茨·斐迪南大公。如果"装弹手"倒地的角度稍微改变一点点，甚至只需要枪管移动一度，大公就可能被杀死。

然而，在这次事故中，大公幸免于难，几个月后他得以前往萨拉热窝。在那里，弗朗茨·斐迪南乘坐的是一辆豪华的汽车：奥地利制造的格拉夫-施蒂夫特皇家敞篷汽车[27]，车牌是A–III–118。当他的车队蜿蜒穿过城市时，大公没有意识到自己已成为暗杀目标。当汽车与内德利科·查布林洛维奇擦肩而过时,他向大公的车投掷了一颗炸弹,但炸弹被车的后檐弹开了,[28] 炸毁了车队后列的汽车,并造成约20人受伤,但斐迪南大公毫发无损。

整起事件本可就此结束,但大公和他的妻子苏菲决定去医院探望那些在袭击中受伤的人。这是一次临时出行,所以没有刺客提前准备专门针对这一行程的暗杀计划。然而,当车队穿过街道时,领头车拐错了一个弯,司机不得不停车,准备调头。这可能是史上最倒霉的一次拐弯失误了,因为停车的位置相距另一名刺客加夫里洛·普林西普只有不到两米远。在混乱的人群中,普林西普向大公的座驾开了两枪,子弹击中了目标,大公和他的妻子都遇难了。

斐迪南大公夫妇的遇难引发了一场连锁反应,最终造成一战爆发。但这一系列连锁反应的规模其实取决于欧洲当时的临界状态,即剑拔弩张的国际局势。所以,战争既不是单独的偶然事件导致的,也不是对抗局势独自导致的,而是来自它们的结合。对于一战是否注定爆发这一问题,历史学家仍存在分歧,但如果一些小细节出现差异,这场战争可能不会发生。波特兰公爵也有同样的想法,他目睹了大公于狩猎事故中死里逃生。公爵在自己的回忆录中写道:"我常常在想,如果大公当时去世,而不是第二年在萨拉热窝去世,大战是否就会避免,或者至少会推迟。"[29] 没有人知道答案,但一战的爆发表明,一个偶然事件是如何在临界状态下引发巨大连锁反应的。如果大公的"装弹手"打猎时在雪地上滑倒的角度稍有不同,之后的数百万人可能不会因战争而死,历史可能永远被改变,活在当下社会的可能是其他人。

这场事故还有一个细节值得注意。如前所述,斐迪南大公汽车的车牌号码是 A-III-118[30],也可以写成 A-II-I1-18,恰好,1918 年 11 月 11 日是一战西线的停战日,这一天也可以写作 A-11-11-18 [①]。

是不是很惊人?

这其实可以看作一个测试,测试你是否还容易陷入目的论思维的泥沼。德文中"停战"的写法是"Waffenstillstand",和字母"A"没什么关系。正如其他许多东西一样,车牌号和停战日的相似性只是这个令人抓狂的复杂世界所创造出的巧合而已,一个毫无意义的巧合。

* * *

一战结束一个多世纪后,大数据、分析程序和机器学习让我们能够在这看似稳定的系统中精确预测大规模人群的普遍行为。例如,英国电力网管理部门会考虑到"节目休息期"[31]的情况,即数百万赛事观众(比如通过电视或电脑观看世界杯直播)可能在中场休息时不约而同地按下烧水壶的按钮,为自己

---

① "停战日"的英文单词是"Armistice Day",首字母为 A。——译者注

泡上一杯咖啡或红茶。这种基于数据采集所得出的电力需求预测往往极其精准。我们比以往任何时候都更擅长预测数百万人的协同行为。这让我们获得了一种过分膨胀的掌控感，我将其称为"掌控错觉"。

这种错觉非常危险。它产生了一种思维定式，让我们误以为经济衰退、战争和大流行病仅仅是反常现象，是可以丢到一边置之不理的"异常值"，这样我们就可以继续维持"正常"秩序。我们看到成千上万颗沙粒都稳妥地落在了沙堆上，由此想象这种情况可以无限期地持续下去。我把这种思维称作"规律幻象"。某一刻，我们被突发的"崩溃"打了个措手不及，但我们会将"崩溃"视为外来冲击，而不是一个处于混沌边缘的复杂系统不可避免的危机。但实际上，这些崩溃并不能完全算"偶然"事件，因为只要有沙粒落下，社会沙堆就一定有崩溃的那一刻，早晚有一天，一颗小小的沙粒会引发灾难性的连锁反应，越堆越高的沙堆在向危险释放着诱惑。

现代社会是如此的错综复杂，以至除了国王、教皇和将军这些大人物，普通人也可以改变整个人类的方向。考虑一下这个问题：谁是 21 世纪迄今为止最有影响力的人？有的人可能会说是俄罗斯总统或者美国总统。我不这么认为，我想提名一个不知名的人。新型冠状病毒的大流行可能始于某个个体，数十亿人的生活因为这个人而发生了巨大变化。在人类历史上，从来没有过这种规模的连锁效应——一个小意外事件，能使这么多人的日常生活遭受如此剧烈的影响。

欢迎加入当代人类的"蝗群"。

* * *

为什么现代社会会步履蹒跚地走向临界点，并随着时间的推移变得越来越容易遭受偶然事件的冲击？原因有很多，但我只强调其中几个。首先，因为我们已经变成了强迫性的优化主义者，现代社会崇拜效率，追求升级，几乎没有懈怠。确实，社会的运行效率和关联程度成正比，但当某些事情出错时（这是不可避免的），由于事物彼此纠缠，后果会被放大。一个高效的优化系统很有可能被推到混沌边缘，滑向临界点，引发连锁反应。

相反，当复杂系统被设计为灵活性强于优化性时，它就有更强的复原力。例如，2010年智利发生了8.8级大地震，由于地方电网可以与国家电网"脱钩"[32]，所以电网只是短暂中断了运行。这种设计方式略微降低了系统的整体效率，但可以轻易阻断连锁反应，防止出现持续数周的全国性停电（我们可以从这个例子中学到关于生活的启示：不要将所有事情安排得严丝合缝，这样当一件事情出错时，不至于影响其他所有事情）。

由于互联网的存在，世界比以往任何时候都更有可能处于危急状态。互联网大大强化了全世界的连通。纵观历史，许多通信技术都具有变革性，印刷术、报纸、无线电传输和电视广播都扩大了信息消费的用户数量。但互联网与这些有本质的不同，它造成了划时代影响，人类信息传播获得了历史首次革命性增长，而且信息传播模式也产生了根本改变：从少对多的交流发展为多对多的交流。即使是错误的想法也会刺激行动，数十亿人正以前所未有的速度接触新思想。正如历史学家菲利普·费尔南德斯-阿莫斯图所写："思想是人类文化变革的主要动力……其变化的速度取决于思想的互通性。"[33] 这个变革的马达现在已经超速运转了。

由于人类的"蝗群"在不断加速，现代社会的发散性也就越来越强，偶然事件会更容易造就连锁反应。比如在经济领域，当投机者比竞争对手更早知道关键经济情报时，哪怕只有一条信息，他们也会具备明显的信息优势，从而获得更多收益回报。如今，高频次的交易都是由电脑完成的，速度优势要用毫秒来衡量[34]（为便于你理解：蜂鸟每18毫秒扇动一次翅膀），金融体系常常以极快速度滑向危险的临界状态。这就可以解释为什么在2010年5月6日下午2点42分到2点47分，一万亿美元的市值在五分钟内化为乌有。[35] 但如果仔细回溯整个事件，你会发现股灾起因只是一名交易员为了取乐，搞了一出恶作剧：他在自己伦敦的卧室里用普通软件操控了股市，而捅了一个大娄子。这像极了蝗群的行进方向因一只蝗虫的动作而改变。只是对蝗虫来说，它们的移动速度基本是恒定的，而人类则有所不同，我们是现代世界中越来越疯狂的"蝗群"。

从对复杂系统的思考中，我们还可以获得另一个重要启发。

我们将自己的生命融入非正式的社会规则、模式和期望，它们有点儿像人类的吸引域，并在包含80多亿形形色色、独一无二的人的人群中创造了稳定和规律的假象。但是，如果我们允许自己被这些规律幻象所愚弄，只关注世界可预测的一面，而把偶然、"异常值"和随机波动视为白噪声；如果我们不去理解"偶然"的真正意义，不接受它们与复杂世界的关系，我们就会陷入麻烦。

在前几章中，我们已经看到，一个相互纠缠的世界意味着一切都很重要，就像微小的"涟漪"可以重塑生活、颠覆社会一样。这些"涟漪"导致随机和偶然对世界的影响远超我们想象，它们侵蚀了"万事皆有因"的哲思。无论是放大镜头，凝视微观世界中细菌的进化，还是缩小镜头，看到历史中一些微小事件与战争的联系，我们都可以认识到偶然性至高无上的地位，"偶然"改变了生活，改写了历史，甚至产生了新的生命形式。我们还看到，人类被设计成一种捷径生物，我们的现实感知机制会让我们专注于简化的因果模式，有意消除意外和偶然的影响。另外，我们明白了自组织临界性——人类"蝗群"如何使涟漪效应、意外和偶然事件所引发的连锁反应导致"黑天鹅"事件那样的大崩溃。这一切引出了一个看似令人不安的结论：我们所生活的世界远比我们想象的更动荡和更多变。

但接下来，我还会试图说服你，让你相信另一个看似相反的结论：不确定性可能也会带来一些隐藏优势。

第6章 赫拉克利特定律

复杂多变的世界中
概率的局限性

包括人类在内的所有生物都是预测机器。我们的生存依赖于预测，觅食、战或逃决策都要基于对未知事物的推测。即使其他动物不懂数学、复杂逻辑或没有自己族群中的"纳特·西尔弗"[①]，它们也会依据过往经验对未来做出最为明智的猜测。人类更是如此，我们生活中的每一次经历都会成为一个神经数据点，经由我们头颅中的粉灰色"计算机"——大脑，进行分析处理。当意想不到的事情发生时，神经元网络会稍做调整。这就是我们驾驭世界的方式。那么，我们头脑中的预测机器如何应对一个不稳定的世界？毕竟在这个世界里，一颗沙粒都可能引发毁灭性的连锁反应。

　　长期以来，人类早就接受了世界上有许多事物是不可控制的。无论是古代文明还是一些现代文明，其信仰体系中都存在

---

① 美国统计学家和作家，专长是分析棒球数据以及预测选举结果。——译者注

无所不知且会干涉凡人事物的神。祭司和神谕可以探寻神的智慧，或试图通过左右神的意志来匡扶正义、惩恶扬善，但人类自己不承担理解和预测未来的职责。在这种世界观中，不确定性并不是世界的特征，而是人类的缺点，是人类无知的体现。神总是知道一切，上帝从不玩概率猜测的游戏。

凡人所能做的最好的事情，就是被神的智慧所启发，瞥见神秘未来的图景。例如，在古代中国，《易经》长期被当作卜筮之书，[1] 占卜师会借助蓍草来探寻坚不可摧的真相。但在人类历史的大部分时间里，如果有人试图利用测量或数据来克服不确定性，他会被视为狂妄自大的蠢材和渎神者。千百年来，在精确预测及量化不确定性与风险方面，人类几乎没有过系统性尝试。

这或许可以部分解释为什么崇拜万神殿的古希腊人对自然界万事万物都有着极其复杂的思考，但连最基本的概率论都没有发展起来。这一知识领域的空白令人十分困惑，因为古希腊人其实非常喜欢玩机会游戏。早在 5 000 年前，希腊地区的人就会用有蹄动物的踝骨和指关节骨制成最原始的骰子，[2] 即"距骨"，而且当时的人已经开始考虑赔率问题，尽管那时他们还没有建立与之相关的系统逻辑。历史上其他文化中也存在类似的机会游戏。例如，阿拉伯文中的骰子"al-zahr"就是英文中"hazard"（冒险）的词源，西班牙文中"azar"意为"机会"或"随机性"。可见，当时游戏走在了数学发展的前面。

之后，1156年在意大利的城邦国热那亚共和国³的一份公证合同中，首次出现了拉丁文"resicum"一词，即英文"risk"（风险）的前身，它指的是一种对风险活动的奖励裁定标准，具体涉及如何按比例分配跨地中海航运旅途的战利品。这些旅途通常会带来财富，但有时也会招致毁灭。然而，要量化风险，以合乎逻辑的精确方式衡量风险，就需要数学家。可从一开始，数学家们对风险的理解就存在一定缺陷，因为他们沿用了亚里士多德的古老立场：要推导未来的概率，你只需要计算常规生活模式中"大部分情况下发生了什么"⁴（我们将看到，如果认定过去是未来的可靠指南，这在驾驭一个不断变化的世界时可能引发灾难性错误）。

然而，直到很长时间以后，人类才发展出概率论。之所以会延迟这么久，恰恰是因为历史上的偶然事件。用罗马数字和希腊数字进行数学运算是件很麻烦的事，比如，试着一口气说出"MMXXIII减去MDCCCXLIII"①的答案。由于欧洲人担心在官方文件上使用阿拉伯数字太容易被作伪，例如，数字1很容易被改成4或7，所以我们现在使用的阿拉伯数字系统没能更早地在全球范围内传播开（作家彼得·伯恩斯坦曾解释说，正是出于这一忧虑，很多欧洲人书写7时会有意在中间加一条横杠⁵）。直到印刷机出现，人们不太可能再用羽毛笔去伪造印刷

---

① 可用阿拉伯数字表示为2023－1843。——译者注

字,此时阿拉伯数字才开始在欧洲占据主导地位。所以,出于对伪造文件的防范,概率论在欧洲的发展被耽误了好几个世纪。

早期概率论的突破是由赌博游戏推动的。其中,尤有代表性的成果是1654年布莱瑟·帕斯卡和皮埃尔·德·费马提出的"中断博弈"[6]解决方案。在这种博弈中,两个玩家进行某种竞赛游戏,但由于某种原因,双方还没有分出胜负,游戏就被迫停止了。在帕斯卡和费马之前,人们不知道如何根据数学上的获胜概率来对玩家进行奖金分配。帕斯卡和费马解决了这一难题,同时也推动了概率论这一新生数学领域的迅速发展。在解决这一难题的过程中,他们得到了杰罗拉莫·卡达诺、梅雷骑士、雅各布·伯努利、皮埃尔-西蒙·拉普拉斯(之前提到过的拉普拉斯妖的创造者)和托马斯·贝叶斯(他发展了"贝叶斯推理",即"贝叶斯统计")等数学泰斗的鼎力支持。

随着数学工具的发展,世界上越来越多的事物可以被理解和计算。很快,一股狂热的"计算"潮流席卷了欧洲上流社会的知识界。牛顿提出的数学物理学证明了整个世界都遵循可量化模式,于是,思想家们被一种充满吸引力的科学前景深深打动,他们希望用数字和方程式来解答人类社会的奥秘。1662年,约翰·格兰特对伦敦的死亡率进行了开创性的量化评估,[7]由此诞生了人口学。19世纪早期到中期,法国哲学家奥古斯特·孔德创立了实证主义这一影响深远的哲学思想,并主张采用新的定量方法进行理性决策,由此产生了社会学领域。比利时天文学家、数学家、社会学家和统计学家阿道夫·凯特勒推动了早期的社会科学，他痴迷于计数和量化。那是一段思想激进的新时代，人们看到了社会从不确定转向确定。

然而，到18世纪时，苏格兰哲学家大卫·休谟通过对著名的归纳法问题的阐述，警告人们概率远非确定性。休谟的观察非常敏锐精辟：我们对因果关系的理解大多完全基于经验，基于过去发生的事情。可是，谁也不能保证未来会像过去一样。或者，按他的话说："概率是建立于这样一种假设之上的，即我们还未经历的事物与我们曾经历过的事物是相似的。"[8]概率当然有用，但未来可能不同于过去的模式，如果是这样的话，我们就会被蒙蔽（稍后我们将看到，休谟是对的）。

如今，概率论已成为数学领域中一个复杂且可直接换取丰厚经济回报的研究分支。全世界有数百万人从事概率预测工作，数十亿人会利用这些预测对不可知的未来做出更为智慧的判断和更恰当的评估。越来越多的事物被量化为数字单位，然后又被输入回归方程、算法程序和复杂的机器学习模型的黑盒子。

从古老的占卜术到现在，我们已经走了很长一段路。今天，我们依靠的是更可靠的"神谕"——科学和统计，经验证据和庞大的数据集取代了蓍草。这一重大转变释放了人类的巨大潜能。但是，正如我们所看到的，我们现在竟自信到相信人类有能力成为不确定性的主宰者，这有点儿过了。我们常常假装能够回答一些其实根本无法回答的问题。这种过度自信意味着，我们将偶然、混乱和意外事件一笔勾销，因为它们不符合我们所想象的"更整洁的世界"。

* * *

为什么会出现这种情况？部分原因是我们被人类所取得的惊人成就"坑害"了。科学家已经成为现代"巫师"，他们能编辑基因，发现看不见的粒子，甚至改变小行星的移动轨迹。这些突破让我们产生了一种误解：我们以为人类已经解开了世界上的大部分奥秘。太多人认为，人类未来的知识进步就像执行清扫任务，那些悬而未决的遗留问题就像有待清理的角落，我们很快就会获得让人满意的答案。癌症还无法被治愈，但特效药指日可待；火星上没有人类，但很快就会留下人类的足迹。现代科学表面上的全知全能似乎为我们提供了保护，可以使我们免受偶然和混乱造成的风险。

但这个世界上仍有许多事情是不确定或未知的，那些宇宙中最基本、最重要的奥秘往往也最难以解答，它们仍然被笼罩在不确定性的迷雾之中——我们就是不知道答案。尽管如此，我们还是被各种预测模型狂轰滥炸，从民意调查到经济预测，数不胜数。这些预测带有狂妄自大的色彩，仿佛我们已经驯服了世界。如果你相信世界可以按照我们的喜好而被预测、被控制和被操纵，那么自然容易认为随机、偶然的神秘力量在我们的生活中扮演着微不足道的角色。假定你真这样想，那么故事书中我们的世界看起来就毫无问题。相比之下，如果你觉得许多最大、最重要的谜团仍未解开，那么你就更可能认识到偶然的重要性。然而，我们中的大多数人都把目光停留在自己能看到和测量到的东西上，而忽视了自己其实身在迷雾之中的事实。

最大的谜团是意识，我们尚无法理解这种最常见的现象。如今，科学界将其称为"意识难题"[9]，它的提出者是当代哲学巨擘大卫·查默斯。长期以来，人类一直被所谓的"心身问题"所困惑，即我们所谓的心智与大脑的物理、化学结构之间是否存在本质区别。如果我们欣然接受肺部和肝脏只是由含有化学物质的组织和细胞组成的，那么为什么大脑就不一样呢？查默斯强调了一些更深刻的洞见。正如作家奥利弗·伯克曼对这一难题的总结："在你的头骨内，那块 1.4 千克重[10]、湿乎乎、软塌塌的浅粉色细胞组织，怎样产生了'体验'这种如此神秘的现象？"这是一个与人类息息相关的问题，而我们却毫无头绪。

接下来，是宇宙的基本规律。1874 年，一位年满 16 岁，刚刚踏入大学校门的德国天才向他的学术导师请教该研究什么。导师的建议是：不要为理论物理而费心。"在这个领域，几乎所有重要的结论都已被写入教科书，人们还能做的只有去填补一些无关紧要的小窟窿。"[11]值得庆幸的是，年轻的马克斯·普朗克并没有理会其导师的建议，而是决定去尝试填补一些小窟窿。1918 年，他因提出量子假说而获得诺贝尔物理学奖，这一理论颠覆了我们对宇宙运行方式的所有认识。

在最微小层次上，物质会表现出一些看似完全不可能的行为。一些量子实验暗示，微小粒子可以同时处于两个位置，这种现象被称为"叠加"。然而，当我们观察这些粒子时，它们会坍缩到一个单一位置，[12]这表明现实的变化取决于是否有人在观察。更匪夷所思的是，量子纠缠实验显示，当一个粒子被测量时，会瞬间（不是很快）和与其相隔遥远的孪生粒子相互影响，爱因斯坦将这种现象蔑称为"幽灵般的超距效用"[①]。我们没有词汇来解释这些现象，因为粒子的行为完全不同于我们可直接观察到的世界中的任何东西（量子物理实验的很多结论都无法直接观察，而是"推测"出来的）。即使是我们当中最优秀的科学家也不知道发生了什么，但看起来，这些粒子好像被一条神奇的生命之线纠缠在了一起。

也许最离奇的是，量子物理学界的一些顶尖科学家已开始接受"多世界诠释"，他们相信，我们只有假定存在无数个平行世界，才能理解量子物理学领域的核心方程——薛定谔方程。这一诠释是普林斯顿大学研究生休·埃弗雷特的创意，它出现于一个"参与者都喝了不少雪利酒的夜晚"[13][②]。根据多世界诠释，所有可能发生的事情都会发生，世界会因此不断分裂成无

---

① 简单来说，孪生粒子指的是，母粒子被撞击后分裂成的两个更小的粒子，这两个粒子即使相隔很远，叠加态也能保持不变，仿佛可以瞬间产生联系。——译者注
② 1955年某天，埃弗雷特与自己的导师和同学在喝了几杯雪利酒后，就量子物理的核心问题展开了辩论，当晚，他提出了这一想法。——译者注

数个宇宙。该理论意味着存在无限个你,以及无限个你从未存在过的宇宙。这听起来像是一个20世纪60年代的科幻作家在神志不清的状态下拿起笔写下的白日梦,但它也是对量子力学方程最直截了当的数学解释方式——一些非常聪明、非常有成就的物理学家相信多世界诠释是正确的。是否在其他宇宙中存在着无数个不同版本的你?这看起来也是一个相当重要的未解之谜。

正如进化生物学家扎卡里·布朗特对我说的那样,也许这是不可避免的:"我不确定是否有可能完全理解宇宙,至少对人类来说是不可能的,因为人类大脑进化的目的是让我们这种两足社会猿尽可能地生存并繁衍后代。"[14]我们生活在一个似乎永远不确定的世界。问题是,我们至少能了解自己吗?

* * *

2016年,《经济学人》杂志分析了国际货币基金组织15年来对189个国家做的经济预测结果。[15]在此期间,这些国家共经历了220次经济衰退,每一次经济衰退都给数百万人造成了严重损失。国际货币基金组织每年发布两次预测,一次在4月,一次在10月,也就是说,在进行第二次预测时,专家们已经看到了当年大半年的实际经济数据。这些预测是否可以准确判断经济衰退的到来?我们中最聪明的人多久能预测准一次?

在220次经济衰退案例中,没有一次被当年4月国际货币基金组织的预测准确言中。他们的那些预测从未预见到经济衰退的到来。10月的预测以6个月的真实数据为基础，其中包括一些明显的警示信号，可也只有一半预测结果是正确的。国际货币基金组织的预测与静态模型相比仅仅略胜一筹，静态模型的预测是从阿富汗到津巴布韦，世界上每个国家每年都以4%的速度平稳增长。在物理学领域，如果一个理论的预测结果与实际情况稍有偏差，这个理论就会被视为错误理论并被无情抛弃。但当我们研究自己的时候，有时我们的理论和预测竟然从来没对过，甚至在面对"明年经济会萎缩吗"这类基础问题时，答案都会出错。

相比之下，2004年，人类发射了一艘宇宙飞船。这艘飞船在飞行了10年后，轻轻着陆在一颗宽约4千米，时速约13.5万千米的彗星上。[16] 要想实现这一操作，科学家在每个环节的计算都必须完美无缺，而事实上，我们确实做到了完美无缺。相反，要想准确无误地计算出未来6个月泰国经济是增长还是萎缩，或者3年后英国的通货膨胀率是否会超过5%，那就不是我们能做到的了。

这并不是要找社会科学的茬。毕竟，我就是一个社会科学家（如我在引言中所说，我是一个幻想破灭的社会科学家）。然而，所有社会科学家都知道一个我们不太愿意公开讨论的秘密：即使是最优秀的头脑，也无法真正理解社会是如何运作的。对罕见、偶然和不可重复的事件来说，尤其如此，而这些事件往往是我们最需要了解的。我们错综缠绕的社会世界太复杂了，它受到反馈回路和临界点的驱动，受到不断变化力量的干扰，受到偶然、意外和随机的影响，我们根本无法掌控它。

20世纪初，一位离经叛道的经济学家弗兰克·奈特对传统经济学提出了挑战，他指出传统经济学所依赖的一系列假设过于简单化。[17]奈特很有说服力地阐述了不确定性与风险之间的区别（这里的风险指的是波动性，而不是坏事发生的风险）。奈特认为，风险是两者中更容易管理的一种，在风险情形下，虽然未来未知，但某件事发生的精确概率已为人所知，且不会发生变动。我们不知道会发生"哪一个"结果，但我们知道它是如何发生的，以及为什么会发生。例如，掷一个六面骰子属于风险情形，而不属于不确定情形。虽然我们不知道哪个数字会朝上，但我们知道每个数字都有1/6的概率朝上，所以风险是可控制的。

相比之下，在不确定的情形下，不但未来结果未知，产生结果的潜在机制也未知，甚至作用机制本身都在不断变化。我们不知道会发生什么，更无法评估每种情况发生的概率。我们完全处于黑暗之中。从这一思想出发，国际货币基金组织之所以总是无法预测到经济衰退，是因为它把不可控的不确定性当成了可控的风险来对待，但事实并非如此。

奈特对不确定性和风险的区分很有意义。想要避免灾难性的判断错误，关键在于首先辨别出什么是能知道的以及什么是不能知道的，因为有些领域就是不可知的。从古老的求神问卜到如今的概率预测，这些都是我们应对未知的手段。在很多时候，概率知识得以正确运用，它能帮助我们做出更明智的决定，从而有效驾驭风险。但是，当你面对一个根本不可知、不确定的领域时，如果你依然决定基于自己所信任的概率知识来做决策，那你可能会得到一个糟糕的结果，甚至可能遭受灾难性的冲击。不要把不可驾驭的混沌误视为可驾驭的机会游戏。

经济学家、英格兰银行前行长默文·金在最近一次采访中有段很精彩的发言："我们从小就被灌输一种观念，这种观念主张，如果你是聪明人，你就会从概率角度来考虑不确定性，于是，很多人试图基于概率来解释未来的所有不确定性。我认为这是一个严重的错误，它会让我们无法达成最明智的决策。"[18] 概率是处理风险的绝佳工具，我们应该用概率去解决风险问题。然而，当面对不确定性问题时，相比固执地用错误概率来驾驭不可知局面，承认"我不知道"往往是更可靠、更聪明的做法。

然而，有时我们必须做出选择，即使我们毫无把握。世界上的问题可以分为两类：必须回答的问题和不需要回答的问题。我们可以把它们分别称为"竭尽所能"的问题和"不必费心尝试"的问题。如果你得了一种罕见的疾病，医生必须决定如何对你进行治疗，即使他们不知道病因，也不知道什么手段有效。面对一种难以理解的痼疾，说"我不知道"可不是切实可行的选择，你需要全力以赴。

然而，没有任何法律或道德要求规定我们必须预测出东非的布隆迪共和国5年后的经济增长率将正好达到3.3%，这是不可能做到的，一定会有偏差，甚至还可能使我们犯严重的错误，因为虚假的确定性影响了我们的判断。说"我不知道"并不意味着你必须举手投降，什么也不做。它只是意味着避免在不必要的时候做出愚蠢的预测。在必须全力以赴的时候，你至少可以先承认自己无法走出不确定性的迷雾，并接受决策过程中可能出现的混沌结果，这一点很重要。遗憾的是，相反的观点会在社会上占据上风，我们非但不奖励理智的谦虚，反而经常错误地将（虚假的）确定性与自信和权力混为一谈。有太多的人奉行"永远确定"策略，但实际上他们常常犯错。

但如果概率在真正的不确定情形下起不到什么帮助作用，为什么我们会如此频繁地滥用概率推理？起因在于"概率"这个词具有不同的含义，而在实际使用中，人们常常将不同的含义混淆。一旦有人提供了一个具体的概率结论，如未来某事件发生的可能性是63.8%，这个量化数字好像就把这一说法变成了现代的神谕，人们会觉得他给出的预言真实合理，因为预言是通过数学运算得出的（即使这种数学运算建立在有严重缺陷的假设之上）。与一个只说"我相信"会发生什么事的人相比，同一个基于概率立场的人进行辩论要更加困难。但这样看问题对吗？

我们经常听到概率表述，例如"今天有80%的概率会下雨"，这句话到底是什么意思呢？答案似乎显而易见，但当你试着向别人解释时会发现，这好像没那么容易说清楚。它是否意味着，在大气中初始物理条件完全相同的情况下，80% 的时间会下雨（似乎天气模式就像掷骰子一样，有静态比例，比如，我们说点数为 1 的概率是 1/6，所以如果你投了 600 次，差不多会有 100 次 1 点）？它是否意味着，假定有 100 个与今天条件相同的世界，那么其中 80 个世界会下雨，而另外 20 个不会？它是否意味着天气模型中并无把握十足的证据，但预报员希望你知道他们对下雨的预测有 80% 的信心？*

预报正确意味着什么？既然下雨的概率超过了 50%，那么如果不下雨，预报就错了吗？这样理解当然不对，因为 80% 和 100% 并不是一回事。或者，假定天气预报说有 80% 的下雨概率，这样的情况发生了 100 次，其中 80 次真的下雨了，那么预报就是正确的吗？从这个角度看，我们只能通过大量重复预测来验证预报的准确性。但谁又能说今天的物理条件与未来的物理条件具有可比性呢？毕竟，正如混沌理论所证明的那样，天气系统中任何微小调整都可能最终产生巨大变化。我们怎么能拿苹果和橘子相比较呢？

---

* 值得注意的是，为了尽量减少投诉，一些天气预报模型会对预测结果进行偏倚处理（见本章注释 19）。如果天气预报说今天是晴天，结果却下雨，人们更有可能抱怨；如果天气预报说会下雨，结果却是晴天，人们就不太可能抱怨。为了避免受到指责，一些模型故意将前一种错误最小化，避免漏报（坏天气），而不太担心后一种错误，即虚报。

当概率预测从天气情况转移到一个不可重复的独特事件时（如选举），这些问题就变得更麻烦了。纳特·西尔弗预测希拉里·克林顿在2016年美国总统大选中获胜的概率为71.4%[20]（而不是71.3%或71.5%），这是什么意思？这是否意味着，如果你用计算机模型反复重演选举，希拉里在71.4%的时间里会获得更多选票？但选举只有一次，结果也只有一个，你不可能一遍又一遍地重演现实，不管我们事后多么希望这样做。或者说，这是否意味着选举就像掷骰子，但点数"希拉里"的出现概率不是1/6，而是71.4%？当她输掉选举时，我们怎么看，是这个"获胜概率71.4%"的预测错了，还是只是出现了可能性较低的结果？

很明显，我们遇到了难题。当我们说"Y发生的概率是X%"时，这句话中包含了许多不言而喻的假设，但它们的含义可能大相径庭。说"孔子在历史上真实存在过的概率是60%"，这算概率表述；但说"下一次抛硬币时正面朝上的概率是50%"，这也算概率表述，它们的基本主张截然不同，但都被贴上了概率的标签。更令人困惑的是，描述概率的词汇层出不穷：贝叶斯概率、客观概率、主观概率、认知概率、随机概率、频率概率、倾向概率、逻辑概率、归纳概率或预期推论等。更糟糕的是，对不同的人来说，这些概念也都有不同含义。

我们试着来厘清一下头绪。

概率陈述有两大主要阵营，正如著名的科学哲学家伊恩·哈金所解释的那样，许多概率要么属于频率型概率，要么属于信念型概率。[21]

顾名思义，频率型概率指主要基于结果出现的频率，特别是长期重复序列中不同结果出现的频率。例如，如果你将一枚硬币连续抛100次，得到43次正面朝上、57次反面朝上的结果。这一结果就有两种可能性：一是这枚硬币两面质量可能略有偏差，导致反面朝上的频次会略多；二是这枚硬币正反面朝上的频次就是五五分，但这100次抛掷出现了轻微偏差，一旦你增加抛掷次数，比如100次变成1亿次，硬币质量有没有问题就一目了然了。如果这是一枚两面质量对等的硬币，随着抛掷次数的增多，每面朝上的概率会逐渐接近五五分。

信念型概率则完全不同，它表达的是你根据现有证据对某一具体说法或未来某个结果的信任程度。孔子要么是历史上一个真实存在过的人，要么不是，所以任何关于他存在与否的概率陈述都是信念型概率。这与掷骰子完全不同，你不可能运行一个历史计算模型，看看有多少个世界存在孔子，有多少个世界不存在孔子。你只是基于自己所掌握的证据给出最佳猜测，并将其转化为数字形式。但是，那些发表概率结论的人很少解释他们的说法是信念型还是频率型，他们的做法会让人在理解上产生混淆。不过，这或许正是有意为之的小花招，它会让人们自愿遵从现代社会伪饰以数字和统计的虚假智慧。

只有在某些情况下，概率才可以成为有用的行动指导。当我们面对的问题处于一个简单、封闭的系统中时，比如掷骰子，有六种明确的潜在结果，此时概率推理能完美地发挥作用。但是当我们把概率引入混乱的现实领域，希望用其指导复杂适应系统时，事情很快就会失控。正如约翰·凯和默文·金在他们的著作《极端不确定性》中所说的那样，概率最适合应用的场景是"潜在结果明确，产生结果的基本机制随时间推移几乎没有变化，并且我们已获得了过去（相关）结果的丰富信息"[22]。遗憾的是，对于我们面临的许多最重要的问题，这些假设并不适用，概率推理在混沌中是无效的。

为了了解原因，让我们看一个风险问题的例子：掷硬币。对这一活动来说，因果关系的内在机制在时间和空间上都是稳定的。用专业术语讲，它们处于静态。无论掷硬币的人是秦朝的士兵，还是现代西弗吉尼亚州的酒保，都无关紧要，硬币正面和反面朝上的总体比例应约为五五分。此外，当我们谈论掷硬币的概率时，我们谈论的是结果的平均分布，而不是试图预测某一次投掷是正面还是反面。我们还可以随心所欲地多次掷硬币，因此这种现象是可重复的。硬币本身也具有可比性或可交换性——用的是我的硬币还是你的硬币并不重要，只要它们都是同一种硬币或者其他两面质量均衡的硬币就可以。在这些因素共同作用下，掷硬币的概率趋向收敛。时间越长，每种结果的概率就越接近50%。这些因素（静态、平均分布、可重复、可比性和收敛）的结合使得抛硬币可以成为理想的概率分析对象，当我们面对此类问题时，过去的经验几乎可以完美地预测未来的结果。

现在，让我们来看另一个例子，我们试图弄清楚布洛芬是否有助于缓解头痛症状。这个问题比抛硬币复杂得多，但原理是一样的。除非头痛的病因是一种未知的新疾病，否则我们可以肯定地说，布洛芬缓解头痛的内在机制不会改变，因此这是一个静态问题；另外，我们要寻找的是一种对所有潜在患者都有效的药物，而不是一种只对特定病例有效的药物，所以它也符合平均分布；还有一点，无论对个体，还是人类群体来说，头痛的可重复性极高；它们也大多具有可比性。因为我们可以得出一个合理假设：减轻我头痛的治疗手段大概率也能缓解你的头痛。

然而，概率分析的价值还取决于另一个前提：我们是否使用了正确的范畴。这听起来可能有些陈腐，但我们使用的语言对概率影响极大，语言描述的精确性常常会决定统计数据的精确性。比如，如果用"头痛"这个词来指代偏头痛或脑肿瘤所引发的头痛症状，布洛芬药效的概率分布会有什么变化？[①] 概率的估计依赖于准确的分类，当我在不同的语境中提到"头痛"时，我是在指同一种东西，分析对象是苹果和苹果，而不是苹果和橘子。如果分类正确，那么头痛和布洛芬的问题就像

[①] 布洛芬是解热镇痛抗炎药，而不是中枢类镇痛药，所以它不适用于脑肿瘤引起的头痛等情况。——译者注

掷硬币一样，是趋同的：即使患者在年龄、性别、种族、身高、收入等方面存在差异，布洛芬对他们都同样有效。同样的机制也适用于各种领域，例如试图确定保险费的精算表，或者每一季都有相同规则和球队的体育联赛。当过去模式可以可靠地预测未来时，概率推测是在相对安全的范围内下注，这就是让纳特·西尔弗感觉最自在的"静态概率之地"。

现在，让我们来谈谈更棘手的不确定性问题，这些问题产生于我们这个复杂多变、意外频发、相互纠缠的世界，它会形成临界点、反馈回路以及由微小变化引起的连锁反应。经济学家约翰·凯和默文·金举了一个具有启发性的例子：2011年5月2日，时任美国总统贝拉克·奥巴马下令特种部队突袭击毙奥萨马·本·拉登。[23] 当时很多事情都是未知的：本·拉登是否在巴基斯坦的院落里？如果本·拉登在那里，这次突袭能否成功，并将伤亡人数降到最低？巴基斯坦政府是否会攻击或谴责美国侵犯其领空？

奥巴马的顾问们试图给总统提供概率估计，以便他做出正确的决定。"总统先生，他有70%的可能在那里。"这些都是基于信念的主观陈述，它表达了陈述者对现有证据的信心，而不是大多数人听到"概率"这个词时所想到的意思。本·拉登要么在那里，要么不在。不同于掷硬币的场景，如果我们在玩掷币游戏，他会在一半的世界里出现于那里，而在另一半世界里不会出现。然而，现实世界中，没有人确切知道本·拉登是否在那里，没有人知道巴基斯坦会做何反应，也没有人知道会发生什么。奥巴马总统必须在不确定性情形下做出决定。

让我们来看看突袭本·拉登行动与抛硬币有什么不同。特种部队在巴基斯坦境内发动突袭的内在机制并不是静态因果关系。也许巴基斯坦在2008年对类似突袭会做出强烈反应，但在2011年其反应就较为平静。或者，巴基斯坦的反应取决于其情报部门负责人前一晚的睡眠质量，又或者取决于执政政府，取决于总理，取决于该情报是如何呈现的，甚至取决于值班将军的情绪。其中没有可靠而稳定的静态因果关系。同样的突袭如果发生在5月1日而不是5月2日，结果可能会截然不同。一旦内在机制是动态多变的，结果就无法预测了。

此外，与抛硬币不同的是，我们可以计算硬币每一面朝上的平均概率，可奥巴马对过去所有特种部队突袭行动的平均战况并不感兴趣，他关心的是这次计划能不能成功，所以，重点在于特定结果，而不是平均结果。由于突袭本·拉登行动是不可重复的，且只有一次，所以不具有可比性和可交换性。当然，你可以试着把突袭本·拉登行动归入"突袭"这个大类别，然后将它与之前的行动进行比较，但它们之间的差异太大了，所以比较其实是无效的。有关以往行动的信息只能告诉你，海豹突击队经验丰富，有优秀的作战能力，足以胜任这一任务（但这一点其实显而易见，根本不需要进行任何概率计算）。三个月前海豹突击队第六分队在索马里的一次突袭行动成功与否，并不能说明这次针对本·拉登的突袭行动是否会成功。*最后，突袭行动是发散的而不是趋同的，任何细小错误或看似微不足道的波动都可能彻底改变结果。这些因素加在一起，造成了根本的不确定性。没有人知道这次突袭结果如何，过去不能为未来提供可靠指引，无论多么擅长数学的现代"先知"都无法给出确定性预测，奥巴马必须面对不确定性做出决定。

这就是我所说的"赫拉克利特式不确定性之地"。你们应该记得赫拉克利特，他是前苏格拉底时代的哲学家，"没有人能两次踏进同一条河流"就出自他之口。赫拉克利特显然说的没错，变化是永恒的。世界，实际上是整个宇宙，每毫秒都在变化。正如我们在上一章中所看到的，这些变化有时会达到临界点，进而产生明显不同的因果机制。我们永远无法完全理解或预测突变何时发生。当不确定性产生于世界本身的变化时，就形成了赫拉克利特式不确定性，在这种情形下，概率推测很快就变得毫无用处，因为对未来而言，过去的模式没有任何参考意义。

设想一下，现在是 1995 年，你被要求预测 2020 年英国人平均每天使用手机的时长。你可以一直研究过去的模式，并使用你需要的任何形式的贝叶斯概率，但它们不太可能有所帮助。

---

* 当我们基于一系列相似事件的结果而认定具体事件也会产生相同结果时，就导致了"生态学谬误"。它和以偏概全恰恰相反，是一种"以全概偏"的错误。例如，从统计上来看，吸烟会导致肺癌，但也不能保证某人吸烟就一定会得肺癌。

1995年时，每130人中才有1人使用互联网，12年后，苹果手机才被发明出来。无论你使用的是一台超级计算机，还是人类最复杂的公式，你的统计模型是基于频率型概率还是基于信念型概率来生成的，都无关紧要。几乎所有人在1995年所做的关于2020年手机使用情况的预测都会大错特错。为什么？因为人类和手机之间的关系发生了根本性的变化。除了科技变量，一场百年一遇的大流行病让人们闷在家里无事可做，这也导致我们使用手机的习惯不同于前几年（2020年之前），简而言之，整个世界都变了。在1995年时，一些有先见之明的未来学家可能已经预见到智能手机的崛起，但他们的洞察力来自对新兴技术的理解，而不是来自对历史模式的概率推理。在整体环境发生变化的情况下，过去并不总能指引我们，一旦我们在不确定性之地使用概率预测，就会迷失方向。

还有其他形式的不确定性。让我们先回到天气预报上来，假定气候这个整体环境并没有发生变化（事实上当然不是，全球气候在不断变化），我们可以暂时认为，驱动天气模式的因果动力在很大程度上是稳定的——过去模式可以用来预测未来天气走势。首先，天气预报的目的是具体的，它要预测的是某一天是否会下雨，而不是多年来每年3月1日的平均降水量。除此之外，天气模式具有可重复性（今天下雨，明天也可以下雨，而不是只下一次），也具有可比性（每个地方下雨前的微观机制是相似的，如水汽在高空遇冷凝聚成小水滴，小水滴又聚成了云），不是独一无二的。所以，我们可以比较不同时空的雷暴云泡数量，在某种程度上，这不同于将突袭本·拉登行动和突袭索马里行动进行比较。但现在问题来了：天气模式具有偶然性。正如我们从混沌理论的奠基人爱德华·洛伦茨那里了解到的，初始条件至关重要，因此，随着时间推移，天气模式会因任何一点儿微小变化而越来越偏离预测值。一小时后的天气是可控风险，但由于系统对不可预测的意外波动很敏感，你所关注的未来越遥远，它就越不确定。如上所述，天气预报要做的是具体预测，而初始条件的微小变异也会导致截然不同的结果，因此，大约十天之后，所有预测都会失效。接手的是混沌，我们可以称之为"混沌不确定性"。对于天气系统，我们已经认识到了自身能力的局限性，没有人会试图预测未来三个月后某人婚礼当天是否会下雨。但是，在我们经常遇到的"赫拉克利特式不确定性之地"，许多人仍然试图愚蠢地假装我们不存在什么知识局限，用概率来驾驭不确定性，这无异于戴上没用的脚蹼、潜水镜和氧气面罩去爬山。

在这些形式的不确定性之上，还有其他一些让我们更为措手不及的不确定性，这就是美国前国防部长唐纳德·拉姆斯菲尔德所说的"未知的未知"[24]。我们常常不知道自己不知道什么。我们无法搜索到正确的信息，因为我们根本想不到它存在的可能。想象一下，你穿越时空，找到一个穴居人，问他："到874年，书籍存在的概率有多大？"这是一个荒谬的问题。

那时还没有文字,更不用说书籍了,而且874年这个概念对穴居人来说毫无意义,因为他们没有历法。

对于完全无法预料的事情,又谈何计算?

我们经常被要求预测未来。面对未来,我们就像穴居人一样,却假装自己不是。我们想象自己能计算出完全无法预测的东西,这是现代数据分析面临的一个棘手问题,因为大多数研究工作都只收集那些已被认定的具有重要意义的变量数据。但正如我们所见,在一个复杂系统中,看似微不足道的细节也很重要。数据中并不包括这些细节,这就是当我们希冀于重大而明确的事件来预测重大而明确的结果时,总容易出错的原因。

概率不能解决这个问题,因为如果你在计算某件事的风险,说明你已经意识到了它。如果你想回答的问题是"美国将在日本哪里投放原子弹",谁会想到去查美国官员过去的度假史呢?你可以计算所有重要因素,但要知道京都是否会幸免于难,你只需要一个关键信息——战争部长是否对京都情有独钟,是否会出面保护京都。然而,你永远不会去考虑这一点,直到你发现,它确实产生了决定性影响。因此,"未知的未知"与塔勒布所说的"黑天鹅"事件如出一辙。那些出人意料、后果严重的"黑天鹅"事件既无法预测,也无法用方程式加以量化,它们是复杂适应系统不可避免的结果,当一个系统过于频繁地处于临界状态时,必然会导致这一现象。如果你明白这个错综复杂的世界会被看似无关紧要的偶然事件不断左右,你就会认识到人类认知的局限性。反之，如果你抱着一切风险都可控的心态，你就会忽略这些问题，然后一头扎进灾难中。

在当代，傲慢尤其危险，因为我们的世界正在发生变化，我们的生活方式已经完全不同于我们的动物祖先、早期人类，以及人类历史上大部分时期的生活方式。更糟糕的是，世界现在变化得如此之快，我们越来越难以基于过去的规律、模式和经验去预测未来。概率的保质期越来越短了，这就产生了一个奇怪的悖论：未来越发不确定，越发不能加以预测，与此同时，我们做出的预测却越发精确。结果自然可想而知：我们盲目相信概率，之后再承担大错特错的后果。

如果我们退后一步，不需要总是那么担心某些形式的不确定性。如果管理得当，一点点不确定性有时会很不错。人们常常把不确定性当作一条有待铲除的恶龙。这种心态或许很合理，因为对未来一无所知可能会带来压抑、焦虑和痛苦，比如说，一个人被诊断为癌症患者，但医生告诉他，目前无法确定病情发展过程和干预后的结果。

但请设想一个完全确定的世界。想象一下，你生来就知道将会发生在自己身上的一切。或者，你不确定会发生什么事，但你会被告知发生关键事件的明确且固定的概率。十几岁的时候，有人向你展示了你未来的三个潜在人生伴侣，并告诉你，你最终和 A 在一起的概率是 64%，和 B 在一起的概率是 22%，和 C 在一起的概率是 14%。你会感觉怎样？很少有人愿意选择这样的世界——生活中意想不到的喜悦和失望都变成了预料之中的事情,都被刻画成冷冰冰的固定方程。如果不确定性被扼杀,那么惊喜、偶然和侥幸也会被扼杀。我们的生活、我们的世界和我们的宇宙中那些无法解答的奥秘会激发我们的惊奇、敬畏与好奇心,当然,也会让我们感到沮丧和绝望。但没有它们,我们就没有了自己"在生活"的体验,所以,不确定性也有好的一面。

我们没有接受有益的不确定性,而是执着于虚假的确定性。现在,我们会用复杂模型来描述世界上许多现象的运作模式,很少有人能理解这些模型。然而,重要的问题在于,许多模型影响深远,以致我们常常忘记它们作为模型无论看起来多么复杂,都是将现实刻意简化的模型,其实没有准确表述出事物的原貌,比如之前我提到过的供求曲线。就像地图可以帮助我们导航,但它并不是真的领土。使用模型需要权衡利弊,正如法国诗人保尔·瓦莱里所言:"一切简单的东西都是虚假的,一切复杂的东西都不能为我们随手所用。"[25] 言之有理,相信没有人想用比例尺为1∶1的地图。

当我们把地图和领土混为一谈,误将二维的表象等同于现实时,就会遇到麻烦。很明显,广阔自然界的复杂之美无法体现在谷歌地图中。但不是每个人都清楚,那些声称可以解释人类行为的经济模型就像谷歌地图一样,它们有时有用,有时却与经济本身大相径庭。当我们开始通过简化模型的棱镜观察世界时,我们会犯错误,那些棱镜就像自娱自乐的哈哈镜一样,使我们迷失方向。我们需要时刻提醒自己，如今人类面对的是一个更加混沌、偶然的世界，而我们理解世界的手段其实并没有本质上的提升。

但我们仍须做出选择。那么，我们该如何决定呢？

对于这个问题，最常见的答案是决策理论[26]。其要点是，当面对一个结果不确定的选择时，你应该权衡各种选项，考虑每种结果的回报，并结合你对每种结果的概率（即信念型概率）猜测。这样，你就可以在考虑边际收益的同时兼顾灾难性风险等因素。如果有95%的概率让牙齿稍微变白，但有5%的死亡风险，你可能不会接受这个治疗。

决策理论通常被用来对棘手的问题进行严谨思考，效果往往很好。但这有个问题：决策理论的设想适用于一个并不存在的简单社会世界，其他人会如何回应你的决定呢？最关键的是，标准决策模型假设的是你可以在不影响所处系统的情况下独立做出决策。这是一个灾难性的错误假设，因为在一个相互纠缠的世界里，你的一些决定可能会在无意中引发你原本竭力避免的结果。银行挤兑就是这类动态的一个典型例子，当你认为某个金融机构存在较高风险时，从理性上来说，你似乎应该将资金从那里取出来，但这种做法可能会导致整个系统崩溃，而这对你来说更糟。决策理论也经常假定你的行为是孤立的，与其他任何事情无关，但事实并非如此。

决策理论是在较短时间尺度上运作的，在这种情况下，成本/收益的概率分析计算不会将无法预料的长期影响纳入其中。史汀生当时并不知道，他的京都之旅会对19年后的世界大战产生影响。同样，我们也不可能知道，那些在短期成本/效益分析中被我们忽略的无关紧要的因素，是否会在未来以意想不到的方式对我们造成巨大冲击。因此，当我们在小径分岔的花园中穿行时，决策理论是一种虽有瑕疵、但有时也很有用的导航工具。但是，一旦我们忽略了它严重的局限性，就会出现灾难性问题。如果我们傲慢自大地认为自己可以仗着手中简单的地图在这个复杂世界中横行无忌，那必然要陷入困境。我们最好时刻提醒自己，总有一些不确定的事情是无法克服的。

世界和我们想象的不一样。到目前为止，我们忽略了一个关键问题：生命的偶然性从何而来？在接下来的几章中，我们将更详细地探讨这些动态变化，并着重研究人类行为四大维度中的偶然效应，它们分别是：为什么要这样做，在哪里做，谁在做，什么时候做。

我们从以色列开始，在那里我们将遇到一头红色的奶牛，它可能会带来世界末日。

第 7 章 讲故事的动物

叙事偏差、信仰,以及混乱世界中理性决策理论的局限性

1996年8月，奶牛梅洛迪出生在以色列的卡法尔-哈西迪姆村，此时距离千禧年到来还有三年多。它从鼻子到尾巴都是鲜红色的，在黑白相间的荷兰奶牛群中，它就像一块色彩斑斓的"移动"画布。从各方面来看，梅洛迪都是一头正常、健康的奶牛。可惜，故事没那么简单，它是一个嘀嗒作响的定时炸弹。正如记者格肖姆·戈伦伯格在《世界末日》中所言，它可以"引爆整个中东"¹。梅洛迪是地球上最危险的奶牛。

近两千年来，犹太教哈瑞迪派一直渴望着在耶路撒冷圣殿山的旧址上重建圣殿。根据他们所信奉的教义解释，重建圣殿会迎来/预示末日和弥赛亚①的降临。

圣殿山并非空无一物，这里还是金顶清真寺和伊斯兰教第

---

① 犹太教中的弥赛亚原意为"受膏者"。古代犹太人封立国王、祭司等时，会在受封者头上敷膏油。在许多犹太教徒心目中，弥赛亚会带领犹太人"复国救主"。——译者注

三大圣寺阿克萨清真寺的所在地。根据某些犹太教哈瑞迪派人士的解释，除非这些伊斯兰建筑被摧毁，否则第三圣殿不可能建成，弥赛亚也无法回归。*这种情况如果真的发生，很可能会引发一场全球性的宗教战争。

传说不仅于此：在建造圣殿之前，任何进入圣殿山的人都必须被净化。《希伯来圣经·民数记》19∶2详述了净化守则。以色列人被告知要找到一只"没有残疾、未曾负轭的红色母牛"2，当这头完美的红色母牛长到三岁时，它将被宰杀并焚烧。母牛的骨灰和水混合后，可以用来净化建筑工人。

1997年春天，红色母牛梅洛迪降生的消息开始散播。在犹太教历史上，只有九头牛曾被认证为真正的红色母牛。近两千年来，人们一直没有找到合适的候选者。梅洛迪会是第十头吗？拉比们带着放大镜来到梅洛迪所在的村庄。它是真的全红色吗？还是不合适的赭色？哪怕有一个毛囊中长出黑毛或白毛，梅洛迪也会被认定为"不合格"。"几乎"是不行的，一定要"完美"。

检查结束后，拉比们兴高采烈地宣布了结论：梅洛迪是一头全红的小母牛，如果它能维持全红的状态到三岁，到时候犹太教徒就可以给建筑工人抹上梅洛迪的圣灰，然后在圣殿山安

---

* 这并不是耸人听闻。20世纪80年代，有人曾尝试炸毁岩石圆顶以建造第三圣殿，该行动最终没有成功，但该宗教极端组织的一名成员在被捕前（见本章注释3）已得到了足够的炸药。

放炸药了。而它的三岁生日恰恰在新千年来临前，无疑，这是一个神圣的征兆。

梅洛迪在出生一年半后，尾巴尖上出现了一点儿白色斑块。《民数记》中的要求是"红色的牛"，而不是"绝大部分是红色的牛"。于是，梅洛迪失去了资格，梦结束了。但如果梅洛迪尾巴的毛一直保持100%的红，而不是99.8%的红呢？很可能会有人试图炸毁伊斯兰圣地，为建造第三圣殿做准备。这也许会引发一场战争，好在，我们如今或许已经避免了悲剧的发生，毫不夸张地说，这可是真正的"一发"之差。

故事还没有结束，梅洛迪的"功败垂成"激起了全球哈瑞迪派和千禧年主义信徒的雄心壮志，他们开始努力培育红色母牛。2022年9月，致力于重建第三圣殿的圣殿研究所宣布，他们已经在得克萨斯州繁殖出五头红色小母牛，"每一头都是完美的红色，每一头都毫无瑕疵，每一头都刚满一岁"。在2022年的一档广播节目[4]中，"圣殿谈话电台"向听众保证，虽然目前不方便透露细节，但他们已经做好了准备。最终，他们一定会培育出"那头牛"。当这一刻到来时，人类历史上就会出现一场由一头牛引发的战争。

而让整个事件变得更富有戏剧性、离奇性和偶然性的是，红色母牛的传说很可能是错的。一些宗教学者认为，我们对某个古老词语的翻译并不准确，宗教极端分子应该寻找的是一头黄色母牛，[5]或者更常见的棕色母牛。

* * *

在故事书版本的生活中，人类会理性地追求效用最大化，我们根据风险与回报、代价与收益做出选择。但事实上，人类的行为取决于我们的信仰——是"为什么"在驱动我们的行为。这些信仰总是被任意、偶然和看似随机的事情所动摇。但当我们研究自己——当我们试图理解社会的运作机制时，我们系统性地忽略了这个显而易见的事实。

亚当·斯密在19世纪提出了理性选择理论的核心假设，自此之后，理性选择理论及其分支一直在有关人类决策的社会科学领域占据主导地位。然而，这种想象世界的方式可谓漏洞百出，作为简化的"地图"，它与实际情况完全不符。在这种理论看来，我们做任何事情都有明确的目的，都基于对客观数据的理性评估；我们有连贯的策略来实现每一个目标；我们在做出决策时掌握着完备的信息，总能提前确定每条路径的成本和收益，同时也清楚地知道有多少条路径可供选择。在一些最虚无缥缈、夸夸其谈的理性选择理论描述中，人类就是一台双足计算机，我们保持着固定偏好，总是用概率分布来评估问题。作为一种不断优化收益的动物，我们热切地从每时每刻中榨取最后一丝效率。

然而，即使是理性选择理论家，他们实际的行为方式也并不像理论所假定的那样。德国心理学家格尔德·吉仁泽经常引述一段发生在两位决策理论家之间的对话（据说这是真实发生过的对话）。其中一位正在考虑是否接受哈佛大学的工作邀请，辞去他在哥伦比亚大学的职位。"你为什么不写下留职和离职的收益，分别乘以它们的概率，然后选择两者中较高的呢？毕竟这才符合你所支持的理论。"一位理论家问道。对方听后厉声反驳："得了吧，我在说正事！"[6]

理性选择理论通常认为人类力图实现自身经济收益的最大化。在某些简略粗糙的经济模型中，它确实可以起到指代行为主体的作用。可是，一旦面对现实世界，这种行为模式很快就会失效。真实的人类是情感动物，我们会被冲动、兴趣和信仰所左右，并经常做出违背自身理性利益的选择。*在马达加斯加旅行时，我看到岛上有一座座华丽的大理石坟墓，[7]那是居住在岛中高原的梅里纳人的家族墓地。当地人均年收入约为500美元，而每座坟墓的造价约为7 000美元，相当于一个人14年的收入总和。如果以美国人的人均收入来换算，这等同于花费88.9万美元建造家族墓地！然而，在马达加斯加人的宗教信仰体系中，行走于世间的生命很短暂，而大理石坟墓里的生命则是永恒存在的，所以他们的这种资金分配完全合理。

---

* 我常引述的一个例子来自4世纪中叶，当时有一群北非基督徒被称为"狂热派"（Circumcellions，原意为"环教堂"，因为他们常在教堂附近活动）（见本章注释8），他们反对教会的财产制度，主张贫穷和殉道。为了成为殉道者，他们会努力尝试让自己被杀害。比如，他们会故意突袭武装精良的商队，或者用木棒假装袭击罗马士兵。

人类身上有很多优秀素质，但我们不是永远以客观、理性和效率为目标的优化师。这其实挺好的，如果对概率分布和预期效益的计算占据了我们生命的每一刻，那么生活中那些鲜活生动、多姿多彩的片段会荡然无存，这样的世界将黯淡凄凉。如果真的存在纯理性人，我可不想和他们一起开派对。

这就是为什么，随着时间的推移，有限理性选择理论[9]在社会科学界逐渐流行起来。"有限理性"指的是人类在决策时并不完美，我们常常犯认知错误，或缺乏关键信息。我们不是优化师，而是"满意者"；指引我们行为的原则不是最大效益原则，而是自我满意原则；我们的选择也不一定是最优选择，却是自我感觉"足够好"的选择。更重要的是，现代神经科学研究已清楚地表明，我们的决策中只有一小部分是意识加工的产物，很多决策都是在我们"自我"意识不到的情况下，由大脑自动完成的。更让人惊讶的是，一些决策不仅受我们大脑中化学物质的影响，还受我们体内微生物的影响，这些微生物有能力改变我们的思维。

过去，社会科学家曾天真而不加批判地接受理性选择理论或有限理性选择理论，而现在，他们已经认识到这些理论的局限性。可与此同时，在我们为理解和驾驭社会而构建的模型中，理性假设仍然占据核心位置。

因此，我们有一个严重的盲点。整个知识界会系统性地忽视那些超越经验理性而迈入了神秘主义领域的思想，尽管神秘主义信仰驱动着大量人类行为。例如，在一项对某政治学顶级期刊的分析中，研究人员统计了其宗教主题文章的发表频率。答案是多少？每四年一次[10]（这一回顾分析发生在"9·11"恐怖袭击事件几年后，当时这门学科已开始羞愧地承认，宗教信仰或许的确是政治和国际关系中的一个重要影响因素）。但是，即使警钟早已敲响，情况也没有好转多少。"9·11"恐怖袭击事件发生10年后，另一项分析发现，在已发表的7 245篇政治学论文中，仅有97篇论文以宗教为主要研究对象，占比约为1.3%。[11]

也就是说，目前知识界对人性的专业研究在很大程度上同人类的真实世界体验相脱节。世界上84%的人认同某个宗教团体。[12]皮尤研究中心在34个国家进行的一项调查显示，大约2/3的人认为"神在我的生活中扮演着重要的角色"。2022年时，一项针对95个国家的研究发现，全球大约40%的人相信巫术的存在，他们认为："某些人可以通过超自然手段对他人造成伤害。"[13]假如一个研究者在不清楚神秘主义信仰对人类行为影响的情况下就妄图理解政治，他的做法就像司机要去驾驶一辆没有方向盘的汽车。信仰是人性中不容忽视的重要组成部分，但是许多理性选择理论以及相关分支，比如博弈论，仍然对此置之不理。在现实世界中，情绪、直觉、预感、冲动和信仰等非理性因素都会对决策产生深远影响，但我们假装是隐形的概率计算器在主导一切。

即使决策模型能够更好地捕捉到我们头脑中纷乱多样的动

机，还有一个棘手的问题仍然无法被克服。在这个一头红色母牛就可能引发社会动荡的环境中，我们如何能真正理解事情发生的原因？一个系统如果要维持稳定秩序，它的守则必须具备绝对约束力。哪怕只有 1% 的行星不遵循物理定律，我们的宇宙科学也将很快变得不再有任何价值，所有的天文图表都会毫无意义。或许，理性决策理论已经是最适用于人类社会的人性定律了。然而，一旦你认识到这一定律不是偶尔失去约束力，而是经常失去约束力——每天都有数十亿人违反它，那么，社会有序、稳定的伪装假面将不攻自破。信仰创造了不可动摇、莫测难明的偶然性。

  这是因为，不同于气体中的分子或轨道上的彗星，人类有自我意识和自我反思能力。我们的思想不仅受自身感官知觉与经验的影响，还受其他人思想的影响，而这些人也都具有自我意识和自我反思能力。同时，文化、规范、制度和宗教也会对人们的思想施加制约。在一升汽油中可不存在如此复杂的分子关系。我们可以尽最大努力建立宗教团体模型，了解不同时期信仰发展趋势；我们可以使用最复杂的算法，分析数十亿条社交媒体的帖子，以确定新的意识形态是否正在扎根。但奶牛梅洛迪表明，无论你多么算无遗策，总有无法触及的未竟之地。当一小群异乎寻常的信仰者遇到一头基因突变的母牛，就有可能改变我们所有人生存的世界。"9·11"恐怖袭击事件在几分钟内让所有政治家对未来十年的地缘政治预测都失效了。我们的信仰不是摆设，在理解事情发生的原因时，信仰往往是重头戏。然而，我们对它们的研究却最少，因为我们更愿意想象出故事书中存在的现实，在那个虚幻的世界中，人类行为都是由理性决定的，而信仰则无关紧要。

* * *

当人类思想被放进一个故事时，我们的信仰最容易动摇。从我们最早的祖先开始，人类就靠着累积性的智慧在理解世界，年复一年，代复一代。但这种智慧是如何在一代人又一代人之间传承的呢？神经学家安东尼奥·达马西奥给出了答案："如何让所有这些智慧变得易理解、可传播、有说服力？如何让这些智慧深入人心？人类已经找到了解决方案，那就是讲故事。"[14]

我们的大脑对叙事如此适应，以至即使这些情节点完全不连贯，我们也会把它们编入一个故事，这就是"叙事偏差"。当我们得到一个不完整的信息片段时，大脑中的模式处理网络会自行填补空白。鲁克米妮·巴亚·奈尔用一个传统的孟加拉国故事[15]展示了这种效果，这个故事只包括几个单词：

老虎！
猎人！
老虎！

我们的大脑会依据这三个词生成故事情节，我们可以用文字描绘出场景、叙事弧和戏剧张力。虽然每个人从这三个词中勾勒出的具体画面各有特色，但基本情节极为相似。很少有人会认为猎人跑了，或者第二只老虎来到了现场，但每一种解释都同样合理。谁说这三个词之间有关联？它们可能没有任何情节联系。但我们本能地将它们拼凑在了一起，没办法，我们的大脑就是会为有限的信息赋予明确的意义。许多作家都察觉到了这一点，并加以利用。据说，欧内斯特·海明威曾与一些怀疑者打赌，说他能用六个英文单词写一篇小说。围观的人不信，海明威接受了赌注，他提起笔写下一行字，打赌的人看了看，然后把钱交到了海明威的手上。海明威写的是：

For sale: baby shoes, never worn.（卖：婴儿鞋，全新。）

正如文学家芭芭拉·哈代所言，我们"在叙事中幻想，在叙事中做白日梦，在叙事中记忆、预测、希望、绝望、相信、怀疑、计划、修改、批评、构建、八卦、学习、仇恨和生活"[16]。在过去的几十年里，人类天性中的这种将一切都变成故事的欲望，催生出了大量科学文献，从文学研究到进化生物学和神经科学都有涉及。这些研究表明，当信息以叙述形式呈现给我们时，我们更容易记住它。[17] 再次借用乔纳森·歌德夏的话，我们是讲故事的动物。"讲故事的头脑对不确定性、随机性和巧合过敏，"他写道，"它沉迷于意义。"[18]

但令人惊讶的是：叙事偏差也能构成因果关系。故事驱使我们行动，有时候故事可以决定生与死。

2004年12月26日，苏门答腊岛西海岸附近海底发生地震，巨浪以超800千米的时速从震中喷涌而出。没有预警系统，没有刺耳的警报声。尽管海啸花了几个小时才穿过广阔海洋、奔向陆地，但对毫无防备的人来说，当他们目睹海啸时，一切为时已晚。海啸导致22.8万人遇难。

然而，有一群人幸免于难，他们是莫肯人。莫肯人在学会走路之前就学会了游泳。[19] 作为海洋游牧民族，他们一生大部分时间都在木船上度过，与大自然息息相通。12月的那个早晨，在泰国海岸外的安达曼群岛上，莫肯人听到了一种只有仔细聆听大自然"话语"的人才能听到的"警报"——寂静。通常弥漫在空气中的蝉鸣和嗡嗡声突然停止了。[20] 接着，海水开始退去。莫肯人便知道该做什么了。

莫肯人世世代代都流传着一个故事，故事告诫他们要提防"吃人的海浪"——据说它源自海洋中的亡灵。[21] 这个故事警告说，当海啸来临时，蝉会陷入沉寂。莫肯人在海啸袭来之前就已爬到了高处，虽然他们的定居点被夷为平地，但是没有一个莫肯人因海啸而丧命。

这个关于生存的故事说明了故事的影响力。很多时候，我们假装故事是故事，现实是现实，故事与现实间的因果关系是彼此独立的。我们在很大程度上否定了叙事的科学意义，佯装叙事对现实的变化起不到什么作用。我们还会自欺欺人地假定存在某种决定世界运行方式的客观现实,认为它仿若无源之水,不受我们主观意志的影响。我们在学校学到,经济运行靠的是数字,而不是故事。但事实并非如此。经济的构成主体是人,而人类正是通过叙事来驾驭世界的。然而,通过博弈论和决策论这些"理论把戏",我们将自己从故事动物伪装成了理性动物。这使问题更加复杂了,因为一方面,我们痴迷于叙事的大脑会自动过滤现实;另一方面,我们又用自己想象出的理论模型将现实提炼并切割成压根儿不存在的"理性"版本。这两个过程都没有可以容纳意外、随机、偶然和混乱的空间。

直到不久之前,如果你在经济学家的会议室中,提出可以通过分析叙事、谣言和故事来研究经济繁荣与萧条的周期,那么你一定会被人笑掉大牙。但如今,可能不会有多少人嘲笑你了,因为这一观点已被几位知名专家纳入了知识主流,其中包括曾获得诺贝尔经济学奖的罗伯特·席勒。

"如果我们不理解流言传播模式,"席勒写道,"我们就不能完全理解经济和经济行为的变化。"[22] 这似乎是显而易见的老生常谈,但直到最近,叙事经济学还只是经济研究中的一个边缘分支。不信的话,你可以数数,有多少人在美国消费者新闻与商业频道(CNBC)或美国彭博社(全球商业、金融信息和新闻资讯提供商)上并不讨论市盈率下跌,而是讨论病毒式的通俗叙事如何预示着经济衰退。要知道,这些现象可不是无稽之谈,它们确实会发生,而且经常发生,因为流言可以变成自我实现的预言。当普通人开始接触到经济衰退的说法时，他们也许会像准备过冬的松鼠一样缩减开支。处于投资边缘的企业可能会撤回投资，优先考虑储蓄资金以抵御经济寒冬，这并不是因为他们已经感受到了寒意，而是因为他们听说凛冬将至。未来可能发生某事件的故事能成为该事件发生的原因。这个世界上，不存在独立、客观、理性的市场经济，市场永远无法脱离讲故事的动物，因为它本身就是数十亿讲故事的动物的集合体。如果叙事可以驱动我们的行为，那么叙事就会驱动我们所能接触到的一切，包括政治、经济、日常生活，无所不包。

问题在于，测量叙事创造了叙事。当你把温度计放在室外时，温度计并不会使天气变热或变冷。但是，调查消费者对经济的信心，然后公布这个数字，确实会影响消费者的信心。对人类来说，测量和报告本身就会改变你所测量和报告的内容。

受故事影响的不仅仅是经济学。席勒指出，出版于1852年的小说《汤姆叔叔的小屋》通过刻画西蒙·勒格里这一卑劣形象，生动地凸显了奴隶制的残忍和野蛮，这本书对林肯领导下的共和党倾向废奴主义起到了重要的促成作用，并且无疑推动了美国在不到十年内爆发内战，进而深刻影响了美国的历史进程。所以，人类的主观信仰会驱动变化，这强化了世界的发散性。

然而，或许最令人惊讶的是"故事"可以发展成一门科学。我们的讲述几乎总是遵循特定模式，这就表明，进化倾向于让我们通过特定方式来理解变化,"故事书"的模板已深深印刻在我们头脑中。库尔特·冯内古特是有史以来最伟大的作家之一,他证明了大多数人类故事都可以用图表表示,纵轴代表主角的遭遇是好事还是坏事,横轴代表故事发展的时间。[23]冯内古特萌生这一想法的契机是他注意到《灰姑娘》的故事"形态"与《新约》的"形态"非常相似。在他称之为"困境中的人"的另一种故事形态中,一个人陷入困境,然后摆脱困境,最后迎来快乐的结局。《绿野仙踪》就是这样的故事,几乎所有喜剧都是这样。最悲惨的命运存在于冯内古特所说的"从糟糕到更糟"的故事情节中,在这类故事里,角色会连续不断地遭遇不幸(愿你永远不会像卡夫卡《变形记》中的格里高尔·萨姆沙那样,遭遇连绵不绝的厄运)。

现实没有固定的叙事弧。尽管如此,我们还是把它塞进了这种形式,因为我们讲故事的大脑扭曲了我们对世界的看法。乔纳森·歌德夏在《故事悖论》一书中指出,这些叙事惯例给我们造成了一种假象,即世界从来都不是由意外或偶然驱动的。我们对故事的结局有所期望,如果故事违背了这些期望,它们就无法成为成功的故事。一项研究甚至发现,符合道德正义叙事的节目往往具有较高收视率[24]——在这些节目中,虚构的宇宙被安排得井然有序,善良角色最终取得了胜利。好似人们认为世界本该如此,而不是现在的样子。我们还会常常因故事中邪恶的一方获胜而感到内心纠结(《权力的游戏》和《绝命毒师》是明显的例外）。另外，我们几乎从不会赞颂那些完全由随机或意外造成的故事结局。正如乔纳森·歌德夏所戏称的，没人想看到"哈利·波特没机会去击败伏地魔……因为后者踩到香蕉皮滑倒了，他摔破了头"[25]。

阴谋论是由过度的叙事偏见驱动的。正如乔纳森·歌德夏所解释的那样，阴谋论将一系列看似毫无关联的数据点整合成一个连贯的故事。这通常是一个精彩绝伦的故事——充满了精心掩饰和阴暗构想，由卡通式的典型反派缜密策划，希望你这个蒙着眼睛的傻瓜不会发现真相。不过，世界上真正需要被揭穿且最难以被揭穿的不是阴谋论，而是告诉你——作为讲故事的动物的你——根本就没有故事发生。[26] 遗憾的是，任务已经失败了，进化决定了这场战争的胜利者。当我们被迫在一个好故事或没有故事之间做出选择时，我们会抓起爆米花，沉迷于自我编造的故事。

我们每个人都遵循着不同的叙事模式，并时时刻刻将新信息融入其中。这意味着80多亿人正在根据80多亿套不同的想法做出决策。难免会产生许多奇怪的、不可预测的影响。

你肯定亲身经历过非理性信仰的力量，无论是试图与"疯狂叔叔"完成一次假期谈话，还是与一位一直以自我毁灭方式行事的人打交道。不过，你也是非理性的，很容易受到叙事的诱惑。我也是。我们就是这样。

这是一个美妙的真相。我们可以生活在一个看似乌托邦式的世界中：统一的信仰创造了整齐划一的规律和模式。无疑，一些经济学家会狂热地崇拜它们的数学之美，但你呢？你想拥有这样的人生吗？值得庆幸的是，我们不必忍受那种地狱般的景象。虽然我真心希望梅洛迪的继承者——未来可能出现的那头"完美"红色母牛——永远不会引发重大的宗教冲突，但我很高兴自己生活在一个奇妙而令人抓狂的宇宙中。在这里，社会可以改变，历史可以被我们祖先所讲述的故事重塑，被我们这种讲故事的动物所重塑，甚至被一头红色母牛所重塑。

第8章　地球彩票

地质如何塑造我们的命运，
地理如何影响我们的发展轨迹

现在，我们从"为什么"转到"在哪里"。

当我们听到"时空"这个词的时候，许多人会模糊地联想到爱因斯坦和难以理解的物理学奥秘。但在思考我们的日常生活和社会变化时，这个词代表了一些更为实用的含义。"时空"是三维空间与第四维时间的结合，通过这个词，我们可以认识到一个朴实而深刻的道理："什么时候发生的"以及"在哪里发生的"，与"发生了什么"是同等重要的问题。在不同的时间与空间节点，掷硬币行为都一样，但我们的社交互动模式会根据时间和地点而改变。不过，在讨论时间问题之前，我们需要解决一个会让人目瞪口呆的事实：我们的生活和社会发展轨迹经常会被地球构造板块的隐藏运动所动摇。

请看英国与其前殖民地美国交织在一起的历史。八千年前，发生于挪威的一场巨大山体滑坡引发了足以改变世界的大海啸，海平面不断上升，最终淹没了连接英国与欧洲大陆的大陆桥，[1]

英国从欧洲大陆的一部分变成了一个独立岛屿。这绝对可以说是英国历史上影响最大的事件，但你在大多数英国历史书中都找不到它。随后发生的每一件事，至少在一定程度上都是由于英国与欧洲大陆之间没有直接相连的陆地决定的。其中最明显的结果莫过于以强大海军作为立国之本的大英帝国了。

海军需要船只，而造船需要木材。到 18 世纪末，英国皇家海军有 300 艘现役舰船，它们的木材成本是 120 万棵大树。[2] 皇家海军对木材的贪婪需求导致高大树木被砍伐殆尽，森林日渐稀疏，这永远地改变了英国的自然景观。随着海军的发展壮大，越发需要坚固、巨大的木材。与此同时，木材供应却减少了，好树越发珍贵。"政治家们密谋获取木材，战列舰为得到木材而战。"[3]

美洲是英国皇家海军的救命稻草，[4] 在这片广袤的大陆上，其森林从未被开发过。康涅狄格州州长曾夸耀过他们引以为傲的"云之吻"松树，早期北美移民用这些高耸入云的松树建造房屋。但是在大西洋彼岸，英国国王希望松树可以服务于皇家海军的需求。为了确保最好的松树不被采伐，政府官员走遍森林和农场，用斧头在高大树木的树皮上刻上国王的标记——一个宽箭头图案。[5] 很快，一种违反国王法律的非法贸易出现了。*

1772 年年初，一位皇家测量员在新罕布什尔州的韦尔附近

---

* 直径超过 24 英寸（约 61 厘米）（见本章注释 6）的树通常属于王室所有。在北美很多老房子中，有大量木地板宽度刚好低于这个门槛，这表明当时殖民地人民故意在树木达到"法定禁伐"上限前将其砍伐。

发现，有六家锯木厂正在加工的木材树皮上刻着明显的宽箭头标记。于是，锯木厂主人被逮捕了，镇上的居民认为这种做法极其不公正。1772年4月14日凌晨，一群暴徒袭击了松树酒馆，国王的执法者正在那里睡觉。暴民们用树枝做成的鞭子抽打他，他为王室收回了多少棵树，就挨多少鞭。

"松树暴乱"事件[7]成为美国独立革命的间接导火索。英国国王担心严厉的惩罚会引发起义，所以对暴民们从轻发落。这轻轻的一巴掌反而为反抗者壮了胆，不满王室统治的殖民地人民更加胆大妄为了。历史学家认为，"松树暴乱"是波士顿倾茶事件的主要催化剂，它推动了后续的独立战争。因此，高大松树构成了美国建国的一个关键因素，但这一点往往被人所遗忘。然而，在随后的战争中，新成立的美国海军悬挂起一面象征松树抵抗的旗帜：一棵高耸入云的松树"矗立"在白色旗布上。

有时人们说，地理就是命运。这种夸张的说法抹杀了人类作为自身历史书写者的地位。但地理确实为我们提供了写作素材，因为我们的生活受到自然环境的塑造和影响。通常，我们的注意力大多集中在人物角色上，我们习惯于关注写作时挥洒出的墨水，而书页——历史发生的自然世界——似乎只是一个背景。可是，自然界推动着巨大的变化。我们常常自以为可以超然物外，与地理的力量相隔绝。在建造房屋时，我们试图将疾病、动物和污垢等自然因素拒之门外，这让我们感到舒适欣慰。如果你在准备徒步旅行或露营，你会说自己要"进入"大自然。但我们是地球的一部分，地球也是我们的一部分，我们常常从随机环境中受益，也常常因此而遭遇不幸。

从一开始，我们的身体就是由自然环境所塑造的。大约200万年前，我们的灵长类祖先还睡在树上，蜷缩在它们精心打造的舒适巢穴里。我们的指纹可能就是这段历史的进化遗迹。在光滑的物体上，指纹会削弱抓握力，因为凸起的纹路会减少表面接触的面积。但在潮湿环境中，指纹会增强我们的抓握力，尤其是在"树枝之类的粗糙表面上，因为手指上凸起的纹路与树皮的纹理能形成互锁"[8]。这为我们指尖上那些独特的螺旋纹提供了一种解释方案——这是我们祖先的树栖时光在我们身体上留下的挥之不去的印记。《木材与文明》的作者罗兰·恩诺斯也认为，早期人类祖先的树栖生活可能还构成了我们指甲的起源背景，柔软的指垫使灵长类能够轻松地穿梭于树木和小树枝之间，"它们不再需要爪子，利爪变成了可自行修剪的指甲，指甲是指垫的坚硬背衬，就像轮辋是汽车轮胎的坚硬内衬一样"[9]。

我们是从猿进化而来的，但究竟是哪种猿则是由地球板块构造决定的。两千万年前，两个巨大板块撞击在一起，形成了青藏高原。这吸走了东非潮湿的空气，使该地区变得干燥，用科学家刘易斯·达特内尔的话来说，"《泰山》的场景变成了《狮子王》的场景"[10]。猿类种群因气候变迁而分成两个分支：非洲猿和亚洲猿。非洲猿的（某一支）后代最终演化出了我们。①11

地理还可能塑造了我们发达的智力。我们的猿类祖先生活在东非大裂谷，那里气候多变，地貌多变。由于构造作用，大裂谷地形崎岖。为了生存，我们的祖先需要适应和征服多种环境。灵活智慧的多面手可以大展拳脚了！由于气候发生了剧烈变化，进化压力进一步迫使古人类发展出聪明的头脑。裂谷的盆地有时会蓄满水，形成"放大器"[12]，会放大气候模式的微小变化。这些湖泊可能被水填满，而转眼间又变得干涸。如此剧烈的波动给该地区生物造成了巨大的生存压力。令人吃惊的是，最近对生活在东非大裂谷的古人类化石遗骸研究表明，该地区的气候突变期与化石记录中观察到的大脑体积扩张期相重叠。研究还表明，人类在三个不同的极端气候波动期发明了更先进的工具。[13] 这些相关性使一些科学家得出结论：人类智力进化是为了应对突如其来的急剧环境变化，因为智力及其所能促成的社会合作对人类生存非常有用。地质热点地区混乱的气候可能是我们如此聪明的原因。

当智人在非洲出现后——这可能是由另一次气候变化引发的，早期现代人逐渐扩散到欧亚大陆，在各个地区建立了新家园。但是，正如达特内尔指出的那样，如果你看一下几个主要古代文明的分布图，并将其叠加在地球构造板块上，就会发现一个

---

① 对现代智人的起源，学界存在多种说法。——编者注

惊人的联系。波斯帝国和亚述帝国毗邻阿拉伯板块和欧亚板块的分界线。古希腊人在构造边界附近建造了城邦。古代帝国似乎并不是随机崛起的,[14]而是受到地表下隐藏的断层线的指引。

人类开启定居生活之后,环境还塑造了早期文化。为什么希腊人发展出以多样化为特征的城邦,而不是一个统一的帝国?同样,答案可能部分取决于其地理位置。希腊早期城邦约有一千个,大多分布在被爱琴海、爱奥尼亚海和地中海所隔绝出的一个个岛屿上,由于地形崎岖多山,且各个城邦被绵延的海洋所包围,所以很难通过征服实现统一。于是,无数独立的城邦发展起来。每个城邦都在进行实验,测试新的社会组织方式。政治多样性引发了激烈的哲学分歧,而哲学分歧往往是人类思想创新的催化剂。这就引出了一个迷人的问题:如果雅典存在于一个容易实现统一的大草原上,古希腊思想还会如此深刻地影响现代西方社会吗?

* * *

在学术界,对社会变迁的解释很少涉及地理或地质因素。例如,经济学理论和政治学理论通常会完全忽略地理因素。在这些模型中,我们仿佛生活在一个千篇一律、平坦无垠的世界里。我们经常思考我们如何塑造了历史,却很少停下来思考地理如何塑造了我们。

为了更准确地理解地质和地貌的作用,我们需要先明白几个概念，我们所处自然环境的"随机"特征可以被看作"地理彩票"，这些特征大多是不变的（至少在我们通俗意义上的历史时间尺度内是如此）。例如，英国是一个岛屿，或者美国没有内海，这些都至关重要，静态的随机地貌特征塑造了人类的选择。

然而，当人类做出决策时，某些关键选择可能会在相当长时间内创造出一个固定轨迹，这就是路径依赖的概念。过去的选择制约着未来的决定。用博尔赫斯的"小径分岔的花园"来比喻——当你沿着一条路走下去时，可能会断绝未来走向另一条路的可能性，同时也开辟了新的探索路径。但其中一些路径是不容易逆转的，你可能会被困在一条特定轨迹上。过去人类与环境的互动方式会改变我们现在的社会，甚至决定了我们的个人生活方式。

如果你生活在一个人类文明已经存在了几千年的地方，这一点就会变得更加清晰。我现在住在英国的温切斯特，在这里，人们很难忽视自然景观对人类过去和现在生活轨迹的塑造作用。我有时会带着小狗在城市附近的山上散步。几千年前，一小群铁器时代的定居者曾将这座山视为可靠的天然防御工事，[15]他们在山顶建了一个堡垒，这就是温切斯特地区的发源之地。后来，罗马人决定在废墟上开设市场，接着盎格鲁-撒克逊人来了，后来诺曼人也来了，一直到现在。所以，我居住的地方、我的社交生活，甚至我遛狗的方式，在一定程度上都是由数千年前铁器时代定居者选择将温切斯特的山丘作为防御据点决定的。这是一个富有吸引力的想法,也是一个准确的想法,它说明了地理路径依赖的运作方式。

路径依赖会增加改变路线的难度。例如,大多数铁路都使用标准轨距宽度。一旦铁路网已投入建设,并有了适合该铁路的列车,对该轨道进行任何改动都会耗费巨资,因为你必须更换整个铁路网和所有列车。通过这个例子,我们也可以清楚地看到,路径依赖可能来自系统外部,因为有些国家的铁路轨距是由其他国家的历史决策决定的,目的是确保列车可以跨国通行。在特定历史时刻,人类与自然环境的互动选择(或其中一部分互动选择)会创造出一条轨迹,而这条轨迹又会被后代沿袭。但令人抓狂的是:通常,人们判断不出一个决策是否会产生路径依赖。大多数铁器时代的定居者对现代社会都没有明显影响。在罕见情况下,当我们回溯过往时才发现,一个早已死去的人改变了历史轨迹,我们至今仍受其影响。

地理和地质还有另一种改变历史的方式,我将这种有趣的途径称为"人类时空偶然性"。在历史长河中,地理或地质的现实状况对我们的影响并不总是恒定的,只有当它们"偶然地"与人类文明相互碰撞时,才会成为变化的驱动力。例如,石油在沙特阿拉伯地下埋藏了大约1.6亿年,但直到19世纪内燃机发明后,这一地质事实才对人类社会产生影响。沙特阿拉伯的石油发现于1938年,那一年,车轮在阿拉伯半岛还很少被使用,[16] 因为大部分运输还是靠骆驼完成的,彼时的沙特阿拉伯是世界上最贫穷的国家之一,如今它已进入最富有国家的阵营。这种突变既不能单独用地质因素解释,也不能单独用人为因素来解释,而是它们在特定的时空中相互作用,让沙特阿拉伯得以将其"黑色黄金"变现。

一旦你开始这样思考,就会发现我们与自然环境之间的互动在不断制造偶然。因此,我们本以为存在的那个整洁有序的现实已从根基上被颠覆。地理塑造了人类历史和我们的生活,这一观点并没有什么新奇之处。然而,如今它却为人所排斥。一个令人困惑的问题由此而生:如果地理环境如此明显地塑造了我们,那么,为什么这种说法会引起巨大争议?为什么当我们解释社会变迁时,要有意忽略自然界的影响?和许多问题一样,答案来自一个不幸的历史意外:曾经,一些思想家别有用心地滥用地理解释,他们的做法荼毒深远,使得相近观点也为人所不齿,这种情况一直持续至今。

曾经,如果说某一解释依赖于地理决定论或环境决定论,它堪称对历史学和社会科学的严重侮辱,会遭到学术界的严厉驳斥。这是可以理解的,因为此前几千年来,地理决定论的思想一直被用来为种族主义辩护。古希腊"医学之父"希波克拉底声称,斯基泰人居住在一片贫瘠的土地上,因此其男性一定性无能。14世纪的阿拉伯学者、"社会科学之父"伊本·赫勒敦认为,炎热气候导致皮肤变黑,环境还决定了人们是游牧者还是定居者。[17] 几个世纪后,这些理论影响了法国历史学家和政治哲学家孟德斯鸠,他所支持的气候解释学说将欧洲人置于种族等级的顶层,而地理上的种族主义又被白人殖民者用来为其暴力残忍的殖民统治辩护。由于环境决定论曾一度成为种族主义的依据,因此,人们有充分理由对这一卑劣的思想路线予以谴责。

尽管曾有许多思想家通过扭曲的手段,将地理解释与种族主义勾连在一起,但我们不能否认,在很大程度上,环境是决定人类历史的关键因素,只是"决定"的方式不止一种。假定观点 A 声称自然环境导致某些种族成为劣等种族(这当然是种族主义,而且很荒谬),而观点 B 认为环境因素会制约某个地区人们的发展选择,并导致该区域更有可能遵循某几类发展路径,这二者之间当然存在至关重要的区别。人类活动与环境因素的交会常常产生意想不到的结果。英国能造船是因为它有木材,它想造船是因为它是一个岛国。如果现代人类出现在地质历史的另一个时期,英国可能会是一片内陆荒原,它就不会有皇家海军,也很可能不会成为大英帝国。地理因素改变了人们的选择,从而造就了历史。

在 20 世纪中后期,思想界迎来了一次早该进行的大清算,然而,这次清算不但剔除了长期存在的种族主义毒瘤,还将地理环境决定论从社会科学领域清除了。[18] 甚至,假定一个学者提出,人类历史的某些方面,包括严重的不公正和不平等现象,或许部分取决于环境偶然性,而不是全部由人类选择所决定的,他的言论也会被视为一种学术"犯罪"。

20世纪90年代末，地理学家兼鸟类学家贾雷德·戴蒙德让地理决定论重新流行起来。他的著作《枪炮、病菌与钢铁》出人意料地成为国际畅销书，这使得那些早已处于知识界边缘的观点得以复苏。戴蒙德认为，现代社会的不平等并非源于人们与生俱来的智力或文化差异，而是源于不同地区的地理禀赋，后者导致一些社会难以繁荣发展，而另一些社会则幸运地拥有了建设先进文明的理想条件。地球上的资源、掠食者或疾病并没有在所有空间平均分配，这些不公平的地质和地貌差异在现代社会依然得以淋漓尽致地展现。

在《枪炮、病菌与钢铁》一书中，戴蒙德指出，人类历史也被大陆的形状和方位所改变，这一观点被称为"大陆轴线理论"。在地球上，一个地区的气候、植被、土壤、栖息地和野生动物分布等自然特征主要由纬度而非经度决定。如果你向北或向南移动一大段距离，气候会发生剧烈变化，这意味着你需要不同的生存策略。但是，如果你向东或向西移动——尤其是在幅员辽阔的欧亚大陆，你可以迁移数千千米，仍面对大致相同的生物群落（具有相似气候、植被、野生动物和土壤的大片区域）。因此，人类迁徙、思想传播、经济贸易、技术交流甚至国家扩张，都更容易发生在东西方向上，而不是南北方向上。戴蒙德认为，这为欧亚大陆带来了优势，而同样优势在非洲等地则不具备（从欧洲到北非，再到撒哈拉以南，非洲的南北通道上有一大片沙漠）。果然，当历史学家分析超级帝国在漫长历史长河中的领土变化时,他们发现帝国扩张确实倾向于遵循东-西方向模式。[19]*这是有道理的,因为军队往往在自己的生物群落中效率最高。如果军队来自温暖气候,他们在寒冷地区作战通常表现不佳;如果军队来自山地,那么他们一般不善于应付沙漠环境。通过以上所述的种种机制,我们可以坦然承认,气候、地理地形和土壤地质的随机性塑造了我们,也塑造了我们的历史。争议焦点在于,历史进程到底有多少是由人类活动造成的,又有多少是由"地球彩票"造成的。

尽管如此,批评人士还是指责《枪炮、病菌与钢铁》复活了地理解释倾向中隐含的种族主义。戴蒙德对此坚决予以否认,因为他本身就是一个反种族主义者,但学术界的秃鹫却在盘旋。一些人指出,戴蒙德著作中某些部分存在事实错误及有争议的内容,应该从学术角度予以严肃驳斥。还有些批评者更为激进,这些极端人士完全无视戴蒙德论点的基本前提,仅仅因为他提出了一个明显正确的观点,即人类发展模式会受地貌、农作物、疾病和资源等地理要素的制约,就不公平地将他与过去那些用心险恶的思想家混为一谈。一个人甚至在学术期刊上写了一篇文章,题目就叫"去他的贾雷德·戴蒙德"[20](请原谅此处语言粗俗,不过这可不是我的原话)。

---

* 这并不是不可撼动的历史法则,而是较为常见的模式,所以当然存在例外。比如尼罗河文明和安第斯文明,就是分别沿着河岸线和山脊线纵向延伸的。

戴蒙德受到了如此多的批评,以至他在自己的网站上发布了一个总括式的回应:"每当我听到'地理决定论'这个词时,我知道接下来要上场的是一种对地理解释的条件反射式的驳斥,我认为这是一种智力懒惰的表现,不值得与之探讨和辩论。"[21]

这里的关键之处在于,对于历史上的不平等问题,极左翼和极右翼之间长期存在观点分裂。正如社会科学家克林特·巴林杰所指出的,一些顽固刻板的右翼思想家看待不平等问题时,往往带着种族主义色彩,他们会将责任归咎于穷人。[22] 这些思想家认为,贫穷国家之所以会陷入弱势局面,是因为它们的文化在某些方面存在缺陷,或者是因为当地人没有付出足够努力建立职责明确、功能完善的政府,再或者它们的宗教没有培养出足以媲美"新教工作伦理"的教义。这类观点可以被概括为"都是他们的错",它过于幼稚、简单,而且缺乏证据支持。

反观左翼阵营,一些思想家将社会之间巨大的不平等鸿沟纯粹归咎于压迫,比如殖民主义,这类观点可以被概括为"他们是受害者"。殖民地人民是受害者,殖民主义留下的伤害仍在继续撕裂社会,破坏前殖民地地区的繁荣。事实上,殖民主义和殖民者的历史暴行确实伤害了前殖民地地区的经济发展前景。因此,一些左翼人士认为戴蒙德的观点是在为殖民主义脱罪,仿佛地理解释可以洗刷殖民主义的污点。

但这种反对意见存在一个关键问题:将所有前因后果归结于受害者,等同于在解释的道路上反复踢皮球。殖民主义令人憎恶，它严重加剧了不平等。但即使我们承认现代不平等完全起因于强大欧洲国家对其他弱小国家的压迫剥削，为什么强大欧洲国家一开始就能使相对欠发达地区成为受害者呢？我们仍然必须解释为什么是欧洲殖民了非洲，而不是非洲殖民了欧洲。所以，我们还是需要说明殖民主义之前就存在的地区差距，于是又回到了原点。

批评者把它说反了。某些不平等现象更有可能是地理和环境因素造成的，这一观点非但没有支持种族主义，反而站在了种族主义的对立面。否认这一显而易见的事实，只会让反种族主义者失去一个强有力的武器。因为如果我们宣称地理因素对人类发展轨迹毫无影响，那么不同地区的发展差异是如何形成的？种族主义者会更容易兜售一些恶毒思想，即有些人类群体天生就比其他群体更优秀。在解释现代社会的不平等问题时，殖民主义的所作所为的确是一个重要因素，但还有其他非人为因素，地理位置不等于命运，但它很重要。*

显然，世界上的地理特征千差万别，这些特征直接影响人类社会的繁荣发展。淡水不仅是生存所需，也是灌溉不可或缺的，但不是所有地方都有淡水。农作物生长受纬度、土壤类型、矿物质、降水类型、气候甚至光照角度的影响。有些地区得天

---

* 牛津大学历史学家彼得·弗兰科潘的新书《地球变迁史》(The Earth Transformed)对气候如何塑造人类历史进行了精彩的论述，这是环境因素影响人类发展的众多例子之一。

独厚,天赐富饶,有些地区则被自然"诅咒"为贫瘠之所。有些地区捕食者肆虐,有些地区是致命病毒的温床,还有些地区则两者皆无。地球"发行"了"彩票",有些社会中了大奖,有些社会则没有得到任何奖励。

如果你细想一下下面的思想实验,这一点就变得更显而易见了。假定地球上从来没有人类,然后在某种神秘力量的干预下,三组人被随机安置在地球的三个地方,并各自开启了他们的文明旅程。其中一组最终到达了法国的卢瓦尔河谷,那里有充足的淡水、肥沃的土壤和宜人的温带气候;另一组来到了澳大利亚的内陆;第三组则不幸地被安置在南极洲,他们在那里度过了短暂的一生。显然,地貌、地质和气候将在一定程度上决定这些群体的命运。所以,那种认为地理影响人类发展轨迹的观念丝毫没有否定历史上发生过的暴行,也没有否定人类决策、文化以及其他更传统的历史叙事的重要性。

岩浆运动以及岩浆之上的地壳活动制造了大量的偶然性,它们塑造了我们所生存的世界,也塑造了人类漫长的历史轨迹。如果我们生活在一个千篇一律的世界里,每个地方都和其他地方一样,那么就不会有贸易,也不会有什么迁移的理由。文化趋同会扼杀人类最重要的精神财富。值得庆幸的是,构造板块的碰撞、撕裂和漂移创造了一个迷人的世界。我们应该对此心怀感激,同时也要努力纠正因地质特征和种族主义肆虐而造成的社会不平等现象。

* * *

地球彩票和人类时空偶然性会如何起作用？你可以在最意想不到的地方找到因果联系。特朗普之所以会在 2020 年总统大选中失利，部分原因可以追溯到远古地貌。

在迅猛龙横行的白垩纪时期，美国如今的中部大平原和大部分南方腹地都是一片巨大的内陆海洋。在这片浅海和海岸线上，数以万亿计的被称为"浮游植物"的微小植物状生物在这里繁衍生息。它们在死后沉到海底，经过漫长的时间洗礼，变成了营养丰富的白垩层。最终，海水退去，现代陆地——如今的密西西比州、亚拉巴马州和佐治亚州从海底露了出来。富含营养的白垩层变成了肥沃的黑土。[23] 这片古老内海的新月形海岸线造就了未来美国最肥沃的农耕土地。

几百年前，英国开始了工业革命，人们发明了新的棉纺工具。对英国来说，种植棉花的最佳地点在美国南部，那里的种植园被称为"黑带"，因其肥沃的黑土而得名，而黑土正是恐龙时代内海海岸线形成的土壤。欧洲人将大量非洲人贩卖到北美当奴隶，这些奴隶的主要工作之一就是在农场种植棉花。[24]* 美

---

* 在奴隶贸易中，还产生了另一种怪诞的偶然性互动：从西非地区绑架来的奴隶会被以更高昂的价格出售，因为西非是疟疾多发区（见本章注释 25），那里的人有更高的疟疾免疫力。而此时，疟疾正在美国南部肆虐。因此，种族主义、基于气候的寄生虫流行病、远古地貌、土壤分布和棉花种植之间产生了一种偶然互动。

国内战前夕奴隶种植园的新月形分布带几乎完美地对应了远古时期内海的新月形海岸线，在那里，数万亿浮游植物的尸体形成了肥沃的土壤。

这片古老内陆海的肥沃黑土带并没有改变当前人类的历史轨迹。在 2020 年美国总统大选中，特朗普的败选一定程度上归因于他在佐治亚州的微弱失利。[26] 此外，拜登对美国参议院的控制权，以及他在 2020 年获胜后的全部政治议程，都取决于民主党在佐治亚州的全力突围。信不信由你，这场胜利正发生在那条白垩纪海岸线上。如果你看一下县级选举的结果，你仍然可以清楚地看到那条新月形的海岸线曲线，但它如今代表的不是土壤分布，也不是棉花产区分布，而是投票选择分布。许多当年奴隶的后代仍然居住在以前的棉花种植园附近，在美国大选中，大约 90% 的非裔美国人会支持民主党候选人。所以特朗普的失败和民主党对美国参议院的掌控，部分上是由于远古海洋中的浮游植物偶然影响了美国农业模式，而农业又偶然影响了美国不同族裔的居住地。

一切都源于偶然。我们的生活是由人类的选择所决定的——包括当下活着的人和早已死去的人，同时也是由地球彩票所决定的。这也意味着每个人（包括你自己）都将改变世界。

第9章 人人都是蝴蝶

每个人（包括你在内）
如何不断改变我们的世界

励志海报告诉你：你只要下定决心，就能改变世界。我有个好消息要告诉你：你已经在改变世界了。恭喜你！你现在就在改变它，通过阅读这段文字，你的大脑正在进行轻微调整。如果你没有读到这句话，世界将会不同。我是说真的，你的神经网络现在已经被改变了，它将以最不易察觉、最微小的方式，在你的余生中略微调整你的行为。谁知道这会产生什么连锁反应，但在一个相互纠缠的系统中，没有什么是毫无意义的，一切都很重要。

你可能觉得这听起来有点儿琐碎或抽象，但请考虑一下：你可能决定将一位新的人类成员带到这个世界上来（或者你早就已经这么做了）。我想，我们不需要解释太多生物学方面的细节，但总之，怀上孩子的精确时刻确实是我们人生中最偶然的时刻之一。在这一天，改变任何一个细节——无论它看似多么微不足道，你都会得到一个不同的孩子。*一下子，你有了一个女儿，而不是儿子，或者相反，再或者，你有了不同的儿子或女儿。兄弟姐妹之间常常会出现一些让人意想不到的先天差异，所以受孕时刻的任何一点儿改动都会让另一个不同的婴儿出生，这会彻底改变你的生活，以及无数其他人的生活。但重要的不仅仅是受孕的那一天，生命中的每一刻其实都具备放大偶然的效应。你人生链条的每一个细节，都与受孕那一刻的性质一样。对你、对我，对每个人来说，都是如此。

然而，励志海报又低估你了——"你真是百里挑一！"它们振奋地鼓舞你。是百里挑一吗？事实上，亿里挑一还差不多，因为每个成功与卵子结合的精子，都要战胜这么多数量的竞争者。

你很重要，这不是励志宣言，而是科学事实。如果另一个人——你在生存竞争中胜过的某个未出生的幽灵——取代了你，无数其他人的生活将大不相同，那么我们的世界也将不同。每个生命的涟漪都会以意想不到的方式扩散开来，直至永恒。

这些都是令人敬畏的真理。然而，在现代生活中，我们中的许多人都觉得自己是一台巨大而冰冷的机器中很容易被替换的齿轮。随着巨型跨国公司的扩张，我们不再从街角的商店寻

---

* 哲学家德里克·帕菲特基于这一惊人事实发展出了一个思想领域，即"非同一性问题"（见本章注释1）。他探讨了那些决定未来人存在的某种行为在道德上是否被允许，对非同一性问题的哲学分析常会让人感到大惑不解。

求帮助，而是转而求助呼叫中心。许多现代系统让我们觉得自己可以被替代。工人们机械地按照流程、清单和脚本进行工作，这些效率引擎剥夺了我们的个性。人类开始觉得自己像个会吃东西的机器人，这会让我们失去天性。转动曲柄的是谁并不重要，只要曲柄在转动就行。

但如果这种反乌托邦式的观点完全是错误的呢？

让我们对比一下以下两种截然相反的历史观。在其中一种历史变革的愿景中，现实像故事书里写的那样：所有的变化都井然有序。事件的交会轨迹意味着个体来来去去，沧海桑田，但趋势占主导地位。而趋势从何而来？从来没有人能说出明确答案，我们只知道人类的聚合产生了一条通往不可避免的结果的路径，我们最好做好准备。趋势就是命运，历史是由看不见的社会力量书写的，主角们无力改变其剧情。

在另一种截然相反的愿景中，个人至高无上，因为一个人的特殊行为可致使我们所有人走上不同道路。这种观点根植于混沌理论，从逻辑上来说，它意味着每个人不仅"或许能够"改变历史，而且我们的每一个行动，甚至每一个想法，都真真切切地在不断改变历史。"做的事"至关紧要，"谁在做"同样重要。如果这是真的，就会产生一个令人振奋的事实：你做的一切都很重要。也许我们每个人都能创造出自己的蝴蝶效应，因为我们每个人扇动翅膀的方式都有所不同。

这两种关于变化的想法从根本上有所区别，所以，我们到底是沿着注定的轨道各行其是,还是每个人都在决定世间所有人的命运?

2015年年底,《纽约时报》开展了一次民意调查,² 它向读者提出了一个假设性问题:如果你能穿越时空,在希特勒还是婴儿的时候就杀死他,你会这么做吗?我们抛开时间旅行中所有明显的逻辑悖论,暂且接受这个假设性的前提——穿越确实可行。乍一看,这似乎是一个简单明了的道德困境。对功利主义者来说,利害得失很容易计算出来:是的,你应该杀死一个婴儿,以挽救未来数百万无辜受害者的生命。在道德取向上更接近清教徒的人则持不同看法。婴儿希特勒可能会长大成人,变成那个导致上千万人死亡的恶魔,但杀死一个无辜的婴儿是不对的。42% 的读者表示他们会杀死婴儿希特勒,30% 表示不会,28% 表示不确定。³

但是除了道德困境,婴儿希特勒问题其实还可以引发我们一些更深刻的思考。正确答案取决于我们对历史动态变化的看法。混沌理论证明,微小的调整也可以产生巨大影响,因此,任何对过去的操纵都会带来剧变风险,这导致我们根本无法预估思想实验的结果。

婴儿希特勒思想实验中隐含着这样的想法:如果没有希特勒,纳粹就不会在德国掌权,二战就可以避免,大屠杀也就不会发生。因此,它假定希特勒是这些事件的唯一原因,或者至少是关键原因。许多历史学家会质疑这种观点,他们认为灾难几乎不可避免。他们会说，或许希特勒影响了某些结果，但并不会调转历史的发展轨迹。纳粹、战争和种族灭绝是由更大因素造成的，而不仅仅是一个人。

即便你愿意接受杀死希特勒会重塑历史的这个假设，但历史又将如何重塑？杀死婴儿希特勒一定会让世界会变得更好吗？虽然很难想象，但有人认为，没有希特勒的世界可能会更糟。英国作家兼演员斯蒂芬·弗雷写过这样一部小说：一名研究生穿越时空，让希特勒的父亲无法生育。[4]结果纳粹主义依然存在，但掌权的领导人相比希特勒更理智、更谨慎、更不容易意气用事，这导致德国获得了核武器，赢得了战争，并杀害了数百万犹太人。这种情况会发生吗？我们无法断言。但可以肯定的是，改变复杂的过去将创造不可预测的未来。因此，婴儿希特勒问题不仅关系到道德，还关系到我们对历史因果关系的看法，更关系到从过去删除一个人到底会如何改写历史故事，没有人知道答案。

一些历史学家，如英国著名学者 E. H. 卡尔认为，研究这种反事实历史是非常荒谬的做法，这完全是浪费时间，是在玩一种与现实世界毫无关系的幻想乐园会客游戏。[5]另一位英国历史学家 E. P. 汤普森称反事实历史为"不符合历史的胡扯"[6]。对一个历史学家来说，这种立场有点儿奇怪，因为即使过去无法改变，思考备选路径也是一种有益的做法，它可以帮助我们理解特定事件发生的原因。推测可能发生的事有助于揭示真相。

正如我们已经看到的，我们所相信的故事会塑造我们的行为，而历史就是故事。大卫·伯恩说："历史不是发生了什么，而是我们一致相信发生了什么。"[7]

几个世纪以来，人们普遍认为关键人物决定历史。早已逝去的早期历史学家为皇帝和国王写下了光辉的传记。在中国古代，统治者的合法性来自"天命"[8]，他们通过贯彻神的旨意，来推动历史前进，这一概念在中世纪的欧洲被称为"君权神授"[9]。19世纪时，苏格兰哲学家托马斯·卡莱尔将这种思想转变为一种明确的历史哲学，即英雄史观。[10]卡莱尔认为，国家领袖和工业巨头是上帝派来的，他们要按照上帝的意愿改造世界。卡莱尔声称："世界历史不过是英雄的传记。"但矛盾的是，按照卡莱尔的历史观，谁是英雄并不重要。因为英雄只是在执行神预定的计划，你可以把任何人换掉，而不会有任何后果。如果拿破仑不存在，也会有其他人来完成上帝的旨意。对信奉英雄史观的基督徒来说，重要的是神的预言，而不是个人人格。

随着时间的推移，英雄史观逐渐演变成一种更具普遍性的历史研究途径，即通过研究有影响力的人物来理解变革发生的原因。要理解反恐战争，就要研究乔治·W. 布什和奥萨马·本·拉登，而不是潜在的趋势或社会动态。

这种新的"英雄史观"相信反事实会造就新路径，历史行进方向取决于具体凡人，而不是神的意志。领导者塑造了结果——他们的个性、怪癖，甚至他们的情绪都能左右事件的发展。史蒂夫·乔布斯不仅接过了技术的指挥棒，还创造了一个全新的指挥棒。如果有其他人取代了乔布斯，或者乔布斯的父亲没有从叙利亚移民到美国，我们的世界将会不同。*在这种历史观中，个人是不可替代的。关键人物在关键时刻很重要。

然后，到19世纪末和20世纪初时，历史学家、哲学家和经济学家对英雄史观进行了猛烈的抨击。在《战争与和平》中，列夫·托尔斯泰仅将拿破仑描绘成他所处时代的"一个人"。当时帝国风起云涌，在这样的历史和政治背景下，任何法国领导人都会入侵俄国。历史塑造了领袖，领袖却没有塑造历史。同样，黑格尔和后来的马克思也把历史描绘成向最终目标前进的过程，历史走向是可预测的。对马克思来说，所有过程都是人类不懈追求的一部分，经过一系列奋斗阶段后，最终会实现无产阶级对世界的主宰。有些人可以加快这一进程，但无论多么强大的个体，都无法阻止终极结果的到来。在经济意识形态的另一端，经济学家亚当·斯密谈到了引导人类行为的"看不见的手"，尽管亚当·斯密和马克思在几乎所有事情上都有分歧（他们不是同时代的人），但他们都认为，虽然个别人物可能来来去去，造成一些小波动，但历史的最终目标确定无疑。

---

* 今天，历史学家已经认识到，"英雄"（Great Man）这个术语忽略了有影响力的女性，所以现在有些人把它称为"巨头"（Big Beasts）历史观（这可不是一个讨人喜欢的代称）。

20世纪二三十年代，年鉴学派在法国兴起了，该学派由一群学者创立，他们主张在分析社会变迁时，不要关注具体的个人或关键事件，而应重点聚焦于全社会的长期趋势。该学派影响巨大，其创始成员之一马克·布洛克[11]是一位犹太历史学家，他后来在二战期间加入法国抵抗运动。1944年年中，他被盖世太保逮捕，被折磨至死。如果从他的历史哲学出发，他会基于长期社会动态来解释自己的死亡，而不会考虑什么婴儿希特勒问题。

年鉴学派改变了"研究历史"[12]的含义。许多历史学家随后不再关注关键的推动者和影响者，而是采用了自下而上的历史研究方法，即研究普通人生活中的长期变化如何创造社会变革。现代历史学家经常对那些坚持英雄/巨头理论的人不屑一顾，就好像他们只看到了抓人眼球的好莱坞传记片，而忽视了"真实"的历史。

政治学家和经济学家也倾向于将个体视为可被替换的随机角色，因此，他们否定基于特定人物对历史所做的解释。博弈论、经济方程和理性选择模型在建模时通常会依据对大部分人都适用的激励因素进行建模，它们会代入想象中的"通用"或"标准"人类，而忽略个体间的性格差异。

比利时数学物理学家大卫·吕埃勒通过一个形象的思想实验[13]，展示了这种思维模式的局限性。想象一下，把一只跳蚤放在棋盘中央。利用概率论，我们可以有效预测跳蚤跳到棋盘上任何特定方格的平均频率。这很容易实现，听起来没什么问题。

现在，设想在 64 格的棋盘上再增加 63 只跳蚤，并给每只跳蚤贴上名牌：跳蚤里克、艾莉、乔、安、凯斯宾、安东尼等。这个时候，我们几乎不可能准确预测在特定时间里克或艾莉会出现在哪里。64 个方格上有 64 只跳蚤，潜在组合太多了。然而，社会科学模型能根据跳蚤在一段时间内的行为，预测跳蚤一般在棋盘上如何排列——它们之间的距离、它们的移动速度、它们跳跃的平均高度等。在这类问题中，我们可以不将个体差异计入考量，就像预测交通流量时，你也不需要知道具体哪个司机在路上。

现在，如果只有一只跳蚤——让我们称它为奈杰尔——是同类相食者，该怎么办？突然之间，任何试图根据平均值或频率来预测棋盘动态的做法都不再管用了，因为个体不再是可互换的，跳蚤们会纷纷远离奈杰尔。接下来，再想象一下，如果每只跳蚤都有点儿特立独行。其中一只跳蚤——芭芭拉，如果它出现在距奈杰尔两格之内，它就会直接跳出棋盘。另外两只跳蚤——保罗和詹姆斯，无论如何都拒绝搬家。有一只跳蚤凯尔西喜欢待在棋盘的角落，所以一旦它走到角落里，就会保持原地不动。更复杂的是，这些行为会随着时间的推移而改变，因为跳蚤们会学习、适应，并根据自己的经验发展出新的偏好。所以，跳蚤所处位置的初始条件也变得非常重要。每次你重新进行实验，都会发生完全不同的事情。

人类比跳蚤要复杂得多，但许多学者在研究人类问题时，常常假装具体个人并不重要。例如，许多研究美国政治的政治学家长期以来都对热衷于分析美国总统个人特征而不是职位特征的人不屑一顾。亚伯拉罕·林肯的传记该留给有线电视主持人去写，严肃学者不应插手。社会科学的数学化与科学化的转向意味着，那些试图理解个体的人往往被视为思想不成熟或研究态度不严谨。人们对宫廷阴谋和性格特征的看法就像E. P.汤普森对反事实历史的看法一样：那些都是"不符合历史的胡扯"。西方知识界会优先考虑一般规则，即使它是错误的，或具有误导性，而不是具体分析个体特征。这些琐碎的问题，就让那些在扶手椅上夸夸其谈的心理学家或业余历史学家去处理吧。社会变革的活塞在制度内部来回冲撞，与个人无关。

十多年来，我始终在研究权力和掌握权力的人，我一直觉得上述那种历史观很奇怪。总统职位很重要，但总统本身也很重要。如果肯尼迪或赫鲁晓夫的性格不是他们本来的样子，或者他们中任何一个在关键时刻产生了情绪波动，古巴导弹危机的发展态势可能就会大大不同。可对研究美国总统的人来说，这种观点不值得推广，他们都是老练的"制度主义者"。然后，唐纳德·特朗普上台了。美国政治史因一人而彻底改变，个人的意义已不容忽视。真的有人相信，如果杰布·布什或希拉里·克林顿在2016年获胜，如今的美国会像现在一样吗？

即使并非处于权力核心的人，也可能产生巨大影响。如果你问历史学家为什么是北方赢得了美国内战，你可能会得到很多答案。所有这些答案都有一个清晰的逻辑：北方的补给线和制造业更有优势；北方拥有更强大的海军，得以封锁南方的海外贸易；北方兵力更多，更经得起消耗。[14] 所有这些答案都没错，但只要某些细节稍做改动，战争结果就可能大不相同。特别是在战争的早期阶段，（南方）同盟军对胆怯且管理不善的（北方）联邦军取得了几次关键性胜利。到1862年秋，英国正在考虑正式承认南部同盟的合法地位，如果联邦军再遭遇一次毁灭性打击，就可能会引发连锁反应，美国或许就此永远分裂成两半。这一切之所以没有发生，不单单是因为北方有更强大的补给线和更优良的装备，还因为三支丢失的雪茄，以及发现它们的人。

1862年9月13日星期六上午9点左右，联邦军印第安纳州第二十七团的巴顿·W. 米切尔下士正在行军途中休息。为了躲避秋日的骄阳，他坐在附近围栏旁的树荫下。[15] 正当他伸展身体，准备躺下打个盹时，树根旁的杂草中某个东西引起了他的注意——一张纸包着三支雪茄，纸上写着"（机密）北弗吉尼亚陆军《特别指令》第191号，1862年9月9日"。米切尔无意中发现了从信使挎包中掉出的同盟军行军指令，这支军队正计划发动突然袭击。巴顿可能得到了足以扭转战局的无价之宝。可问题是——它是真的吗？

文件署名为"R. H. 奇尔顿"，受"李将军"之命。看起来很可信，但轻信一份伪造文件会带来灾难性后果。这封信被送到联邦军师长阿尔菲斯·S.威廉姆斯将军手中。在他的帐篷外，这份文件首先交给了他的副官塞缪尔·皮特曼上校。皮特曼展开信纸，读了一遍，明白了其中含义。看到底部的签名时，皮特曼顿了一下，他马上知道，这封文件是真的。

正是因为获得了这一秘密情报，联邦军决定挥师迎击同盟军。四天后，安提塔姆战役爆发了，这堪称美国历史上最血腥的一天。联邦军伤亡惨重，但他们对这次进攻早有准备。安提塔姆战役迫使同盟军撤退，进而扭转了战争的势头。[16] 历史学家认为，这场战役的胜利稳定了军心，同时也让林肯总统信心大增，他在战役结束五天后发表了《黑人解放宣言》，宣布南方同盟领土内所有奴隶都获得自由身。这些关键性事件在一定程度上可以追溯到那三支丢失的雪茄。

但是塞缪尔·皮特曼怎么知道军令是真的呢？那张纸上有一个签名——R. H. 奇尔顿。战前，皮特曼是底特律的一名银行出纳，奇尔顿是那里的美军军需官，后者来银行办理军队业务时，必须在支票上签字。所以，皮特曼已经见过奇尔顿的签名几千次了，当他看到展开的军令时，他立刻知道这是真的。现代历史的转折点在于三支丢失的雪茄、一名士兵在一片恰到好处的树荫下休息，以及敌军指令偶然落到了联邦军中唯一一个可以确定其真实性的人手中，这也太神奇了吧？但仔细想想，好像也说得过去。可是，我们常常把类似事件从历史中抹去，转而寻找更明确、更合理的"原因"。然而，就像米切尔下士的意外发现一样，在我们这个随机、偶然的世界，有时候，最关键的地方就在无人问津的杂草丛生之处。

* * *

在我们的固有观念中，"发生了什么事"比"谁做的"更重要。推而广之，信息比信使更重要。但在历史的大部分时间里，显然往往并非如此。

希腊神话中，特洛伊的卡桑德拉因美貌和智慧而吸引了阿波罗的目光。阿波罗赐予她一个礼物：准确预见未来的能力。但卡桑德拉后来蔑视阿波罗，而阿波罗无法收回他赋予卡桑德拉的预知天赋，于是他采取了另一个报复办法，诅咒无人信任她。无论她的预言多么准确，都没有人相信她。卡桑德拉可以告诫人们即将面对死亡威胁，或者提醒国王，灾难性的战争将要降临，但她总在风中哀号，人们对她的预言置之不理。

卡桑德拉的神话故事表明，人类早就明白，当面对某个"真相"时，我们对待这个真相的态度依赖于这一真相的宣扬者是谁。而在"信任"问题上，我们还热衷于走捷径，有时我们会利用"信令"，有时则利用"图式"，指人们有意识地利用社会公认的线索来传递信息。专家们很少穿着夏威夷衬衫和人字拖出现在电视上，这是有道理的。人类善于捕捉这些蛛丝马迹，当我们遇到一个人时，我们会试探性地询问与其教育、工作和家庭有关的问题，以迅速了解对方，从而确定到底可以在多大程度上信任对方所说的话。大多数人在初次见面时问的第一个问题是"你是做什么的"。答案会立刻改变我们对这个人的认知，这就产生了偏见。即使是正确的信息，如果与错误信令组合在一起，也会被人所忽视。

人类会将大量信息提炼成某些易于加工的类别，所借助的心理工具就是图式[17]。神经科学和心理学研究早已证明，心理标签可以发挥过滤器的功能，利用标签，我们可以迅速对所遇到的人形成基本认知。你可能不知道某个人是谁，但如果这个人被贴上了民主党人、共和党人、保守党人或工党支持者的标签，那么你会将这个人与你脑中所对应的类别联系起来。在这方面，我们再次受到了语言偶然性的干扰，因为如果你遇到的人被介绍为"企业家"而不是"大红人"，即使是同一个人，你也可能彻底改变对他的评价。然而，这些意义，以及我们赋予它的可信度会随着时间而改变。20世纪90年代的人会如何看待"大红人"呢？谁知道呢？但肯定与今天这个词的内涵不同。我们的心智地图和图式并不是固定不变的。这意味着，我们用来描述他人或对他人进行分类的词汇，会影响我们对他人所传递信息的接受度，这进而产生了更多不可预测的结果。

因此，我们大脑的进化设计初衷就是让我们快速将人分类，并评估（甚至是下意识地评估）自己是否应该倾听他们的意见。但我们经常会犯错。很多人看起来严肃可靠——他们衣着光鲜、背景显赫、自信迷人。可正是这些人，一再搞垮经济，或将人们拖入战争，使世人遭受巨大痛苦。因此，关键不在于谁说了什么，而在于我们如何看待说这些话的人。我们常常会依据"信使"来对"信息"的重要性做出判断，这种认知偏差可以被称为"卡桑德拉问题"，它可能以非理性、偶然的方式改变历史。

如果我们容易产生这种认知偏差，那么历史上的其他人也一样。例如，1865年4月，就在林肯被杀的前几天，查尔斯·科尔切斯特告诫亚伯拉罕·林肯，他有性命之虞。科尔切斯特是一个"红脸、蓝眼、留着大胡子的英国人"[18]，他深得林肯妻子玛丽·托德的信任，但林肯对科尔切斯特的告诫置若罔闻。为什么呢？因为科尔切斯特虽早已是白宫的座上宾了，但他不是政治顾问，而是一个预言家、一个占卜师，他声称自己可以让玛丽·托德重新与儿子威利（1862年已去世）取得联系。林肯从不相信科尔切斯特所谓的招魂术，但为了安抚自己的妻子，还是尽职尽责地参加了降灵会。但当科尔切斯特警告他有生命危险时，林肯认为那不过是一个捏造的预言，是一个骗子的胡言乱语，可以不予理睬。

如果林肯相信科尔切斯特，他可能会活得更久。这并不是因为科尔切斯特是一个真正的预言家或占卜师——他显然是个江湖骗子，事实是，科尔切斯特掌握了内部信息。科尔切斯特有一个亲密伙伴——约翰·威尔克斯·布斯，他相信招魂说，并参加过降灵会。科尔切斯特对林肯的警告可能不仅仅是猜测，而是卡桑德拉式的警告——一个明确知道将要发生什么事的人提出的警告。林肯无视科尔切斯特的建议，去了福特剧院，然后被暗杀，而凶手正是布斯。

你可能会反驳说，虽然任何人都可能制造出奇闻逸事，但有些知识领域不受个体差异的影响。毕竟，有用的好点子会自然浮出水面，一呼百应；没用的坏点子会沉入深渊，无人问津。人类经常会在不同的时间和空间产生类似想法，这种现象被称为"多重发现"[19]。例如，十字弓在一些国家和地区分别被独立发明出来；在同一时间，至少有三个人出于三种不同机缘发现了氧气；两个人在同一天内各自申请了电话专利。

也许天才并不那么重要，重要的是天才之举的想法。如果爱因斯坦被忽视，他的想法被视为有妄想症的专利局小职员的幻想，我们的世界也许不会有太大不同，因为其他人也会填补他的缺失。所以，世界不会重新洗牌，重要的是方程式，而不是谁写的方程式。但事实果真如此吗？这是一个重要问题，因为如果连科学思想的"命运"都至少部分取决于到底是谁提出来的，那么我们就很难不相信，几乎所有的东西都有偶然性，都受制于个人所创造的"意外"。

在20世纪，科学哲学的两位巨匠——卡尔·波普尔和托马斯·库恩就现代科学的发展方式展开了争论。波普尔强调了一种更为客观的前进规律，他认为对谬误的驳斥会推动变革，库恩则强调个人的主观作用。对波普尔来说，科学家为了揭露真相，必须证伪有缺陷的理论，[20] 他们不断尝试推翻每一个"尚未被推翻"的假说，一旦成功，那些假说就会被扔进科学史的垃圾堆。如果处理得当，科学事业会在无情的反复试验中向前推进，且不受个人情感或政治影响。在科学舞台上，任何科学观念都要经历角斗士式的战斗，只有那些毫发无损的观念才能再次迈入竞技场。

库恩于1962年撰写并出版了《科学革命的结构》[21]一书，不同于波普尔，库恩认为科学家和我们所有人一样，都有偏见和成见。每个科学家都有一套既定的信念，他们相信某些理论，并将毕生精力用于证明这些观点的正确性。但是，当科学理论出现错误时，尽管研究人员想要保护他们所钟爱的假设，可错误最终还是会暴露出来。当错误如裂痕般达到足够大时，整个科学大厦就会轰然倒塌，数十年来公认的真理会毁于一旦，库恩把这类时刻称为"科学革命"。在科学发展历程中，曾经占主导地位的范式会被新范式取代，该过程不断重复（如果你曾经说过"范式转换"，这就是库恩创造的术语）。

对库恩来说，科学家本身很重要，而且非常重要。个别研究人员个人可以左右哪些问题被提出，哪些假设被认真对待，以及谁能获得资助。当然，这并不意味着科学真理是主观的，只是说科学研究终究是人类参与奋斗的事业，而人类采取的任何行动都会自然而然地带有偶然性，所以科学研究也会受到这些偶然性的影响。

1906年，德国气象学家阿尔弗雷德·魏格纳创造了乘热气球连续飞行时间最长的纪录：他在地球上空漂浮了52个小时。6年后（即1912年），他提出，大陆也可以像气球一样漂移，大陆板块逐渐彼此分离。*结果，魏格纳的这个理论一经提出，便遭到了严厉驳斥：这位气象学家或者驾驶热气球的家伙以为自己是谁，竟然告诉地质学家地壳在运动？

当魏格纳发表自己的假设时，英国正处于与德国的战争边缘，直到20世纪20年代初，几乎没有科学家注意到他的理论。[22] 1943年，美国古生物学家乔治·盖洛德·辛普森写了一篇文章，[23] 对大陆漂移学说予以强烈谴责。注意这个时间点，美国还在与德国交战，所以美国的科学家们与辛普森站在了一边。尽管支持板块构造论和大陆漂移学说的证据非常令人信服，但直到1967年，它们才被科学界所接受，进而引发了地质学的一场革命。在那之前的半个世纪，人们之所以一直选择不相信地质"真相"，原因竟在于掌握真相的人的国籍和专业背景"有问题"，而不是他的理论内容有问题。看来，当涉及地质学知识时，一位以热气球技术闻名的德国气象学家并不是合适的"信使"。

到底一个人能不能从根本上改变科学史？我当然不是第一

---

* 魏格纳并不是第一个提出这种"异端"观念的人。16世纪末，制图师亚伯拉罕·奥特利乌斯提出，几块大陆曾经是连接在一起的，它们后来才分裂开，并移动到现在所在的位置（见本章注释24）。其他几个人也提出过类似想法，但当时的人都认为这一想法非常荒谬。尽管南美洲和西非看起来就像两块拼图一样，几乎可以完美地贴合在一起。

个支持这一观点的人,当人们想就此进行反驳时,几乎总会拿出一个人作为例证:达尔文。我们都知道,是达尔文提出了系统的进化理论(自然选择学说),但这重要吗?就像戈特弗里德·威廉·莱布尼茨和艾萨克·牛顿在同一时间分别独立创建了微积分一样,如果不是达尔文,难道不会有其他人提出同样的理论吗?

确实有,与达尔文差不多同时提出进化论的还有另一个人,他就是英国博物学家阿尔弗雷德·拉塞尔·华莱士。对不崇尚库恩式个人主义的科学观来说,这两个人的故事堪称经典论据。伟大发现是与个人无关的"空中楼阁",是科学发展趋势的一部分。无论是达尔文还是华莱士开创了进化论,都不会特别影响科学进步的轨迹。真的是这样吗?为了了解科学史的发展规律,让我们再仔细看看当时的具体情形。

* * *

事实上,这本 19 世纪最重要的书差一点儿就胎死腹中。

英国皇家海军"小猎犬"号第一次航行时,船长是普林格尔·斯托克斯。1828 年,"小猎犬"号停泊在南美洲南端,斯托克斯陷入了深深的抑郁。他在日记中写道,天气是如此沉闷阴冷,以至"人的灵魂要在体内消逝了"[25]。斯托克斯船长把自己锁在船舱里,开枪自杀了。如果他没有死,查尔斯·达尔文就不会踏上"小猎犬"号。

皇家海军的贵族军官罗伯特·菲茨罗伊很快接替了"小猎犬"号的船长职位。当菲茨罗伊准备开始"小猎犬"号的第二次航行时，他意识到指挥工作的孤独寂寞，因为在当时，像他这样的贵族不应该与低等卑微的船员交谈。为了避免重复普林格尔·斯托克斯的悲剧，菲茨罗伊开始为未来几年的海上航行寻找同船旅伴。[26] 他的第一选择是一名牧师，但被拒绝了，因为这位牧师不想懈怠自己的宗教职责；第二选择是一位博物学教授，但也被拒绝了，因为教授不想让自己家人难过，但他向菲茨罗伊推荐了一位自己以前的学生。你可能猜到了，这个学生就是达尔文。

菲茨罗伊信奉颅相学①，他认为身体特征可以反映一个人的潜在性格。当菲茨罗伊船长初次见到达尔文时，被达尔文的鼻子吓了一跳。达尔文后来写道："菲茨罗伊深信可以通过一个人的五官来判断其性格，他很怀疑，如果一个人长着我这样'软弱'的鼻子，是否有足够的毅力和决心去远航。不过我想，他后来应该很满意地意识到我的鼻子其实'名不副实'。"[27] 这可能是19世纪最令人震惊的意外事件之一了，达尔文差点儿因为他鼻子的形状而错过即将永远改变科学史的命运之旅。*

---

① 盛行于19世纪西方，认定人体颅骨形状可判断人的性格和命运。——编者注

* 这是对"克娄巴特拉七世鼻子"（见本章注释28）历史观的肯定，历史学家J. B. 伯里认为埃及女王克娄巴特拉七世令人愉悦的鼻子形状引发了连锁反应，永远改变了历史。

1836年,达尔文与"小猎犬"号结束了环球航行,回到英国,他的大脑中装满了能够彻底改变生物学的新思想。达尔文将他的想法概要写在信中,寄给朋友和科学家同行。但由于种种原因,达尔文迟迟没有发表自己的核心理论——一方面,他的健康状况不佳;另一方面,他担心一旦自己提出有悖于主流宗教教义的理论,会遭受千夫所指。达尔文将初稿塞进抽屉里,并不急于出版,而他自己则继续过着悠然自得的生活。

1858年,达尔文收到一个邮包,这个邮包改变了他的生活,也改变了科学。包裹中有一封来自英国博物学家阿尔弗雷德·拉塞尔·华莱士的信。当达尔文读到华莱士所写的内容时,他震惊地发现,华莱士想到了一个同自然选择学说极为相似的观点。"我从未见过如此惊人的巧合。"达尔文后来回忆道。明明自己几十年前就已经明确自然选择学说了,可眼下华莱士可能被科学界认定为该理论的创始人并名垂千古。出于这一忧虑,达尔文迅速写成了《物种起源》,并寄给约翰·默里出版社审阅。牧师惠特韦尔·埃尔文完成了该书的审阅工作,但他在给出版商的信中试图劝阻对方不要出版《物种起源》,并认为达尔文最好写一本关于鸽子的书。埃尔文指出,达尔文对鸽子的看法"极不寻常、引人入胜、富有巧思且有很高价值",他还指出,"每个人都对鸽子感兴趣",所以关于鸽子的书一定会大卖。值得庆幸的是,达尔文没有理会这些建议。几个月后,《物种起源》出版了。从那以后，这本书持续畅销至今。*

这个故事经常被信奉科学"客观"发展规律的人拿来论证科学发现就像"空中楼阁"，它们与个人无关，一旦知识燃料开始聚集，一定会导致爆炸性的科学进步。如果达尔文的鼻子形状让菲茨罗伊船长再多烦恼一点儿，科学就会发生翻天覆地的变化，这是一个很有趣的故事。但也有很多人认为，如果没有达尔文，进化论就会由华莱士提出。华莱士也会发表同样的理论，获得同样的荣誉，华莱士将取代达尔文，成为家喻户晓的科学巨擘。发生在个别科学家身上的偶然事件并不能改变科学史，它们只是决定了哪位科学家获得了荣誉、名声和荣耀。

这是真的吗？

华莱士是科学界的"门外汉"[29]（字面意义上的，不是说他不懂科学，而是说他尚未在科学界崭露头角），这意味着当他提出如此具有颠覆性的科学理论时，资深科学家会更倾向于质疑他，而不是支持他。所以，如果华莱士是传播进化论的使者，他的门外汉身份也会改变人们对进化论的看法。年轻时，华莱士曾请教过一位颅相学家，他被颅相学在揭示人性真相方面的"深刻见解"所震撼，并终身对颅相学深信不疑。[30] 华莱

---

* 约翰·默里出版社是《物种起源》的英国出版商，在达尔文的杰作出版160年后，他们终于在2019年出版了一本关于鸽子的书。目前来看，这本书似乎还达不到《物种起源》那样的成功程度。

士曾发文记叙他参加降灵会的经历，他坚持认为灵媒凭空变出了37朵花，"所有的花都是新鲜的、冰冷的、带着露水的湿漉漉的，就好像它们是那一刻从夜空中被带出来的一样"[31]。华莱士还是催眠术的忠实信奉者，他曾撰文，"思想转移、自动写作、恍惚说话、透视和幽灵"[32]都是真实存在的现象，就像万有引力一样可以得到验证。于是，在知名科学刊物上，华莱士遭到万众嘲笑。

达尔文的核心思想已成为现代科学界所公认的思想。但在当时，他的理论可以说饱受争议。其实即使在今天，尽管有大量证据支持进化论，仍只有54%的美国人同意"我们今天所知的人类是从早期动物进化而来的"[33]。既然这种怀疑论调至今仍如此顽固不化，那么在19世纪，如果进化论的主要提出者坚持认为幽灵是真实存在的，花朵可以被灵媒从夜空中凭空变出来，进化论又会有怎样的前途呢？

进化论最终会取得胜利，因为它是正确的——正确观点往往会在科学探索中胜出。但它可能不会这么快就胜出，这也致使生物学与遗传学等几个重要科学分支的进展被延后数十年。由于万事万物都纠缠在一起，一些让人意想不到的连锁反应或许就此而生。达尔文的堂兄弗朗西斯·高尔顿博学多才，他歪曲了达尔文的思想，建立起了"优生学"这一新兴领域。[34]后来，被歪曲的优生学又引发了大规模绝育运动和种族主义意识形态，并为纳粹的所作所为提供了思想依据。如果不是达尔文，而是一个痴迷于降灵术的陌生人在背后推动这一离经叛道的理论,高尔顿还会基于进化论而创建优生学吗?会有其他人代替高尔顿创建优生学吗?

我们不得而知。但在我们这个相互纠缠的世界里,同一个想法由不同的人提出,可能会产生截然不同的效果。然而,到底某个想法由谁提出,就如达尔文的那个例子一样,这有时是由鼻子形状这样随意的因素决定的。所以,我们这个世界的任何一个角落,无论看起来多么理性有序,都无法逃脱偶然性的掌控。你的所作所为很重要。但同样重要的是,做这件事的人是你,而不是别人。

为了给这段传奇故事画上一个完美的句号,我们将注意力转回菲茨罗伊,这位船长为了摆脱沮丧和孤独,冒险找了一个长着"软弱鼻子"的博物学家。后来,菲茨罗伊在气象学领域大展拳脚,他创建了英国现代气象服务的前身——气象局,[35]这为一个世纪后洛伦茨提出混沌理论奠定了基础。另外,菲茨罗伊还在自己的著作中创造了一个日后广为人知的术语——预报。[36]

可惜,菲茨罗伊的故事并没有一个美好的结局。尽管菲茨罗伊努力避免抑郁,避免重蹈前任普林格尔·斯托克斯的覆辙,但他还是陷入了深深的绝望。一方面,这是因为他常常因天气预报不准而成为人们嘲笑辱骂的对象;另一方面,身为一名虔诚的教徒,他对自己间接促成了达尔文的"异端邪说"感到内疚。1865年4月30日，菲茨罗伊自杀身亡。就在这之前两个星期，亚伯拉罕·林肯遇刺身亡，他遇难前已收到别人发出的可靠警告，但因为对方是占卜师，所以林肯未予理睬。

现在，我们转向另一个偶然的来源："何时"发生。

第10章 时钟和日历

一秒之差如何产生
足以改变世界的影响

约瑟夫·洛特还活着,[1]因为他选择在合适的日子穿了一件淡绿色衬衫。伊莱恩·格林伯格,那个救了洛特一命的女人,因为提前一周去度假而去世了。如果说需要会催生发明,那么时机则会催生偶然。苍蝇在马路上嗡嗡乱飞,它们通常人畜无害,但偶尔会有一只苍蝇飞入摩托车手的眼睛,酿成车祸。两条毫不相干的轨迹,被不可撼动的神奇时间之力捏合在一起,呈现出一种看似偶然、随机的组合。我们把这种情况称为"古诺偶然性",即两条毫不相关的轨迹在特定时间、特定地点交会,它可能会在毫秒之间造成死亡。我们任凭时间摆布。

2001年秋天,伊莱恩·格林伯格来到马萨诸塞州的坦格伍德度假。在那里,她看到了一条领带,她知道自己的同事一定会喜欢这条领带,因为那上面印着莫奈的名作《拉瓦库尔的日落》。她的同事约瑟夫·洛特热衷于佩戴印有画作的领带,格林伯格知道印象派绘画是他的最爱。她买下了这条领带,觉得这对洛特是个不错的礼物，因为洛特下周要飞往纽约参加一个工作会议。

在会议召开前的那个星期一，洛特登上了飞机，但当晚美国各地都暴雨如注，本应几小时的飞行行程却花了 14 个小时。洛特抵达曼哈顿下城时已经过了午夜，经过长途跋涉，他看起来疲惫不堪。洛特原定与格林伯格共进晚餐，以便在会议开始前一起检查一下他们的报告，但现在他只好换时间了。他们商定第二天早上一起吃早餐。洛特精疲力竭，但他还是在倒头大睡之前整理了第二天要穿的衣服，可这时他发现本打算穿去参加会议的白衬衫布满了皱痕。

第二天一早，洛特醒来，看了一眼自己皱巴巴的白衬衫，庆幸自己还带了一件备用的淡绿色衬衫。早上 7 点 20 分，他来到酒店的餐厅，让格林伯格帮他看了一遍演示文稿。大约上午 8 点 15 分，他们吃完早餐，格林伯格把印有莫奈画作的领带送给洛特。领带上，塞纳河波光粼粼的蓝色映衬着夕阳下火红的橙色天空。洛特很感动，连声道谢。为了表示自己真的非常喜欢这件礼物，他说："伊莱恩，我今天要系上这条领带，它一定会为我带来好运。"她反驳道："你穿这件衬衫可不行。"洛特笑了笑，表示同意，他知道这条领带和淡绿色衬衫搭在一起很不协调。他决定回酒店房间换件衬衫，即使这意味着要迟到几分钟。"一会儿见。"洛特说。格林伯格挥手与他告别，然后前往世界贸易中心 1 号楼 106 层的会场。

洛特回到房间,开始熨烫他那件皱巴巴的白衬衫。他花了大约15分钟,时间太长了,当第一架飞机在上午8点46分撞上世贸大厦时,他还在准备衣服。[2]

洛特活了下来,格林伯格却遇难了。洛特现在只戴印有艺术图案的领带,他想通过这种方式纪念自己的朋友。那条"日落"领带——这是一份贴心的礼物,它挽救了洛特的生命。

我们都读过一些关于"运气"的故事,我们会惊叹于故事主角惊人的幸运或可怕的不幸。这些故事看起来如此不合常理,且不可思议,却让人过目不忘。其中有个不为人知的秘密:它们并不是什么"异常"变化,因为时间的偶然性就是这样不断地决定和改变我们的生活,尽管有些改变会带来更大的直接影响。回溯洛特的幸运经历和格林伯格的不幸,你可能会得出结论:导致他们命运的每一个直接原因——一场暴雨、一次航班延误和一份在恰当时机送出的礼物——都是时机造成的。我们生活在无穷无尽的连锁事件中,这些连锁事件由环环相扣的因果链条组成,而每一节链条又都是由变幻莫测的时间所铸就的。

洛特从美国海军陆战队退役后,因为工作关系周游世界。有一次,他路过一家艺术博物馆,为了消磨时间,他进去随便转了转。如果洛特那天时间紧张的话,他可能不会这么做,就可能不会发现自己对印象派绘画的兴趣,就可能不会从此热衷于系艺术领带,而格林伯格也可能永远不会买下那条印有《拉瓦库尔的日落》的领带。当你细想促成 9 月 11 日那顿早餐的前因后果时,你会发现有近乎无限的偶然性。哪怕是在遥远的过去,哪怕是微不足道的瞬间被提前或延迟几秒,那顿早餐也不会如"实"发生。约瑟夫·洛特 9 月 11 日接受领带前发生的所有事情、所有时机和事件展开方式,都必须一模一样。洛特这一不可思议的传奇生还故事揭开了真相的帷幕,让我们看到了生命轨迹难以置信的脆弱。这种偶然的时机在不断塑造我们,但我们意识不到,直到像洛特一样,在经历了某个生死攸关的重要时刻后追溯过往,才看到过去的点点滴滴是如何导致各种可能的。

在第 1 章中,我简要地提到了阿根廷作家豪尔赫·路易斯·博尔赫斯的短篇小说《小径分岔的花园》,它是关于时间经验的一个绝佳隐喻。我们生命中的每一刻都是有无限可能的岔路口,我们每时每刻所做的事都会影响我们所走的路,以及我们接下来要面对的岔路口。所以,"岔路口"比喻的不是人生中的重大抉择,而是我们行而不辍的生命旅程。它永不间断,无限分岔。此刻,你在阅读这句话而不是做其他事情,你的人生道路已经在分岔了,放下这本书,你的人生道路又会走向其他分岔路。而真正会让人感到震惊的是:一些现在对你开放的道路即将被中断,这不是因为你的选择,而是因为其他你永远不会遇到的人在他们的花园里徘徊。当你在自己的道路上前进时,你也在无意中改变了别人的路径,如此永无止境。

不仅是其他人，时间也会改变你面前的道路。9月11日，导致洛特航班延误的暴风雨已经散去，天空湛蓝得刺眼。被恐怖分子劫持的飞机没有一架延迟起飞，也没有一架因为云层遮挡而难以找到撞击目标。那天的曼哈顿和华盛顿没有小仓那样的好运气。"小径分岔的花园"每时每刻都受到一切事物的影响。

对于解释自然界的变化，"小径分岔的花园"也是一个形象的比喻。当生物体发生突变时，会产生一些新的发展路径，同时另一些路径则会被中断。同样，时机也很重要。过去几十年，人们已经清楚地认识到突变的顺序也很重要，比如，它会影响癌症的发生和发展过程。[3] 所以，重要的不仅仅是随机突变的内容，还包括突变发生的时间，以及突变发生的相对顺序。我们每时每刻所走的每一条路，都会开启连接某些"世界"的通道，同时关闭通向另一些"世界"的大门。

时间是生命中看不见的变量。想象一个没有时间的世界是不可能的，因为我们除了"当下"不能体验任何时刻。但是，当你仔细观察时间的本质时，会发现嵌入在时钟、日程表和日历中的世界不像表面看起来那样被人牢牢掌控。在时间面前，世界看似一座稳固的堡垒，其实它在突发事件的悬崖边岌岌可危，随时会分崩离析。事实证明，时间是一种极为奇怪的东西。

* * *

"让我们从一个简单的事实开始,"理论物理学家卡洛·罗韦利写道,"山顶的时间比海平面上的时间流逝得更快。"[4]这可不是什么我们对原始环境体验的诗意描述,而是经过验证的客观事实。引力会扭曲时间,使时间以更慢的速度靠近质量物质,所以在地球上,越靠近地心,时间速度越快。这就是"时间延缓"效应[5],它最初是由爱因斯坦提出的。利用精确的原子钟,科学家们现在已经能够通过实验对以上现象进行演示。

在 2010 年的一项研究中,[6]科学家将两个时间分辨率极其精确的计时器放置在不同的高度,一个计时器比另一个计时器高出 30 多厘米。结果显示,位置更高的计时器的时间确实过得快一点点。严格来说,你的头比你的脚要更老,[7]尽管二者的差别微乎其微。如果两个人在同一时刻出生,其中一个生活在珠穆朗玛峰顶上,另一个生活在海平面上,那么在他们 100 岁之后,住在珠穆朗玛峰顶上的那个人会比住在海平面的人年长 0.001 秒。就实际生活而言,这种效应构不成变化的驱动力。然而,尽管时间延缓的差异很小,而且与我们的日常生活毫不相干,但它蕴含深刻的意义:世界上没有所谓的绝对客观时间,时间存在于关系当中,它是整个世界相互纠缠的体现。总的来说,时间依然是人类难以理解的事物。

我们对时间的体验也会被人类的决定所扭曲和改变。我们不仅会依照宇宙规律法则来安排生活,还会按照自己所创造的模式和节奏来安排生活。我们祖先选择把时间分割成离散的"时间块",而我们今天仍然基于这些时间块来组织我们的生活,这是过往所创造的另一类偶然。所以,当你考虑自己的生活时间表时,你会惊讶地发现,自己的日程安排方式竟然在很大程度上取决于早已去世的人曾做出的意外选择。

我们看日历是为了展望未来,看看今后会发生什么。但公历是怎么来的?它源于几千年前一小撮人做出的几项关键决定,这些决定塑造了我们如今的生活节奏和现代社会的模式。"月",以月亮命名,最初是与月相周期联系在一起的。在早期罗马,人们遵循十个月的历法,加起来共有304天,[8]一年中剩下的日子被集中在一起,形成一个时间长短不固定的冬季。*后来人们改革历法,增加了两个月,即1月和2月,但保留了原来的编号系统。这就是为什么9月、10月、11月和12月的英文单词在语言学上与英文数字7、8、9、10相对应,甚至我们对时间块的命名都是由先人决定的。而很多家庭的开支预算会根据发薪日而增减,而发薪日的周期是根据月相变化而定的。[9]

接下来,我们看一下"周几"的来历。与大多数罗曼语不同,英文中"周几"的名称并不源自拉丁文,其词根源自北

---

* 教你个必赢的"赌注",你可以和别人打赌,看看他能不能找出发生在1582年10月5—14日的历史事件。当时,旧的历法系统与日相变化和月相变化不同步,所以教皇格列高利十三世引入了更准确的历法,但新历法要衔接上旧历法,就必须减少10天的时间,所以那10天在日历上不存在。

欧/盎格鲁-撒克逊神话中天神的名字。战神 Tyr（泰尔）对应 Tuesday（周二）；诸神之王 Woden（沃登）紧随其后，负责 Wednesday（周三）；再之后的 Thursday（周四）是雷神 Thor（托尔）之日；与沃登缔结婚姻的爱神 Frigg（弗丽嘉）拥有 Friday（周五）。[10] 我们总是不停念叨每一天，却从来不会静下心来查查这些名称到底从何而来。那是一段被遗忘的陌生历史，但是，为什么我们要把生活设定为以"周"为单位呢？是谁规定的我们要以七天作为如此多事情的周期？

与年、月、日等衡量时间的方法不同，"周"并不涉及自然界某些现象的自然周期。公元前 2300 年左右，阿卡德国王萨尔贡一世颁布了一项法令，将时间分割成七天，他认为数字七是神圣的，[11] 这是历史上首次关于"周"的实例记载。后来，《希伯来圣经》中出现了一周七天的说法，但《希伯来圣经》并没有建议使用"周"作为计时方法，它的日期系统完全忽略了"周"，而是以"月"为单位来编排日期。

公元前一世纪，行星周（七天）的概念首次出现在罗马。[12] 它与休息或工作无关，是一种占星术命理学说，即某些行星在特定时间主宰人类的命运。为什么行星历包括七天？因为肉眼可以看到的行星有五颗（土星、火星、水星、木星和金星），加上太阳和月亮，一共是七颗。罗曼语族仍然将这些肉眼可见的天体作为每日名。例如，在法文中，火星是星期二，水星是星期三，木星是星期四，金星是星期五，月亮是星期一。

如果当时罗马人有望远镜，能看到其他天体（如天王星和海王星），也许人类现在会把一周分成九天而不是七天；或者，如果罗马人只计入了行星而没有算上太阳和月亮，那么我们现在的一周或许是五天。当然，还有其他的选择。古代中国和古埃及一度以十天为周期来安排生活。如果实行了这些不同的周期制度，我们现在的生活将会多么不同。这一切都源于很久之前，具有远见、技术、天文学知识的一小群古人偶然引出的时间节奏，定义了我们如今的生活。时间以任意形式划分，潜伏在现代人类历史和我们每一个重大生活事件的背景中，只是我们大多数人都没有意识到这一点。

偶然的时间划分方式还会与我们的生物钟相互作用，从而对我们的行为产生进一步影响。研究人员发现了一个较为一致的情绪昼夜模式，[13]比如，大多数人会在早上表现出更为乐观或积极的想法，下午会情绪低落，晚上则情绪反弹。这也反映在音乐偏好上，总的来说，人们更喜欢在晚上听轻松的音乐，而在工作时间听充满活力的音乐。[14]正如你所料，多数人在周末也会更快乐，但其情绪达到顶峰的时间要比平日晚两个小时（考虑到很多人喜欢在周六和周日睡懒觉，所以这也说得通）。这些规律似乎都显而易见，可一旦与人类行为产生交互，它或许能造成很大影响。考虑到人类情绪的起伏变化，时机选择也许会造成严重后果。

例如，当上市公司公布季度收益时，它们必须汇报能真实准确反映自身经济状况的数据,这是它们的法律义务。由于企业报告的是理性、客观的数据,因此按理说情绪要素应毫无意义。然而,研究人员陈晶(音)和伊丽莎白·德默斯发现,当通过远程电话的方式公布数据时,面对同样的数据,上午公布时的态度和语气要比下午更乐观、更积极。[15]这一差异是如此明显,以至它会影响股票走势。所以,不存在所谓的中间时机。

* * *

我们对世界的理解在很大程度上是由那些从事研究、告诉我们世界是如何运转的人决定的。然而,社会科学研究很大程度上忽略了具体的时机问题。这对你来说可能是个新奇的说法,但是事实是,确实很少有数据集能说明事件发生的确切顺序,大多数经济学家、政治学家和社会学家所使用的定量工具都无法有效地模拟精确时间,无法预测结果取决于随机事件精确发生顺序的情况,也无法对政变这类会在千钧一发间扭转乾坤的事态进行建模。他们使用的往往是粗略的度量方式,比如虽然交互影响会考虑两个变量之间的相互作用,但通常不考虑具体的时机。所有变量都被堆到一起,就像一份只有配料表的食谱,它只告诉你需要哪些配料,但不告诉你配料的添加顺序。但真正的食谱不是这样的,如果你在蛋糕烤好后再加面粉,你得到的不是蛋糕,而是一团很奇怪、很糟糕的东西。同样，如果你在社会研究中不注意时间和顺序，你就会得到错误答案。

此外，当我们研究自己时，我们忘记了人类与蛋糕完全不同。一个食谱适用于不同的时间和地点，我们经常觉得人类社会也是如此：同样的因素一旦混合起来，在 A 时间产生的结果与在 B 时间产生的结果是一样的。显然，这是一个漏洞百出的前提，但它是如此普遍，以至大多数研究会直接默认此点，而不明确表达出来。我们将这种错误称为"其他条件相同"。但在一个不断变化的世界里，其他条件永远不会相同，除非给定的因果关系是固定和静止的，比如抛硬币。在纷乱的现实中，一个地方的模式并不一定在另一个地方也成立，正如我们通过"地球彩票"所看到的那样。结果不仅因空间而异，也因时间而异。毕竟，并不是任何时候送给约瑟夫·洛特一条莫奈画作的领带都会事关其生死。然而，许多社会科学家欣然接受这些有缺陷的假设，他们乐于将"快照式"的时间视角作为一种粗略但有时有用的方法来评估和预测复杂的现实。[16]

考虑一下这个看似简单明了的问题："大流行病会降低生产力吗？"这个问题已经隐含了一个预设前提，即不同时空的大流行病一般都会产生类似影响，所以你可以将从一种大流行病中得到的经验教训应用到其他大流行病中。在新型冠状病毒流行期间，上班族可以穿着睡衣在家完成大量工作。所以，你能根据新型冠状病毒大流行期间的情况，来推断大流行病通常是如何影响生产力的吗？

只要你设想一下新型冠状病毒暴发于 1990 年而不是 2020 年，可能会发生什么，那么以上问题的答案就显而易见了。如果大多数家庭没有个人计算机、摄像头和互联网，居家办公就无法实现。完全相同的病毒所产生的影响会因为时机不同而截然不同。可我们会轻巧地用"其他条件相同"来抹消这些事实，灾难性的误判可能由此而生。

即使我们找出了看似稳定的模式和规律，但它有可能在某一天导致政府垮台或经济崩溃，在另一天却没有影响，或者产生不同结果。9 月 11 日，美联航 93 号航班上乘客们的反击最终迫使劫机者将飞机坠毁，而没有撞毁预定目标。但如果事情发生在 9 月 10 日或 9 月 12 日，另一群乘客也许会采取不同行动，白宫或美国国会大厦可能就此被摧毁。偶然，偶然，还是偶然，所有这些都叠加在时钟和日历的怪异偶然性之上。

然而，时间也并非完全不受拘束，正如系统在崩溃或剧烈变化前可以长时间保持稳定一样，有些变化稍纵即逝，而有些变化则会"锁定"并持续下去，比如七天工作制。这增加了时间的不确定性，因为锁定本身就是一种随机效应。例如，本书的原版是用英文写作的，而英文单词的拼写方式就是"历史偶然性"与"锁定"相结合的产物。

"英文拼写太荒谬了，"研究语言随时间变化的语言学家和神经科学家阿里卡·奥伦特写道,"sew(缝纫)和 new(新)不押韵,kernel(内核)和 colonel(上校)却押韵。"[17] 为什么呢?我们的语言被历史上的偶然事件所左右,这些事件发生在语言变化的特定时刻。英格兰的盎格鲁-撒克逊人说的是古英语;后来,维京人的入侵为当地语言引入了古挪威语元素;11 世纪时,诺曼人在书写系统中废除了英文,以法文取而代之;但是,当书面英文在 14 世纪回归时,又经历了很多改动,单词拼写取决于个别修道士和抄写员的偏好。奥伦特指出:"people(人们)取自法语 peuple,可能拼成 peple、pepill、poeple 或 poepul。"[18]

后来,印刷机发明了。标准化变得至关重要,为了提高效率,单词必须缩短。于是,Hadde 变成了 had(有),thankfull 变成了 thankful(感谢)。随着单词的拼写方式逐渐被大众认可和接受,不太容易出现新的更改。然而,设想一下,鉴于语言极快的变化速率,如果印刷机早来几十年或晚来几十年,这本书中出现的单词,以及其他书中出现的单词,很多都不是现在的写法。因此,锁定意味着某些时机会比其他时机产生更重要的影响,有些偶然的作用更为持久。

复杂系统理论的奠基人之一、经济学家 W. 布莱恩·阿瑟用技术证明了这种效应,并创造了一个新名词——收益递增[19]。20 世纪 70 年代,视频市场上发生了 VHS(家用录像系统)和 Betamax(磁带格式之一)的技术之争,当时,哪种技术会胜出并不明朗。然而，一旦 VHS 开始赢得更多市场份额，就会有更多人购买 VHS 播放器，于是 VHS 被锁定了，因为更换它的成本会很高，消费者不愿意再花钱买新的播放设备。很快，Betamax 就被淘汰了。这种随机锁定效应在很大程度上取决于时机。乐器是另一个例子，可以说明锁定和递增收益的运作方式。人类可以用无数种方式演奏音乐，但大多数人所了解的乐器只是乐器世界中的极小子集。你有没有听说过二弦琴、钩形号、萨姆布卡琴、古印度弦琴雅兹？它们之所以是冷门乐器，并不一定是因为它们难以掌握或表现力不足，由于一些偶然的原因（部分是基于时机），一些乐器占据了主导地位，而另一些则逐渐消亡。一旦吉他被"锁定"，其他变化便举步维艰，标准化占据了至高无上的地位。

现代犬也是偶然与时间相互作用造就的事物。史前人类将狼驯化成了犬，但我们所常见的现代犬其实并没有很长历史，它们大多出现在维多利亚时代的英国。[20]直到 19 世纪末，犬的种类差异还很小，人们完全根据功能对犬进行分类。那时，英国上层社会的一小部分人（他们既富有又无聊）决定发展犬展。这些爱犬人士通过培育新品种来赢得声望，他们制定了严格的品种特征标准，这推动了犬种繁殖的专业化和规范化。在 1840 年时，全世界只有两种㹴犬，基于维多利亚时代的试验与探索，现在㹴犬的数量已经达到 27 种。杰克罗素㹴犬是以维多利亚时代一位牧师杰克·罗素的名字命名的，[21]他培育出了这种专门帮助人们捕猎狐狸的犬类。*如果你和我一样，有一只边境牧羊犬作为好朋友，那么告诉你一个关于你朋友的知识：边境牧羊犬的标准特征是在苏格兰法院审理了一场名为"大牧羊犬耳朵"的案件后确定的，[22]该审判裁定了牧羊犬的耳朵应该竖起来、倾斜着还是下垂。如果20世纪30年代的美国或18世纪70年代的法国培育出新品种并将其标准化，那么我们今天看到的犬类将完全不同。所以，我们如今的犬类伴侣是时间和锁定造就的快乐意外。

我们对因果关系的简化直觉又一次失灵了，因为完全相同的原因在不同的时间也会产生不同影响。更复杂的是，精确的顺序也事关紧要，无论是导致癌症的细胞突变顺序还是我们做出选择的顺序。在这个充满分岔小径的花园里，不但走哪条路很重要，什么时候走也很重要。

我们常常认为，我们可以忽略那些噪声，忽略那些意外，忽略那些由我们信念所产生的不确定性，忽略事情发生的地点、当事人或时间。但这其实根本行不通。即使是最优秀的专家也经常会出错，由此就产生了一个令人感到不安的事实：我们并不了解自己。那么问题来了：我们到底能不能扭转这种情况？

---

* 如果你饲养了一只杰克罗素㹴犬，我再告诉你一个八卦，不过我不确定你听完后心情如何。如今所有的杰克罗素㹴犬都是一只㹴犬的后裔，它的原主人是牛津附近的一位挤奶工人。杰克·罗素买下了这只狗，以它为基础培育出了杰克罗素㹴犬，而这只老祖宗㹴犬的名字是特朗普。

第11章 皇帝的新方程式

为什么发射火箭
比理解人类社会更容易

想象你是国王或王后,坐在宫殿里,邀请占卜师来助你一臂之力。两位神谕者走了进来,他们都声称自己能够看透未来。第一个神谕者宣称,她能准确预测六个月后的趋势。第二个神谕者跪在你面前,信心十足地说,她能准确预测将要发生在3000年4月26日星期六的一件事。你更应该相信谁?

人们倾向于选择相信更短时间跨度内的预测。毕竟,在今后的975年里,有很多事情都会改变。但这取决于被预测的是什么,以及每个神谕试图驾驭的不确定性源于何处。如果第一个预测六个月后美国经济增长速度会超过3%,而第二个预测是3000年4月26日星期六将发生日全食。那么,我更愿意将赌注压在日全食上,而不是经济增长率。我们经常说"这又不是在发射火箭"[①]。但是,正如我试图让你相信的那样,如果我

---

① 英语俚语,意思是"这么简单的事"。——译者注

们用"这又不是社会科学"来形容一个极其困难的问题，会更为合理（是的，我承认这一开始听起来会让人感到困惑）。当然，无论是社会科学领域还是天文科学领域，都有许多天才投身其中。但天文学家也承认，相比预测由80亿人彼此纠缠构成的复杂系统在未来会如何发展，预测行星和卫星的大致稳定行为简直是小菜一碟。*

尽管如此，我们对世界运作方式的错误理解在很大程度上塑造了我们的世界。政府根据经济预测来分配预算和设定税率，而这些预测在短期内很少能准确无误；领导人根据主观风险评估决定是否参与战争，而这些评估后来被证实是灾难性的错误；企业会根据回报期望选择投资项目，可这些期望基本不可能符合现实发展情况。

到目前为止，我们已经看到，世界的运行方式与我们的想象大相径庭，对现实的虚假想象之所以持续存在，是因为它与具有明显缺陷的社会研究遥相呼应。大多数现代经济学、政治学和社会学的预测都在巩固故事书版本的现实——把生活中重要的偶然事件看成纯粹的噪声。我们对自身的认识大多始于一个不正确的假设，即线性的规律因果模式在不同时空维度都是稳定的。我们孜孜探求的机制就是"X是否导致了Y"，这种模式本身就全

---

* 事实上，某些行星和卫星的运动轨迹并不稳定，土星的卫星土卫七的自转乱得无法预测，但它们的变化主要发生在更长的时间尺度内，比如几百万年。

然抹杀了偶然性和复杂性的作用。但是，如果大多数研究中使用的现实版本（故事书版本）具有误导性，那么我们如何能在反映现实时捕捉到偶然事件，并将它们视为变化驱动力？

统计学家乔治·博克斯指出："所有的模型都是错误的，但其中一些有用。"很多时候，我们忘记了这个事实，把地图和地域混为一谈，我们错误地以为自己对世界的简化描述能准确地反映世界。有多少次，当你读到"一项新的预测说"或"最近的一项研究发现"时，你会信以为真，而不去研究其背后的假设或方法？社会研究是我们驾驭不确定世界的最佳工具，它通常大有裨益。但是，如果我们想避免代价高昂，有时甚至会引发巨大灾难的错误，就需要更准确地认识到，当我们在一个被随机、意外和偶然所左右的复杂世界中航行时，我们能够理解什么，不能理解什么。是时候坦承我们的不足了，我们需要深入社会研究领域，看看真实混乱的过程，即使这可能让人感到不太愉快。

我们可以把这个问题分成两部分，我称之为"社会研究的简单问题"和"社会研究的困难问题"。简单问题源于有缺陷的方法，它可以且应该被解决。相比之下，困难问题可能无法解决，因为它不是源于人为错误或糟糕的方法，而是因为与人类行为相关的某些不确定性永远无法消除。

接下来，让我们先来看看什么是简单问题，什么是困难问题。

***

十年前，著名社会心理学家达里尔·贝姆决定检验预知能力或超感官知觉[1]是否真实存在。贝姆不是疯子，他曾在麻省理工学院学习物理学，在密歇根大学获得博士学位，并先后在哈佛大学、斯坦福大学和康奈尔大学任教。贝姆采用标准的研究方法，开展了一系列实验。在其中一种实验情境中，屏幕上呈现出两块窗帘，被试必须猜出哪块窗帘后面藏着不雅图片。结果有些令人惊讶：被试猜对的概率高于随机猜测的概率。更令人惊讶的是，如果窗帘后面的照片并非不雅图片，他们的预测能力就会消失。

对于这种明显的超自然能力，贝姆无法做出令人信服的解释（也没有任何可信的理论来解释为什么被试对不雅图片的猜测准确率要优于对非不雅图片的猜测准确率）。但贝姆认为实验结果证实了自己的猜想：正如他的文章标题所暗示的那样，有些人可以"感受到未来"。贝姆的研究通过了标准同行评议程序，并发表在学术顶级期刊《人格与社会心理学》上。贝姆的文章引起了广泛关注。各路媒体对其赞不绝口，贝姆也在一些热门的电视节目中大放异彩。

但并非所有人都对此深信不疑。研究人员斯图尔特·里奇、理查德·怀斯曼和克里斯托弗·弗兰奇试图独立复制这一结果，他们开展了同样的研究，[2]结果实验中没有人能"感受到未来"，所以，贝姆的发现可能并不像他所说的那样真实。然而，当这三位学者向贝姆发出挑战时,他们没有获得足够多的支持,他们收到的反馈是:为什么要踏上旧途?为什么要重复已经研究过的东西?最后,他们把论文送去接受同行评议,即由同行学者对研究进行匿名评价。第一位审稿人热情赞扬了他们的工作。第二位审稿人则拒绝了他们的论文,并扼杀了论文发表的机会。想知道第二位审稿人叫什么名字吗?达里尔·贝姆。[3]

最终,这项质疑贝姆"发现"的新研究发表了,它促成了社会研究领域(尤其是社会心理学领域)早该进行的反思,即"复制危机"。当研究人员试图复制之前的研究和实验时,他们会得到与已有结论不相符的结果,其中包括很多已经被学术界广泛接受,甚至已写入教科书的结论。2015 年的一项研究曾试图复制发表在著名心理学期刊上的 100 项有影响力的实验结果,最后只有 36 项通过了测试。[4] 许多我们自以为知道的事情原来都是错的。这场方法论"大地震"动摇了我们对真相的信念,同时也提出了一个令人不安的问题:我们还弄错了什么?

为了有意证明人类行为系统是多么混乱,一些研究人员会努力发表明显不靠谱的说法。例如,一项研究成功地得出了数据有效的结论:听披头士的歌曲《当我六十四岁》会让人变得年轻。[5] 注意,不是感觉年轻,而是变得年轻。另一项研究显示,在 2008 年美国总统大选中,处于排卵期的女性更有可能把票投给奥巴马。[6] 这些"发现"都遵循科学界公认的标准研究程序，并达到了准许发表的统计学标准。这到底是怎么回事？

遗憾的是，社会研究人员有时确实会使用不合适的研究方法，甚至故意玩弄数据。研究的弊端看似只是社会科学研究内行应该关心的问题，但了解社会研究的来龙去脉，其实与我们所有人都息息相关，因为它常是社会和政府领导人用来做决策的信息依据。将社会研究中的弊端公之于世，有助于纠正人们对现实的错误理解。在我们虚构的世界中，X总是导致Y，偶然性看似无关紧要。但了解这些研究弊端可以提升我们的辨析力，让我们学会使用一种理性、智慧的怀疑态度评估"新发现"。

现在，我必须简单介绍一下了，请耐心听我讲，理解为什么我们经常出错是很重要的问题。在政治学、经济学、社会学和心理学等领域中，大多数研究都会采用一种被称为"P值"[7]的定量指标。它是研究人员用来判断一项研究结果是否为真或者是否一无所获的捷径。当P值足够低时，研究人员倾向于将其当作该发现可能为真的证据，或者按照更正式的说法——结果存在显著差异。研究界已基本达成共识：论文发表的门槛是P值低于0.05，这往往意味着P值为0.051（略高于阈值）的研究不会被发表，而P值为0.049（略低于阈值）的同一研究则很可能会得以发表。因此，如果出现了可怕的0.051，研究人员可以"创造性"地将P值降到0.05或0.049，从而挽救论文发表的机会。[8]* 毕竟，我们有很多处理数据的合理方式，研究人员可以合理选择产生较低P值的方案。诺贝尔经济学奖得主罗纳德·科斯曾这样说过："只要你'折磨'数据的时间足够长，它们一定会招供，说出你想要的证词。"[9]

由于发表文章与晋升、资助和职业发展息息相关，因此这一门槛制度在研究产出中植入了一种可怕的激励机制。一些研究人员为了使文章得以发表，可能会通过调整数据而得出足够低的P值，这被称为"P值篡改"，它是现代科学研究的灾源之一，导致我们常常产生误解。但这种现象到底有多普遍呢？

一项研究分析了发表于顶级期刊上的文章。研究人员发现，P值刚好低于阈值的文章数量激增，这有力地证明了当前的论文评议系统正在"扭曲"研究。复制危机——这在一定程度上是由让贝姆名誉扫地的超感知能力实验所引发的——揭开了P值篡改的神秘面纱。遗憾的是，它并没有起到多大的阻止作用。在复制危机发生多年后，经济学家们对25种顶级经济学期刊上的论文数据进行了核查，他们发现，多达1/4的研究具有误导解释和P值篡改的嫌疑。[10] 别忘了，正是这些研究，在很大程度上影响了我们如何认识世界以及我们在世界中的位置。虚

---

* 一些社会科学家和统计学家，如詹妮弗·塔克特和安德鲁·格尔曼等人呼吁彻底放弃严格的P值临界值标准（见本章注释8）。我同意他们的观点。格尔曼还敏锐地指出，"零假设"（干预不会作用于结果）是很荒谬的，因为任何干预都会产生影响。

假研究往往追溯直接的因果关系，它们错误地强化了这样一种观念，即我们可以撇开社会的偶然事件，因为现实在被 P 值篡改扭曲后，确实看起来更整洁、更有秩序。X 直接导致 Y，我们有研究证明这一点！

有时，糟糕的研究也会因为"文件抽屉问题"（又称"发表偏倚"）被曝光。你可以这样想：如果我让你掷 10 次硬币，你得到至少 8 次正面朝上的机会大约是 5%。如果你在 20 个不同的场合连续抛掷 10 次硬币，那么在这 20 次中，你有一次至少抛出 8 个正面朝上的可能性是相当大的。现在，想象一下，你决定一组又一组地重复掷硬币，每组掷 10 次，直到某组出现 8 次正面朝上为止。当你终于做到了，你冲过去告诉一个（很容易被打动的）朋友这一惊人结果："我抛了 10 次硬币，得到 8 个正面朝上！多罕见，多有趣啊！"为了让朋友更崇拜你，你没有提及在这之前你尝试了多少次，失败了多少次。

现在，想象一下同样的逻辑，研究人员试图证明世界上真的存在超感知能力。19 名研究人员进行了实验，但一无所获，实验结果不具有显著差异，没有论文可发表。他们悄悄把研究成果塞进抽屉里，让其不见天日。然后，第 20 名研究人员意外地"发现"了一些让人感到惊讶的结果，这个结果具备差异显著性。他兴奋地赶忙将文章寄出去。由于实验结果通过了统计检验，所以该文章获得了同行评议的认可，很快发表了，并引起很大轰动。然而，前面那 19 个失败的实验没有被人看到，因为它们被"放进了抽屉里"。人们只看到了一个"成功"的实验，并相信效应是真实存在的，这就是文件抽屉问题。[11]

如果你知道 20 个研究人员中有 19 个没有发现任何结果，你会质疑这唯一的"发现"，但前 19 项研究没有发表出来，而是被尘封在抽屉里，所以你对它们的存在一无所知。文件抽屉问题不仅导致了一种有害的偏见，使我们误以为现实关系就像论文中呈现的那样清晰有序，而且它会促使研究人员只专注于能产生积极结果的新颖研究，轻视那些"回报"不高但同样重要的任务——证明并不存在明确的因果关系，或揭穿糟糕的研究。一些研究者高调宣布自己的重要发现而博得大名，即使他们的谎言后来被戳穿，他们依然声名显赫。那些戳穿谎言、说出真相的人，却很少为人所知。

不幸的是，糟糕的研究和好的研究一样有影响力。2020 年的一项研究发现，未能重复的实验（因此它们很可能是虚假的）与通过重复验证的实验具有相同引用率。[12] 有趣的是，前者往往显而易见。一项研究要求专家阅读论文，然后猜测哪些研究能通过重复性测试、哪些不能。绝大多数情况下，他们都押对了。专家们能够轻而易举地察觉出，某些研究报告看起来太完美以至不可能是真的。美国国防部高级研究计划局是一家行事隐秘的国防机构，曾将资源投入一项有关社会研究"撒谎探测仪"[13] 的项目，并有所得。然而，尽管糟糕的研究很容易就被识破，但不妨碍它们大行其道。而同行评议本身就是一个蹩脚的系统。[14]在一项研究中，研究人员故意在文章中隐藏了严重漏洞，[15]只为看看有多少在同行评议时能被发现。[16]猜猜有多少？只有1/4。

除了这些问题，还有一些问题与故事书版本的现实有着更直接的联系。例如，大量研究继续假定我们生活在一个线性的世界里，在这个世界中，原因的大小与结果的大小成正比，所有事情仿佛都是直线相连的。如我们一次又一次看到的那样，这显然是错误的理解方式。然而，许多广泛使用的定量模型仍在想象着这样的世界。为什么呢？因为定量社会科学主要出现在20世纪八九十年代，当时的电脑计算价格昂贵，且能力尚不发达，无法模拟复杂的模型。这种随意的原因却导致此种看待世界的方式持续至今，并仍主导着大多数社会研究领域，尽管我们现在已有能力建立更复杂的模型。

遗憾的是，复杂性科学，以及那些利用复杂适应系统中更复杂的逻辑来理解我们世界的人只代表了现代研究成果的一小部分。我们明明知道世界是什么样子的，却还假装世界是另一种样子，这导致我们在管理社会的方式上犯下了本可以避免的严重错误。

现在，一些读者可能会基于这些批评错误地得出结论，认为社会研究没有价值、毫无意义、无可救药。其实不然，我们切勿因噎废食。当代研究模式和研究思维在不断进步，我们能比过去更好地驾驭世界。社会科学专业的研究生被告知要警惕

P值篡改，一些期刊也在为解决文件抽屉问题而做出努力，研究的透明度已大幅提高。经济学家或政治学家有时会出错，但这并不意味着我们应该放弃经济学和政治学。相反，我们应该努力解决社会研究中的"简单问题"，因为它们确实是可以被解决的。

然而，我所担心的是：我们无法解决"困难问题"。

* * *

在困难问题领域，一切都变得令人相当困惑不解。我们已经清楚地知道，看似随机的噪声比我们假装的要重要得多。几年前，来自德国和英国的社会科学家决定尝试进行一项新颖的研究项目，他们试图通过数据外包，[17]回答一个长期困扰学者和公众的问题：在一个国家中，随着新移民的增加，选民对社会保障体系的支持程度是否会降低？大量移民涌入是否会引起选民对失业救济金等社会支出项目的反对，因为他们会认为这些项目是不合理的"施舍"？该问题显然很重要，但迄今为止该研究的证据指向不尽一致。一些研究给出了肯定答案，而另一些研究则给出了否定答案。项目主持人想知道，如果给一群研究人员同样的数据，问他们同样的问题，结果会怎样。他们会得到相同的答案吗？

共有76个研究小组参与了该项目。他们之间没有交流，所以不会相互交换意见，也不会屈从于群体选择。他们各自采用自己的方法来破译数据中隐藏的规律。研究结束时，为了模拟移民对社会福利项目支持的影响，76个小组共建立了1253个数学模型。这些模型没有一个是相同的，每个研究小组采用的方法也都略有不同。

这些研究小组的发现非同寻常：结果完全是喜忧参半。一多半的研究人员发现，移民水平与公众对社会保障体系的支持之间没有明确的联系。但剩下的两派意见则截然不同，可以说是几乎完全对立的——一些小组发现移民涌入削弱了公众对社会保障体系的支持，而另一些小组的结论则正好相反。总之，结果是大约1/4的模型表示"会（减少支持）"，大约1/4的模型表示"不会"，还有一半表示"根本没关系"。

为了弄清楚发生了什么，研究人员仔细研究了每个小组所选择的分析方法。但是，其方法上的区别只能解释研究结果中大约5%的差异，另外95%是难以解析的"暗物质"，没有人能说明其缘由。研究人员得出的结论与本书精神不谋而合："即使是看似最微小的（方法）选择差异，也会使结果朝着不同方向发展；只有意识到这些细枝末节的意义，才能开展富有成效的理论讨论或合理性实证检验。"由于最微小的决定也会产生巨大影响，这就带来了不可避免的难题，它们既不会凭空消失，也不能用更好的数学模型来解决。之所以存在困难问题，正如那篇论文的标题所言，是因为我们生活在一个不确定的宇宙中。

在真实世界中，几乎不会有76个研究小组被同时指派去研究一个特定问题。大多数时候，都是一个研究小组或一小群研究人员，致力于解决某个社会问题。所以想象一下，如果只有一个研究人员或研究小组提出并回答了这个问题，会发生什么？很可能，他（或他们）会在权威期刊发表研究报告称，移民减少了公众对社会保障体系的支持，或者相反，移民增加了公众对社会保障体系的支持（上述研究已证明，研究者得出两种结果的概率大致相同）。作为唯一一份相关研究，它可能会引发媒体报道，并改变公众对移民的看法。然而，这项研究的结论到底如何，就像掷硬币一样，是完全随机的。

现在再设想一下，如果每个研究小组都可以"挑选"自己喜欢的数据，而不是使用指定数据，那么研究结论会更为随机多变。这是困难问题的另一部分：即使使用完全相同的数据研究完全相同的问题，我们也无法就问题的"真正"答案达成一致。

不幸的是，困难问题并没有到此为止。因为不但方法微调会造成结论差异，而且正如赫拉克利特所强调的，我们试图理解的世界也在不断变化。以独裁研究为例，在20世纪90年代至21世纪初期，政治学家提出了一个名为"专制持久性"[18]的概念，它的内涵简单明了：无论发生什么情况，某些类型的独裁统治都能长期存在。这一理论很有道理，数据表明确实如此，最明显的例子莫过于中东地区某些国家。"专制持久性"概念成为"公理"：统治者可能冷酷无情，但创造了稳定。

然后，2010年年底，"阿拉伯之春"爆发。[19]很快，这一"公理"似乎被抹除了。在几个月的时间里,多国局势动荡。"专制持久性"显然大错特错,统治的支持者目睹政权崩塌。人们为形势的逆转速度而感到吃惊不已,似乎所有人的判断都错了。十多年前,我曾拜访一位教授,她办公室的墙上挂着一张海报,那是2010年的中东政治风险地图。它所反映的主要信息是专业人士对不同地区风险和不确定性的预测,其中,安全稳定的国家用绿色表示。我看到这幅地图时是2011年,我注意到地图上涂满了绿色,而在现实世界里,这些绿色区域所代表的地区都正处于动荡中。

这里有一个关键问题:到底是原来的理论有错,还是世界变了?

或许有些国家一直都很脆弱,只是我们误解和高估了它们。但还有另一种解释:也许各类运动改变了政权的运作方式,曾经稳固的政权变得脆弱不堪。我们承认物质世界的变化,就像如果你用锤子去敲击水面,水会吸收锤子的击打,迅速恢复到之前的状态;可如果你将水先冷冻,再用锤子敲击,其造成的伤害就会变得明显而持久。水变了,所以关于其特性的理论也必须改变。可能我们的政治理论是正确的,至少从冷战到2010年前后是正确的,然后世界突然变得不一样了。[20]*谁知道呢?

---

* 在机器学习领域,这个问题被称为"模型漂移"(见本章注释20),但在大多数社会研究中,尚未有对此的定义。

我们无法确定，毕竟理论可不是货架上的商品，贴着明确的保质日期。

然而，当我们得出社会理论错了的结论时，许多人认为这个理论一直都是错的。其实未必。社会理论和化学理论不一样。如果穴居人能把小苏打和醋加在一起，他们会得到和现在一样的气泡。但这种跨越时间、空间和文化的持久稳定在社会动态中是不存在的。相反，一种因果模式可能会在一种情况下存在一段时间，直到社会发生变化而不复存在。在人类社会中，某些形式的因果关系会发生变化。然而，我们幻想着存在某种关于我们自身的永恒真理，我们幻想着即将发现永恒真理，却没有意识到社会系统在不断变化，它常常逃出我们已有理论的掌控范围。

如果你认为我们所生活的世界只有一种可能，那一切就会变得更加令人费解。如果你认真对待"小径分岔的花园"的隐喻（你应该这么做），那么你显然可以意识到：我们的世界包含无数条潜在路径，但我们只能沿着一条路径前进。由于我们无法回到过去，无法观察其他世界，所以我们几乎不可能知道什么事情或许会发生，什么事情或许不会发生，特别是罕见而重大的事件。

例如，2001年9月10日，存在一种无人知晓的"可能"：恐怖分子计划于第二天发动的袭击是否能得逞？也许恐怖分子袭击得手的概率是5%，或者是95%，也可能是万无一失。可一旦"9·11"恐怖袭击事件发生了,我们就不能重放历史,找出各种可能的概率,因为现实只会发生一次。

低概率事件有时会发生,高概率事件有时也会发生,但如果一个事件只发生一次,我们就很难判断该事件到底是在所难免还是万中无一。如果你想知道掷硬币不同结果的概率,你可以不断掷硬币,算出频率分布,但你不能让历史不断重演。我们根本无法知道,在所有可能的世界中,当前的世界是接近平均值,还是异常值——十亿分之一的怪异现实。我们只能观察一个地球,所以有些问题我们可能永远无法回答。

让我们回到西尔弗对2016年美国总统大选的预测,他预测希拉里获胜的可能性为71.4%。西尔弗网站所使用的模型汇总了民意调查情况,并将之与基本面数据相结合,这些数据是西尔弗基于以往模式推断出的选举发展趋势。西尔弗是一位世界顶尖的专家,他擅长评估民意调查的准确性、预测公众态度,以及建立数据模型。但在面对不可知事件[21]时,他并不比我们其他人更胜一筹,他无法预测意外的偶然事件,比如外国政府是否会侵入政治数据服务器①,或者一名政客的性犯罪行为[22]是否会促使联邦调查局局长在大选前对该候选人进行调查。然而,西尔弗的所有分析都披上了硬科学的外衣,因为他用复杂的统计方式进行了成千上万次的模拟。可现实世界没有成千上万次

---

① 指美国史上规模最大的选民数据泄露案。——译者注

选举，只有一次。我们不知道我们所经历的特朗普当选是一个平均结果，还是一个极端的异常值，抑或是介于两者之间，因为我们无法让历史重演。通过反复抛硬币并观察结果，你可以发现正面朝上的概率大约是50%。但是，如果你只能投掷一次，得到的结果是反面，你是否能分辨出这枚硬币两面朝上的概率都一样？显然不能。对于特定背景下的一次性事件，我们经常尝试做出这种判断，于是往往以失败而告终。

当希拉里败选时，西尔弗拿出模型[23]来为自己辩护：71.4%并不是100%！在这个模型中，希拉里输掉大选的概率接近30%，所以模型并没有错——毕竟，有将近1/3的概率会发生特朗普胜出的情况！如果你说我们错了，那你根本不懂数学！西尔弗的此番辩护就提出了一个显而易见的问题：究竟要发生什么事情，我们才能说西尔弗的模型错了？如果模型预测的低概率事件真的发生了，那只是因为世界太怪异了，而不是模型不正确。按照这种逻辑，它永远是对的，不可证伪，当你无法证伪某事物时，我们就会陷入困境——我们对世界的误解也会逐渐加深。

* * *

现在，还有一个问题需要解决：如果强调因果、线性和稳定的旧世界观如此大错特错，为什么它仍然存在？如果它真的错得那么离谱，不应该早就被更好、更准确的东西取代了吗？

为了理解科学是如何运作的，我们来对比一下篮球比赛和赛艇比赛之间的区别。如果一支篮球队中有一个出类拔萃的明星球员——在一场比赛中能得50分的球员，那么即使球队中有一名球员一无是处，他们也能获胜。

借用克里斯·安德森和大卫·萨利的话来说，这使得篮球成为强环节问题[24]。你可以承受弱环节的存在——只要你最强的环节真的很强。Spotify（流媒体音乐服务商）是另一个强环节问题的例子。Spotify上可以有成千上万首不好听的歌曲，但只要有你最喜欢的歌，你仍然会很开心地使用它。弱环节——那些你从不听的糟糕歌曲，不会阻碍它成为一个优质的音乐平台。当面对强环节问题时，你可以忽略不好的部分，专注于把最好的部分做得更好。

赛艇比赛则恰恰相反，协调、力量、平衡和时机共同决定了赛艇前进的速度，在由八名划手和一名舵手组成的船队中，哪怕有一名划手稍有偏差，其船桨拍打水面所产生的阻力也会使船左右摇晃，导致船队输掉比赛。船队的水平取决于最差的运动员，这使它成为一个弱环节问题。弱环节问题无处不在，用心理学家亚当·马斯楚安尼的话说："例如，食品安全就是一个弱环节问题，你不想吃任何会害死你的东西。汽车发动机也是一个弱环节问题，如果变速箱坏了，火花塞再好也没用。"[25]要解决弱环节问题，就不能只关注最好的部分，必须改善最薄弱的环节。

正如马斯楚安尼所指出的,科学是一个强环节问题。改变社会的是最优秀的发现,即使一堆虚假的"污泥"堵塞了低水平学术期刊,也没有多大关系。很多人提出了各种关于如何分裂原子的愚蠢想法,这并不重要,因为我们所需要的只是一个靠谱的想法。

除了强环节问题,科学还是一个具有进化属性的领域,它的原则是适者生存。科学会对理论进行严格检验,在某些时候,有些理论就是行不通,于是我们得出结论:理论被证伪了。很多无知的人仍然相信地球是平的,但这并不影响我们进行太空探索,因为重要的是强环节,而不是弱环节。因此,科学是进步的引擎,它将强环节与进化压力结合在一起,而进化压力通常会使强环节随着时间推移变得更强。薄弱的思想最终会消亡,成为科学史上的灰烬。强大的思想永存,推动着人类进步。

原则上,同样的动态也适用于社会理论,但实际上并非如此。在物理学中,即使是最小的偏差,也足以让一个理论被摒弃,取而代之的是更好的理论。但社会理论不是这样运行的,回想一下,国际货币基金组织无法准确预测经济衰退,但同样的经济模型继续占据主导地位。即使是那些出错率极为离谱的理论——比如对社会中最富有的人减税会导致大幅经济增长——也能不可思议地流传几十年。社会理论很难被证伪,通常情况下,一个理论在某些时候正确就足以让人们继续相信它。

这使得我们在面对社会科学时,很难将真正的黄金与垃圾加以区分。因此,垃圾没有被处理带走。

即使一个社会理论似乎失败了,也不可能断定它已被证伪。也许那个国家只是个例外,也许经济下滑另有原因。社会的复杂性和意识形态使得社会研究无法像自然科学那样,通过不断培育强环节来实现进步。许多错误的理论却长存不灭,这一情况越来越严重,因为每个人都觉得自己是理解社会的专家。在量子力学或纳米技术领域就不会出现类似情况。弱环节取代了强环节,成为主流研究范式。很少有著名的社会理论会被完全否定,像天文学抛弃了"太阳围绕地球转"那样彻底。因此,每当我们读到关于社会运行模式的文章时,我们所看到的都是一个被扭曲后的现实。一面神奇的魔镜横亘在社会研究和现实之间,它能让偶然、意外、微小、随机的变化消失得无影无踪。

* * *

现代学者之所以会低估微小、偶然的调整在驱动变革中的重要性,还有一个原因。过去几十年里,社会研究经历了一场量化革命,我们对世界的理解已转变为数学形式。得益于计算机领域的革命性突破,科学家可以更为容易和方便地分析大型数据集,并梳理出其中蕴含的规律。为了了解我们自己,我们转向了回归方程。

量化本身并不是坏事。26* 很多反量化的知识分子对一切与数学有关的事物都抱有条件反射式的怀疑，我不是。数学支配着一切，我们的世界是一个由数学关系所主宰的世界，从天体轨道到我们细胞内 RNA（核糖核酸）的转录错误，万物的核心都是数学。你，以及你大脑中帮助你理解这句话的神经元网络，也都是由数学权重决定的，它们不断变化，不断更新。但有时，支配系统的方程繁复到了匪夷所思的程度，以至试图用精确数学来表达其动态变化，简直是痴人说梦。理论上，一切都可以表示为数学，实际上，这行不通。

有一种评估复杂性的方式：你可以试问自己，要写多长的方程，才能准确描述出正在发生的事情？进化生物学家大卫·克拉考尔解释说："爱因斯坦写出了一个不到一行的美妙方程，$E=mc^2$，它捕捉到了能量和质量之间的等价关系，并对其他科学领域产生了深刻影响。但是，你如何能写出一个描述某只老鼠的方程呢？"[27]

克拉考尔并不是说描述老鼠的方程式不存在，而是说这个方程式会长得难以想象，它实在太复杂了。人类社会也是如

---

* 然而，当你认为"只有可测量的事情才重要"时，就会产生问题，这种观点现在被称为"麦克纳马拉谬误"（见本章注释 26），它以越战期间美国国防部长罗伯特·麦克纳马拉的名字命名。在越战期间，麦克纳马拉依据定量观察和量化数据衡量战况，如击毙敌军的尸体数量、敌我双方死亡数量的比率等，但他忽略了其他因素。从量化数据看，美国所向披靡，但实际上，它深陷战争泥潭，即将一败涂地。

此，但我们不断尝试用朴素简洁的方程式来表示复杂系统，然后常常以失败告终。我们经常用简洁的线性方程来描述令人抓狂的非线性系统，而这些系统可能因微小细节的调整就发生根本性的变化。我们试图用几行字来描述一只老鼠，这是不可能的。

2005年，喜剧演员斯蒂芬·科尔伯特（别名"扣扣熊"）创造了一个在美国政治中被广泛使用的术语：信念真实。它指的是如果一个说法让人感觉真实，那么它就是真实的，无论事实如何。几年后，经济学家保罗·罗默化用科尔伯特的说法，指出了经济学研究中的一大弊端：信念数学[28]。罗默认为，现代经济学不是用数学来揭示问题，而是用数学遮蔽问题，研究者常常用天花乱坠的符号和看似严谨的数字组成一道牢不可破的屏障，然后将有缺陷的假设和不可靠的结果隐藏其后。

诚如罗默所提出的信念数学警示，在现代社会，那些试图理解人类自身的尝试往往以毫无意义的方程式而告终。正因如此，如今我看到社会科学期刊上越来越复杂的定量研究后，只能无奈地摇头叹气。假设你的国家爆发了一场内战，你想知道"我的朋友彼得会不会决定拿起枪加入反叛运动"，如果能有一种简单的方法来预测某人是否会拿起武器，那不是很好吗？好了，不用再找了。最近一项学术研究提供了某人是否会加入反叛组织的公式：

$$E\left[\frac{\mathbf{1}_{\{\theta<\theta_2^m\}}}{1-a+a\Pr(x_j<x_2^m)}\bigg|x_i=x_2^m, \theta \geqslant \theta_1^m\right]$$

$$=\int_{\theta_1^m}^{\theta_2^m} \frac{1}{1-a+a\Pr(x_j<x_2^m|\theta)} \frac{\text{pdf}(\theta|x_2^m)}{\Pr(\theta>\theta_1^m|x_2^m)} d\theta$$

$$=\int_{\theta_1^m}^{\theta_2^m} \frac{1}{1-a+aF\left(\frac{x_2^m-\theta}{\sigma}\right)} \frac{f\left(\frac{x_2^m-\theta}{\sigma}\right)g(\theta)}{\int_{\theta_1^m}^{\infty} f\left(\frac{x_2^m-\theta}{\sigma}\right)g(\theta)d\theta} d\theta \left[g(\theta)\text{表示}\theta\text{的先验概率密度函数}\right]$$

$$=\frac{\int_{\theta_1^m}^{\theta_2^m} \frac{f\left(\frac{x_2^m-\theta}{\sigma}\right)}{1-a+aF\left(\frac{x_2^m-\theta}{\sigma}\right)} d\theta}{\int_{\theta_1^m}^{\infty} f\left(\frac{x_2^m-\theta}{\sigma}\right) d\theta} \left[\text{在均匀分布的假设下}g(\theta)=1\right]$$

真庆幸，我们找到了这么"好"的办法。

这些不是皇帝的新衣，而是皇帝的新方程式。它们显然很荒谬，但没人敢说出来。在皇帝的新方程式中，生活里的各种微小变化被视为"误差项"，可以一笔勾销，置之不理。这种态度不但傲慢自大，还从根本上催生了一种信奉趋同的世界观——细节中的噪声无关紧要，因为重要的是信号，即明显的变化，它们可识别、可测量、可计算。更糟糕的是，当研究人员注意到一些不寻常的数据点时，有些人会通过剔除讨厌的异常值来清理数据。其中的逻辑很简单：如果你想展示一个清晰明了的模式，就不能让异常现象来打破方程式的平衡；如果你要在一个不规律的世界中追寻规律，就必然要清除一切不符合规律的东西。简言之，删除噪声，只收集信号。

但这太愚蠢了，由于自组织临界性和社会连锁效应的存在，异常值往往是数据中最重要的部分。这就好比宣称"泰坦尼克"号的首航一定很顺利，因为99.8%的邮轮远航都很顺利，或者声称亚伯拉罕·林肯看完那部戏剧后很愉快，因为大部分人都是如此。然而，可惜的是，数据中的异常值有时还是会被删除，人们希望得到简洁、工整的方程式，它们代表了稳定、有序的世界。

让问题更棘手的是，社会研究的量化意味着当代研究人员很少能够面对面地了解他们试图理解的人类动态。[29]* 如果你研究真实的人和他们做事的原因，其错综复杂的本质会让你感到困惑。而在呆板、精简的数据中，这样的事情不会发生。想象一下，你要去听一个大象行为专家的报告，可到门口你才听说他从未观察过大象。可笑吗？但对那些研究人类社会的专家来说，这种超然物外、不接触实际研究对象的行为已经成为常态，而不是例外。

* * *

"现在，先等等，"你可能会反对，"数据为王。观察一头大象固然重要，但你真正需要了解的是整个象群，是大象这一

---

* 政治学家凯瑟琳·克莱默是少数几个预见到特朗普在2016年崛起的人之一。她没有对民意调查进行数据分析，而是驱车在威斯康星州各地（见本章注释29）与选民交谈。她捕捉到了农村选民的愤怒情绪，而这些情绪是"更可靠"的数据所无法捕捉的。

物种。"有时候，这话没错。但问题是，在大多数情况下，我们其实也不了解人群，不了解人类这一物种。了解自身当然极为有益，尤其是如果我们能够利用所获得的敏锐洞察来解决问题，创造一个更美好的世界，社会研究的目的正在于此——让我们的世界更美好。为了实现这一崇高目标，我们需要能够预测，如果我们采取某些行动——如降低税率、采取军事行动或者以改造罪犯取代惩罚罪犯——会带来什么结果。然而，令人惊讶的是，社会科学基本上没有试着做过这类预测。牛津大学的马克·费尔哈根研究了各个学科的顶级学术期刊。十多年来，刊登在《美国经济评论》的2 414篇文章中，只有12篇论文试图做出预测；在《美国政治科学评论》中，这一比例是4/743；而在《美国社会学期刊》的394篇文章中，没有一篇论文试图预测未来。[30]

然而，社会研究人员在追逐我所说的"因果关系圣杯"。这一目标当然也值得赞许，因为我们都知道，相关性并不等于因果关系，如果把两者混为一谈，就会带来灾难。但是，就像神话中的圣杯一样，因果关系圣杯也难以捉摸。我们非常渴望有明确的证据证明"X导致了Y"，只要我们继续在故事书版的现实中寻找因果关系圣杯，我们就会说服自己，证据一定会浮出水面。但是，在一个由临界点、反馈循环、收益递增、锁定、涌现和自组织临界性所定义的复杂世界中，这条寻找之路不但漫长，而且大多会徒劳无功。重要的是要努力找出哪些原因会发挥最关键的作用，即使它们不是造成结果的唯一原因。这不仅涉及因果问题，还涉及是否"有用"。一旦我们以"有用"代替"因果关系"作为追逐目标，我们最好还是做科学最擅长做的事情：通过预测结果，对竞争理论进行严格测试，看看哪些理论能够站得住脚。为了预测而预测是一种虚无缥缈的行为，但如果它能让我们在改善结果和避免灾难方面取得哪怕一点点进步，它就有了实际意义。

我们对社会性事态的预测能力究竟如何？"脆弱家庭挑战赛"[31]给出了答案，这项研究的主持团队收集了大约5 000个家庭的数据，每个家庭都有一个非婚生子女。研究目的是要弄清楚人们的生活轨迹有多大的可预测性，研究人员收集了非婚生子女在1岁、3岁、5岁、9岁、15岁和22岁时的数据。数据来源非常详细，不仅有定量指标，还包括研究人员与受测试儿童的多次访谈。为了达成目标，主持团队没有公布儿童在15岁后的数据，他们组织了一场竞赛，将儿童1~9岁的数据发给许多研究小组，让研究小组预测这些儿童15岁时的生活状况。由于主持团队已经掌握了真相，因此他们可以看到各小组的预测结果与真相的差异。这些研究小组全力以赴，他们使用了有史以来最强大的数据分析工具——机器学习。

结果让研究团队大吃一惊，他们本以为有些小组会错得离谱，但至少有几个小组会成功。然而，所有研究小组的表现都很糟糕。在每项指标上，即使表现最好的小组，其预测准确率也与随机猜测模型的准确率差不多。这给了我们两个启示。第一个启示是，如果我们想更好地了解自己，就需要做出（糟糕的）预测，这样我们才能从失败中吸取教训，开发出新的工具，从而做出更好的预测。"脆弱家庭挑战赛"的结果出人意料，它将成为社会研究创新的重要催化剂。我们今后会做得更好，新的工具也将克服简单问题的许多弊端。

但第二个启示是，我们的生活和社会的未来真的很难预测。相比之下，发射火箭要简单得多。这就是为什么困难问题会继续存在，在我们这个复杂的世界里，很多不确定性是无法消除的。无论我们多么努力，生活中的偶然还是会让我们迷惑不解。

第12章 它是否有另一种可能

生活是从一开始
就有注定的剧本吗？
我们有选择未来的自由吗

我们最终还是要直面房间里的大象，即使我一直小心翼翼地把它隐藏起来。我一直在论证，微小、随机的偶发事件塑造了我们的生活——如果我们的世界发生微小变化，一切都会完全不同。但我忽略了一个关键问题：我们是否有可能做出微小改变，还是说我们的生活和世界都在一个固定轨道上，我们无力将其改变？更直白地说，我们是有自由意志的，还是我们的生活是被安排好的？

对大多数人来说，这是一个很奇怪甚至非常荒谬的问题。事情当然可以有所不同！你现在就能停止阅读这本书，站起来即兴跳舞，或者干点儿很疯狂的事，比如一把火烧掉自己的房子。无论做什么，它都会以某种未知的方式改变你的人生轨迹。但是，如果你做了其中任何一件事，是什么导致你做出这样的选择？我们常常提到思想，却不考虑它究竟指的是什么。我们该如何描述自己所拥有的这种神秘属性？它是否在某种程度上独立于驱动我们世界其他变化的因果关系？是时候仔细研究一下了。

让我们回到开启本书的那个问题："如果你的人生可以倒带回到最初，重新按下播放键之后，一切还会和原来一样吗？"[1]这个问题的关键在于世界的变化源自何处。在我们称之为"家"的花园里，是什么导致我们的道路分岔？我猜想，在面对"一切还会和原来一样吗"这一问题时，大多数人的回答方式不外乎以下6种之一。

1. 不，一切都会不同，因为人类的每个选择都是特殊的。有很多次，我想做一些不同的事情，如果我的人生重演，我可能会做出不同的决定（让我们将这种回答称为"我本可以不这样做"）。

2. 不，一切都会不同，因为上帝（或其他神）有时会介入并改变事态（我们将这种回答简称为"神的干预"）。

3. 不，这个世界至少会有一些不同，因为量子力学证明，某些事物——至少在最小的原子和亚原子粒子层面上——是真正随机的，重复随机过程会产生不同结果（这个回答在非科学家中并不普遍，我们姑且称之为"量子偶然"）。

4. 是的，一切都像之前一样，因为有上帝（或其他超自然力量）控制着一切，宇宙就是按照上帝固定的剧本展开的（我们称其为"上帝决定一切"）。

5. 是的，一切基本上都一样，因为即使在重放的人生中有微小变化，但这些微小变化会被冲淡，变得不那么重要（我们将这种回答称为"万事皆有因"）。

6. 是的，一切都像之前一样，因为世界遵循自然物理法则，发生的每一件事情都是由之前事件引起的，因果链环环相扣，永不间断（我们将这种回答称为"宇宙决定论"）。

本书前半部分已经详细驳斥了"万事皆有因"的回答，所以我不准备反复论述了。我也不会就"神的干预"或"上帝决定一切"展开讨论，我不相信世界上有超自然力量，但如果它们真的存在，我也不认为超自然力量可以被符合逻辑的证据所证实。对那些相信它们的人来说，这是一个信仰问题，而信仰是无法被理性、科学的论证所击败的。

所以，如果将回答限定在理性和科学的范围内，我们有三个备选项："我本可以不这样做""量子偶然""宇宙决定论"。换句话说，如果我们的人生能倒带重放，所出现的任何变化要么源于自由意志，要么源于量子随机运动，或者无论重放多少次，内容都不会有什么变化。哪种观点是正确的呢？

我们需要回答的第一个问题是：世界是确定的还是不确定的？没有第三种选择，答案一定是其中之一。那些说从头开始重放人生会产生相同轨迹的人是决定论者[*]，而认为重放可能带来不同轨迹的人则是自由意志论者。

---

[*] 假设一切都相同，即重放人生的起点（初始条件）完全相同。

如果世界是确定性的,[2]那么实际上一切都是按照固定剧本在上演。决定论认为,变化仅仅是初始条件(事物在某一时刻的状态)和宇宙自然规律的函数。所有发生的事情都是由之前发生的事情引起的,这是一个永无止境的因果链条。

在生活许多方面,我们都接受决定论。例如,如果你击打一个台球,它以合适的角度、合适的力度撞向另一个球,物理定律完全决定了两个球的最终位置。如果你完美地击中了第一个球,那么你可以自信地预测第二个球会落入球袋。在这个过程中,没有魔法,轨道不是随机的,球也无法自行选择它们的最终位置。球现在的位置是由球一秒钟前的位置及作用在球上的物理力决定的。这就是物理法则,宇宙每个瞬间的状态都取决于之前发生的事情。过去决定现在,现在决定未来。一切都联系在一起,可以无限回溯。

但是,如果这个世界完全遵循决定论——发生的一切完全是由之前发生的事情造成的,那么它的起点又在哪里呢?这一瞬间发生的事情是由前一瞬间发生的事情决定的,今天是由昨天决定的,1642年5月7日发生的事是由1642年5月6日发生的事决定的,而1642年5月6日发生的事又是由1642年5月5日发生的事决定的,如此循环往复。

最终,按照决定论的逻辑,我们能得出一个令人震惊的结论:世间所发生的一切完全由宇宙诞生之初的初始条件和物理定律决定。137亿年前宇宙大爆炸后粒子的瞬间状态,决定了下一刻宇宙的状态，而下一刻又决定了再下一刻发生的事情，如此往复，无穷无尽，直到现在。如果因果关系完全是由一连串不间断的事件链所铸就的，那就意味着，如果你今天早上8点07分刷牙，或者你的狗看到院子里的松鼠后叫了一声，那么它们都是由137亿年前大爆炸时宇宙初始条件决定的，一切都已注定，不可逆转。整个世界就是一场复杂的台球游戏，无数原子无休止地碰撞。如果这是真的，那么我们生活中的一切都是由确定性的物理原则所支配的，只能是这样，因为物理学不允许奇异的因果关系，台球的运动轨迹一定与力的方向一致。

"等一下！"你可能会反对，"你刚刚用了11章来告诉我一些微小、偶然的变化会导致一切都不一样，现在你又说整个宇宙的剧本可能已经注定，这怎么回事？"

让我们回到《双面情人》这部电影，观众看到女主角海伦在一个场景中错过了列车，但在下一个片段中她又及时挤上了列车。[3]这部电影想象了一个看似毫无意义的改变将会如何扭转女主角的生活。决定论会认为，由于海伦努力赶地铁时世界确切状态固定不变，所以只有一种结果，她要么赶上列车，要么错过。但这并不能否定"想象"的意义，我们当然可以推测如果另一种可能发生了，世界会变得怎样。因此，对决定论者来说，研究不可能发生的事情还是很有价值的。当我们做一些其他动物无法做到的事情时，比如探索那个深刻的问题"如果……会怎么样"，我们能更好地理解我们的世界。

你可以这样想：决定论意味着，杀死恐龙的小行星不可能晚一秒撞击地球，因为它沿着由引力和其他宇宙定律决定的固定轨道运行。现在，想象一下，每个人都是一颗类似的小行星，只是我们更有生命力、更复杂，但我们的思想、行动和举止都像小行星一样，受物理过程的支配。假定这是真的，那么无论我们能否改变人生剧本，只需想象一下微小调整是如何改变情节的，这对我们来说也是有帮助的，虽然我们想象出的场景永远不会被写入人生剧本。

在一个确定性系统中，微小细节仍然会产生很大影响。例如，台球桌上的一粒沙子，只要其位置恰到好处，它就能改变台球的轨迹。将这粒沙子移动哪怕一毫米，都可能意味着台球会弹起，与球袋失之交臂。整场台球比赛都可能会因为一粒几乎看不见的小沙粒而发生巨大变化。物理定律仍然支配着一切（台球的运动轨迹没有超出物理法则的范畴），但是一个微小的意外——一粒沙子——可以改变接下来的一切。当我们想到乘坐时光机，且想到如果对过去进行微小改动会带来风险时，我们本能地理解这一点；但当我们想到当下的情况时，似乎不会受同样的决定论逻辑的影响。

决定论并不意味着我们可以预测未来。混沌理论表明，在一个确定性系统中，哪怕对初始条件进行最微不足道的调整，随着时间推移，它也会产生截然不同的结果。因此，我们的生活可能是确定的，但同时也可能是完全不可预测的。问题不在于我们能否预测将要发生的事情（我们不能），而在于是否一切都是由之前发生的事情所引起的。雨云并不奇异，它就是普通而正常的物理现象，之前发生的事情导致了雨云的形成。但由于天气系统非常复杂，只有提前有限的几天才能可靠地预测天气。如果提前两周预测，即使是世界上性能最好的超级计算机，也无法模拟天气系统的准确变化。决定论与混沌理论相结合表明，我们无法改变人生剧本，但如果我们能改变它，那么即使是情节或人物的一个微小变化——一只蝴蝶在舞台上扇动翅膀——都可能改变剧中接下来的一切。

"等一下！"你可能会再次愤怒地反对，"我不是这样的！我经常改变固定轨迹。我已经从过去的错误中吸取了教训！我决定减肥了，现在我每周去健身房三次！"这是人们在初次接触决定论时经常犯的错误——把事物的因果决定性与事物的不变性混为一谈。决定论声称因果连锁模式不可更改，但这并不意味着你的本性或行为必须固定不变。如果你是一个吸烟者，且看了一部纪录片，当你看到肺部被癌症侵蚀的画面，你可能会决定戒烟。这完全符合决定论的思维方式，它解释了过去复杂的因果链必然导致你观看纪录片后的反应。你为什么会看这部纪录片？因为是朋友推荐给你的。她为什么推荐给你？因为另一位朋友死于肺癌。为什么那个朋友死于肺癌？每一种解释都可以倒退回到前一步，这是一个不间断的无限因果回溯，所以，你注定要看这部纪录片。同样不可避免的是，你的大脑是由神经元、化学物质、激素等组成的，它会对纪录片做出反应，并决定你戒烟与否。你大脑的物理状态决定了当你收到一个新的输入信息（纪录片）时会发生什么。当你确实接收到新的输入信息时，输出信息已经确定，你的大脑会自动形成生理反应，并让你产生了一种"我决定"的感受体验。

争论的焦点不在于你能否做出戒烟或继续抽烟的选择（你当然可以选择），而是你的选择从何而来。决定论者认为，物理世界中复杂的相互作用决定了你的行为，且并不存在某种可以独立于你物质实体之外的思想，你的选择来自你大脑和身体内的物质，它们又取决于之前发生的事情——你的基因、你的经历、你与环境的互动、已编码在你大脑神经网络中的快乐和悲伤，甚至包括你肠道里的细菌和你今天早上吃的东西。这一切都在因果链中相互配合，并产生完全确定的结果（戒烟或继续抽烟），就像化学反应一样固定不变。在决定论体系中，没有任何事情"无源自存"。

相比之下，自由意志论则认为人生剧本是可以改变的。如果你的人生倒带回到最初，然后按下播放键，虽然初始条件保持不变，但你的人生轨迹可能会以不同方式延展。一个相同的起点可能会产生多种未来，我们并没有被困在固定的轨道上。但这也留下了一点谜团：如果一切都是由之前事件引起的，那么是什么导致了人生轨道的偏离？

古往今来，人类对这个问题的回答各不相同。早在大约

2 500年前，古希腊前苏格拉底时代的哲学家，如赫拉克利特，就提出过宇宙决定论的想法。[4] 在东方哲学体系中，如佛教的"缘起"思想或印度哲学的生活派学派[5]，都发出了决定论的回响。

然而，每当有人提出决定论时，另一些人就会强烈反对。"如果你接受我们生活在一个决定论的宇宙中，"他们警告说，"那么你就必须放弃自由意志的概念！"最终，一些人想出了一个叫作"原子偏斜"[6]的便宜主意，越过了决定论的障碍。大约2 300年前，古希腊哲学家伊壁鸠鲁试图在决定论世界观中挽救自由意志，他提出原子偶尔会随机偏斜预期轨道。在当时，这一想法其实没有任何科学依据，但它缓和了决定论带来的沉重打击。如果有些事情完全由随机决定，那么世界就有了一些让人欣慰的不确定性，这就给自由意志留下了一点回旋的余地。

但这个看似神奇的"原子偏斜"并没有说服所有人。公元前1世纪，古罗马诗人卢克莱修在他的专著《物性论》[7]中强调了这个挥之不去的问题：

> 如果所有运动都相互联系在一起，
> 过去导致现在……
> 世间万物的自由意志，从何而来？
> 如何扭转命运？

在接下来的两千年里，自然科学、哲学和神学领域的伟大思想家们都在努力解决这个永恒的问题，他们就决定论、上帝的角色，以及人类在多大程度上可以自由改写神已写好的剧本等问题展开了论述。一些人提出了神学决定论的观点，这意味着决定论完全正确，但剧本是由上帝书写和导演的。例如，加尔文宗详尽阐述了命定论。用其倡导者加尔文自己的话来说，"所有事情都受上帝秘密计划的支配……除了上帝有意安排的事情外，没有其他事情会发生"[8]。其他人则坚持认为自由意志是真实存在的，且富有意义。上帝可能创造了宇宙，但罪恶既不来自神圣旨意，也不出自物理法则，它是人类自由选择的结果。

1687年，艾萨克·牛顿的《自然哲学的数学原理》出版，并引发了一场科学革命，它永远改变了我们对世界运行方式的看法。牛顿物理学或牛顿力学——准确解释了宇宙中许多物体在大多数时间的行为——符合决定论思想。几个世纪以来，牛顿定律主导着人们对于"变化"的科学思考，拉普拉斯妖等思想实验以及机械宇宙的观念也由此而生。但牛顿定律并不能解释一切。在20世纪，人们发现了牛顿物理学面临的三大挑战，它不适用于非常小的物体（这需要量子物理学）、非常快的物体（这需要狭义相对论）或非常大的物体（这需要广义相对论）。

量子力学最值得我们关注。我在这里就不谈技术细节了（如果你有兴趣，可以自己查阅双缝实验、薛定谔方程、海森堡不确定性原理、量子叠加，以及波函数坍缩等概念）。但科学研究表明，微小粒子的行为方式非常奇怪，虽然那些令人困惑的行为模式已通过了严谨实验的反复验证与审查，但对于它们到底意味着什么，科学界还存在激烈分歧。一些科学家放弃了从量子效应中诠释出更普适的意义或哲学真理，这一阵营被称为"闭嘴计算派"[9]。而量子力学的主流解释——哥本哈根解释，目前也仍然存在争议。像所有其他的量子力学解释一样，哥本哈根学派依然面临很多无法解决的问题。

对我们来说，最关键的一点是：哥本哈根学派意味着，在物质最微小的层面上，我们世界的某些方面是完全随机的，微观世界不受决定论支配，而是受概率支配。这一解释意味着，亚原子层面的某些变化与宇宙中已知的任何其他变化都不同，它们是真正的"无源自存"。在某种程度上，量子力学有点儿像现代科学严谨复活了两千多年前伊壁鸠鲁提出的"原子偏斜"概念，并由此产生了一种新的科学观念。这种观念认为，世界并非注定不变的，其原因不在于我们可以改变事物，而在于事物就是会随机变化。我们可以将此观念的支持者称为"量子不确定论者"，在他们看来，世界并没有剧本，也没有固定轨迹。然而，这种变化并非来自我们，而是来自亚原子的奇异性质，即微小粒子令人迷惑不解的行为模式。重放人生录像将会导致不同结果，这只是因为亚原子的随机行为永远不可能重复。如果这是真的，那么我们的世界至少在最微小的层面上，完全由随机性所主导。

当然，在量子物理领域，还有一些诠释思路仍然符合决定论世界观（如玻姆力学[10]、多世界诠释[11]或多元决定论[12]）。争论尚未解决，没有人能说清楚这到底是怎么回事。不过，科学界大部分人普遍认为，以下两个命题中有一个是事实：

1. 决定论是对的；
2. 世界是不确定的，但这只是由于量子的怪异行为。

你可能会注意到，以上两个命题中好像"遗漏"了一个本书中反复提及的观点：我们可以成为独立的"作者"，改写我们自己的人生剧本。如果科学共识就是如此，那么自由意志究竟栖身何处？

* * *

自由意志的体验具有普遍性，人类无论如何努力，都无法摆脱这种感觉。可一旦你更仔细地审视它，就会发现它好像并不是那么确定无疑。当我考虑"我"在哪里时（形而上学层面而非物理层面），从逻辑上讲很清楚，"我"在我身体的某个地方。但是，如果我的整个身体就是"我"，那么理发或剪指甲就会从根本上改变"我是谁"，这似乎是一种看待自己的奇怪方式。相反，存在的感觉、穿梭于世间的感觉，让我觉得真正的"我"就潜伏在自己眼睛后面的某个地方。就好像四肢和内脏都只是大脑总部的下属，而真正的"我"像一个没有实体的首席执行官，栖息在我大脑的某个地方，靠近我的头颅前端。

这种感觉对我们来说是如此普遍和自然，以至17世纪时，一种关于人类生命起源的科学理论曾广为流传，该理论认为，每个精子细胞中都含有一个微小但完全成形的"小矮人"，他会成长为大人。这种预成论[13]延续了两个世纪才被推翻，它反映了我们的渴望：我们愿意相信每个人体内都有一个永恒的执行者，一个负责裁决的灵魂，这才是一个人最"本质"的东西，它控制一切、自由思考、自由选择，不可被还原为物质。

因为大多数人不会在喝啤酒的时候讨论决定论和自由意志（如果你这么做了，我向你脱帽致敬——我们会在酒吧愉快地聊天），很少有人仔细思考过如何将自由意志感受与现代科学发现相协调。显然，我们的头骨中没有小矮人在操纵杠杆，但我们很容易想象大脑肩负起了同样的功能，微型首席执行官还在，只是它的模样有点儿皱巴巴的，穿着粉灰色相间的衣服。然而，不知何故，当我们将没有实体的"灵魂"替换为860亿个毫无浪漫色彩的神经元时，它就显得没那么神圣和高级了。更糟糕的是，由此引出了一个让人不舒服的问题，我们无法给出满意回答：难道"我"只是一种物理存在，是化学物质的无意义集合体吗？

这一问题将我们带到了曾困扰笛卡儿的难解之谜：我们的思想或灵魂究竟在哪里？他的答案是，那些神秘的实体是非物质的——我们的大脑由物质组成，但我们的思想不是，这个观念被称为"二元论"。心理过程可以独立于肉体而存在，我们的身体不能思考。

但是，当我们开始用科学揭开世界的秘密时，笛卡儿提出的观点显然违反了宇宙运行的所有已知规律。万事万物都有物理基础，这意味着你的思想、记忆、冲动、奇思妙想，甚至你的意志，都蕴藏在你的体内，都是由物质组成的有形实体，它们的特性形成于无数复杂神经网络的相互作用。

一旦我们接受了思想的物质基础——如果我们要坚持科学理性的基本原则，就必须接受这个基础，那么一个令人担忧的难题会像不速之客，立即出现在我们的视野中：如果没有"小矮人"发号施令，如果我们的思想、欲望和意志都在我们的身体里，那么"我们"只是无情化学反应的副产品吗？而"我们"对此无能为力？我们总喜欢认为在自己身上有一个独特的"我"，它独立于构成我们身体和大脑的物质之外，它才是主宰者。但是我们遇到了一个问题：自由意志怎么办？至少，假定我们认为自由意志是一种可以超脱大脑物质的独立思想主体，那么，显然它与物理规则是相冲突的。

如果说特洛伊的海伦靠其美貌引起了千帆竞发，[①]那么关于自由意志的争论则让千百种定义从天而降。哲学家们将这一概念扭曲得面目全非，他们在"自由"上下足了功夫，在"意

[①] 斯巴达国王为抢回自己的王后海伦，与自己的哥哥阿伽门农调集了一支拥有一千多艘战舰的希腊大军，前往特洛伊报仇。——译者注

志"上也下足了功夫，没有人能够就这两个词的含义达成一致。但对我们大多数普通人来说，自由意志的意思简单明了，它意味着你且只有你可以选择做什么。更重要的是，这种感受高于一切，在任何特定时刻，你都觉得自己可以做不同的事情——你的选择不是事先为你安排好的。也许你的大脑里没有操纵杠杆的小矮人，但你同样感到无拘无束。你可以自由地继续阅读，也可以砰的一声合上书本，或者把它扔出窗外，砸向窗下毫无防备的旁观者。这就是最常见的自由意志概念：在任何时刻，我们都可以自由选择，我们的选择不受大脑中物理反应的制约，我们有能力"做其他事"。这种令人欣慰的观念被称为"自由意志论"[14]*。

拥有自由意志的感觉是我们身为人类的核心体验。由此导致了一个常见的论点：我们感觉自己拥有自由意志，因此我们必须拥有自由意志。这是一种可怕的逻辑，感知并不代表现实。对我们来说，地球"感觉"起来并不像一个在太空中绕着另一个炽热大圆球不断旋转的巨大圆球，但它确实是。正如我们之前所论述的，"适应性胜过真相"，大脑进化的方向可能不是让我们看到事实，而是让我们陷入幻觉。"大脑魔术师"精通幻象，所以我们的感觉不意味着真实存在，物理定律不在乎你的感觉。

---

* 该概念与政治学中的自由主义无关，它主要强调，我们在任何特定时刻都有选择做其他事情的自由。

如果你是一个相信科学的理性思考者，那么你应该会同意，任何事情的发生要么有原因，要么无原因，只有两种选择。如果某件事情有原因，那么它就是之前发生事情的产物——一件事不可能由尚未发生的事情引起。如果你朝窗户扔了一块砖头，窗户碎了，那么窗户不可能是被玻璃碎片打破的。同样，根据这种观点，我们的神经元和我们身体其他部分的排列与运作共同铸就了我们的思想，其中涉及一系列复杂因素：DNA转录，突变，化学物质，我们的成长经历、过往经验和记忆在大脑网络中的神经编码，等等。我们无法用意志来控制这些事情（你如何用你的想法去阻止细胞分裂呢）。

因此，如果我们要从物理学的"魔爪"下拯救自由意志论，那么我们必须提出科学异端：人类大脑物质具有独特的神奇属性，在已知宇宙中，它们独一无二，无法复制。这就是为什么一些哲学家轻蔑地将自由意志论称为"机器里的幽灵"[15]，因为如果自由意志论是正确的，那么在我们大脑中就存在某种不可思议的超自然物质，它完全不同于宇宙中所有其他类型的物质，并且能够让我们自由做出决定。我们是否能以某种方式凭空变出思想——不以物质为基础的思想，却具有重塑物质的力量？面对这个问题，我们可以随心所欲地思考，但说不清楚，让你皱眉头的"意志"到底在哪里。

如果自由意志确实存在，那么它就违反了我们对宇宙运行方式的一切认知，因为用哲学家丹尼尔·C.丹尼特的话来说，它要求我们成为能够从外部控制我们大脑的"幽灵木偶人"。物理学家萨宾·霍森费尔德认为，对任何"懂点儿物理"的人来说，自由意志都是"逻辑不通的胡话"[16]。大多数神经科学家，也就是对大脑研究最深入的人，也对自由意志论的概念持怀疑甚至不屑一顾的态度。直截了当地说，它要求人们相信玄学而不是科学。

如果我们承认我们的思想、情感、欲望、偏好和意志是物质的产物，那么我们就不得不质疑"自由意志"到底是什么意思。也许它只意味着我们的行为是由内在因素造成的。考虑一下你是否喜欢这本书。我希望你喜欢，你应该会喜欢，否则你就不会读到这里了。在阅读的过程中，你对本书产生了反应。你的反应大概率介于两类极端人群之间：一类人对本书爱不释手，到处推销，会和素不相识的路人搭讪，告诉他们它有多棒；另一类人则在考虑找个合适的时机，将手上的书烧成灰。现在问题来了：你能自己产生不同的反应吗？如果你讨厌这本书，你能选择喜欢上它吗（请在发表评论之前试一试）？你可以试图说服自己改变对它的态度吗？无论你最终的反应如何，一切都是由前因——你的大脑编码和身体物理状态——决定的。不过，即使你的反应并不是严格意义上的"由你决定"，你是否仍然拥有自由意志？

"当然！"相容论者（认为自由意志和决定论是可以相兼容的）说。这些思想家欣然承认，你的思想、偏好和欲望很可能是由之前的"背景原因"造成的。没人拿枪顶着你的头，强迫你点芝士比萨而不是意大利香肠比萨，但你的选择取决于你的味蕾：你有多久没吃过芝士或意大利香肠比萨，你大脑中的神经元在过去吃每种比萨时的反应，你最近是否因去过养猪场而不高兴，你小时候是否吃过芝士或意大利香肠比萨，你是否天生对某种食物过敏等因素。这些经历都会转化为大脑中的物理结构，从而影响你未来的决定。如果你选择了意大利香肠比萨，那么从逻辑上讲，结果在选择前一瞬间就产生了——考虑到你身体的偏好，这是注定的。在那个特定时刻，你的身体处于特定状态，你的神经元也按照特定方式排列，这些都导致你不可能选择芝士比萨。当我们说到"渴望"的时候，我们不会想到它与选择或自由意志有什么关系。但是，当你在意大利香肠比萨和芝士比萨之间做出选择时，如果不是由生理状态所主导的渴望造就了你的选择，还能是什么呢？

如果我们从饥饿转向口渴，这个解释就会变得更加清晰。你可以决定喝水，但你首先选择了想喝水吗？你会坐下来思考，然后说"我选择口渴"吗？你的身体会为你做决定。当你决定喝水时，你是在回应你的身体以及身体内部复杂的相互作用。但口渴的道理同样适用于其他情况，无论你是渴了后想喝水，还是有什么其他欲望、要求或偏好想得到满足，它们的产生机制没什么本质不同。然而，当我们说到自己的想法时，就好像有一个无形的小矮人——真正的"我们"——在我们大脑里发号施令。

在我 8 岁那年,我父母让我坐下来观看了一部长达四个小时的史诗电影——《葛底斯堡》,这部电影以虚构的手法描述了 1863 年美国内战,马丁·辛和杰夫·丹尼尔斯等明星参演。他们之所以会让我看这部电影,是因为我们全家准备从明尼苏达州去东海岸旅行,途中要在葛底斯堡战役的战场遗址停留。我当时是个书呆子(这不稀奇),先是被电影迷住了,然后又对参观战场遗址产生了浓厚兴趣。我脑子里发生了某些变化,导致了那种反应,我自己无法解释。

回到家后,我将钟爱的任天堂游戏机放到一边,迅速阅读了几十本关于美国南北战争的书。我童年的卧室里至今还摆放着一整个书柜的历史书,对一个二年级的学生来说,这是相当奇怪的行为。然而,几千页的文字并不能满足我对历史的渴望,我想了解战争的道德正义,想了解安提塔姆战役、希洛战役,想了解"石墙"·杰克逊和约瑟夫·胡克*。我恳求父母订阅了两本关于美国内战的杂志——《美国内战》和《内战时报》,我甚至恳求他们让我在周末打扮成联邦军队的儿童兵(谢天谢地,我的父母没有让我"社死",他们在我生日的时候送了我

---

* 约瑟夫·胡克是我母亲那边的亲戚。"Hooker"在他之前已被用于表示"女性性工作者",所以称其词源自他纯属谣言。但其部队常出入华盛顿特区的 Hooker 红灯区(见本章注释 17),这就说不清了。这又是语言"锁定"的一个例子。我外祖母说胡克是家族的"害群之马"。

几本杂志，但禁止我进行角色扮演，这太明智了）。

为什么我会对美国内战如此痴迷？我也不知道，我家里没有人对此感兴趣。我并没有在某天醒来后主动选择成为一个8岁的内战迷，然后去跟邮递员打招呼，看他有没有最新一期的《内战时报》。我只是有一种无法解释的执念，在基因、经历、教育、父母的决定、与生俱来的书呆子气、社会影响以及大脑中数十亿相互连接的神经元所产生的想法和化学反应的复杂混合作用下，我被这段历史迷住了。然后，我就可以自由地追寻这一兴趣带给我的快乐——我也确实这么做了。那么，这是自由意志吗？

有些人认为这算自由意志，只是"意志"没那么强烈。他们说，我们可以自由地追随内心的意愿，但我们不能自由地违背内心的意愿。我们是自由的，因为我们可以追求自己的喜好，即使我们不能独立选择自身喜好。对一个相容论者来说，我对内战的痴迷就是一种自由意志，因为我决定追求我觉得有趣的东西，而未受他人强迫（除了我父母劝我稍微收敛一点儿，以免其他孩子觉得我是个十足的怪人）。

一些相容论者指出，人类认知的某些方面在生物界似乎是独一无二的。哲学家哈里·法兰克福认为，我们有某种形式的自由意志，因为用他的话说，我们有"二阶欲望"[18]。瘾君子可能会追求他们想要的东西（一阶欲望——违禁药品），但他们可能希望自己不追求违禁药品（二阶欲望——不再上瘾）。

当你在睡前看到一块巧克力时，你会垂涎欲滴，但你可能希望自己没有这种反应。相比之下，其他生物是否有二阶欲望就很难说了。我的边境牧羊犬佐罗痴迷于它的飞盘，它是否希望自己能少沉迷于此（不夸张地说，佐罗绝对是狗中天才，但我怀疑它除了一阶欲望，不会有其他更高层次欲望）？法兰克福的观察既有趣又有说服力，但它并没有解决根本问题。二阶欲望从何而来？当我们游走于社会和文化环境中时，我们的大脑与其他人、物体和生物相互作用。这意味着我们的思想仍然受制于物理定律，遵循一系列不间断的因果关系。

如果你认为相容论者的思路站不住脚——重新定义后的"稀释版"自由意志并不是真正的自由意志，那么你很可能是一个坚定的决定论者。坚定的决定论者拒绝相容论，理由是它只是试图通过文字游戏来挽救自由意志，这种语言上的变形意图将我们与一些暧昧复杂的哲学说辞缠绕在一起，直到我们忘记自由意志的真正含义。神经科学家萨姆·哈里斯认为，相容论者的逻辑类似："只要木偶爱它的牵线，它就是自由的。"或者，他还有另一个令人印象深刻的比喻："就像他们指着西西里岛，却宣称自己发现了亚特兰蒂斯。"[19]哈里斯坚持认为，重新定义自由意志并不能拯救自由意志，这只是一厢情愿的做法而已。

坦白说，我不相信自由意志，尽管我承认这些问题非常神秘，且令人费解和困惑。我们并不了解意识，因此一些新的发现可能会改变我们对这个问题的回答。在探索过程中，永远不要说不。但是，如果自由意志论者眼中的"自由意志"确实为我们所有，那么我们已知的所有科学几乎都是错的。相比之下，相容论由于重新定义了自由意志的含义，所以它的自由意志观与科学并不相悖。

面对由此而生的迷惘，一些人试图借助量子力学的见解来重新支撑起自由意志。这一论点毫无道理。是的，我们世界某些方面的运作模式可能在真正意义上是完全随机的。但是，如果量子随机性导致你的选择偏离了所写就的人生剧本的前因，那么你就会更自由吗？不，你的行为受大自然的随机数字生成器所支配，这并不是自由。无论我们如何淡化自由的含义，自由意志都不会从量子的"骰子"中萌发出来。

尽管如此，我们的内心似乎确实存在着一种不可言喻的东西。身为人类，我们并不觉得自己只是一堆衣着考究的细胞。我们情感丰富，有爱有恨；我们会推理；我们会被文学作品打动，被英雄主义激励，被美所左右；我们是不断奋斗的生物；我们中一些人会为了追求信念或拯救所爱之人而毫不犹豫地牺牲自己。因此，我们很想反抗科学冷冰冰的主张。"让这些逻辑游戏见鬼去吧！我知道什么是自由意志，而且我有自由意志。别跟我说我是某种生物计算机！"这些情绪可以理解，科学家也没有自大而愚蠢地否定一切，他们承认，对于人类种种神秘之处，科学还有太多不能解答的问题。在本书中，我所能做的就是把我所看到的拼图碎片组合在一起，然后呈现出来。

所以，请自行选择，做出你"渴望"的选择吧。不过，读完这一部分后，以你身体和大脑目前所处的状态，恐怕你会选择某种"注定"要被你选择的解决方案。这一选择，虽然在感觉上来自你的自由意志，但它其实受到你之前所有经历的影响。你可以将其原因无限回溯，延伸至时间的迷雾中。

* * *

一个没有自由意志的世界可能会产生一些令人不安的联想。例如，对于否定自由意志的做法，人们可能会从道德启示的角度予以驳斥。你可能会提出："如果我们没有自由意志，那么我们的道德准则就没有意义！"我不这么认为，但即使这种说法反映了部分事实，它的论点也很糟糕。我希望癌症不存在，但这个愿望并不能否定癌症的存在。尽管如此，在道德层面，否定自由意志到底意味着什么？为了便于理解，让我们先看一个杀人犯的例子。

查尔斯·怀特曼小时候是一名彬彬有礼的童子军，[20] 他从小屡获殊荣，智商极高。20世纪60年代，怀特曼在奥斯汀得克萨斯大学攻读机械工程。20岁时，他与心上人结婚了，这对幸福的夫妇前途无量。

1966年7月31日下午6点45分，怀特曼坐下来写了一封令人不寒而栗的信。"我不太明白是什么迫使我写下这封信……这些天我真的不了解自己……然而，最近（我不记得什么时候开始的），许多极度不寻常、极度荒谬的想法一直在侵害我。"[21] 他在信中提到了剧烈的头痛，并提出了一个奇怪的要求——在他死后对他进行尸检，看看他的行为是否与大脑异常状态有关。

几个小时后，他开车到自己母亲家，杀害了母亲。然后他开车回家，又对着深爱的妻子连刺五刀。他留下的字条表达了对两起谋杀案的绝望和悔恨。第二天早上，他来到得克萨斯大学校园，爬到校园钟楼的顶端，然后向下开枪射击。在被执法人员击毙之前，他杀死了14人。怀特曼死后，法医在他大脑中发现了一个肿瘤，这个肿瘤看起来压迫到了他大脑的杏仁核，而杏仁核是大脑中掌控情绪和决策的关键区域。

这会改变你对怀特曼的看法吗？

对许多人来说，答案是肯定的。这削弱了我们对其恶意的认定。最开始，我们认为他选择了杀人，这是"他"的选择，而没有什么其他原因。当发现了肿瘤时，他在我们眼中的邪恶形象突然被动摇了。我们开始把他看作一个癌细胞的受害者，而不是一个怪物。大多数人可能会认为，他不应该为那些罪恶行径负太多道德责任，因为他不能完全控制自己的行为和选择。

但是，如果自由意志论者的自由意志是一种错觉，它只不过是神经魔术师变的戏法，那我们还会觉得一个人要对他的行为负道德责任吗？如果我们的思想来自我们的神经元，而我们不能主动地用我们称之为"思想"的神奇物质来控制这些神经元，那么在性质上，我们的思想和行为与肿瘤所造就的思想和行为有什么区别？一种行为被病态的脑组织所左右，另一种行为被健康的脑组织所左右，这是否会使它们在道德上有所不同呢？我们无法控制大脑中的健康组织，就像我们无法控制癌细胞一样。我其实无法选择自己是否对内战产生兴趣，对内战的痴迷是我大脑神经和生物过程的必然结果。如果我们可以接受这一说法，那么对于具有道德分量的选择，为什么我们就要使用不同标准？

我们无法选择自己的基因、父母、童年经历或大脑的生理结构，但这些因素显然决定了我们未来的行为。责备人们的过错或赞扬他们的成就有意义吗？如果没有，那恐怕会令人不安，因为这似乎让"邪恶"的人摆脱了困境。这是一个难以被接受的概念，它提出了一个更加棘手的问题：如果罪犯没有自由选择的权利，我们又如何证明惩罚罪犯是合理的呢？*

对刑事处罚的正当性解释主要分为三类：一些人认为惩罚是为了报复，以牙还牙，为了惩罚而惩罚；另一些人则认为惩罚是一种防范工具，将罪犯关起来是为了阻止他们今后再犯罪；还有一些人认为，惩罚是一种改造手段，可以让罪犯重新

---

* 一些相容论者，如丹尼尔·C.丹尼特，认为在他们的定义下，自由意志也意味着道德责任。其他人则有不同意见，就像哲学领域的许多问题一样，这没有标准答案。

成为能对社会做出贡献的人。如果自由意志不存在，道德责任自然也就不存在，那么为了惩罚而惩罚就说不通了，但其他两个理由仍然适用。即使罪犯没有自由意志，为了减少其对社会的危害，他们仍然需要被清除出大众生活圈。惩治他们可以阻止他们潜在的未来犯罪行为，而改造更具有价值。因此，罪犯仍然需要接受惩治措施，但其背后的逻辑则不再强调，他们之所以受刑，是因为他们"选择"成为恶人。

这种实用主义的作风在不公平的社会中早有先例，它创造了赢家和输家，但荣誉或过错并不能全然归咎于他们自身。我们大多数人都承认这样一个事实：无论受教育程度如何，有些人的天赋智力就是高于其他人。但聪明人没有选择成为聪明人，智力低下者也没有选择成为智力低下者。我们大多认为，智力来自天赋和后天培养的复杂的相互作用，没有人可以合理地宣称，那些高智力、得到家庭有力支持的孩子是以某种方式独立"拿下"了他们的高智力。尽管如此，社会还是做出了务实的判断：如果牛津大学或哈佛大学的癌症研究负责人天生幸运，他生来就很聪明，并且他的智力潜能还得到了后天环境的激发与培养，那么我们其他人都会从中受益。我们可以赞扬爱因斯坦的聪明才智，但如果在这份赞扬中掺入道德成分则很荒谬。同理，如果一个大脑杏仁核受损的精神病患者无法自控地要做出某些行为，对他进行道德谴责也同样很荒谬。

我们应该颂扬爱因斯坦，因为建造知识英雄的圣殿具有实用价值。它支撑着我们的信念，激励我们去拼搏奋斗。同样，我们可以且应该继续谴责那些行为恶劣的人，因为这仍然有其作用，即使从原则上讲，他们的"过错"并不像我们通常所认为的那样简单直接。正如哈里斯所说，"将人类视为自然现象并不一定会损害我们的刑事司法体系。如果我们能将地震和飓风因其罪行关进监狱，我们也会为它们建造监狱……显然，我们可以明智地应对危险人物带来的威胁，而不必在人类行为的最终起源问题上自欺欺人"[22]。

我怀疑他是对的。但如果认为对立的观点毫无价值，那就太愚蠢了。随着神经科学研究的飞速发展，以上观点将成为我们这个时代最重要的哲学辩论话题。

奇怪的是，这些争论很少在主流社会研究中出现。你可能会认为，当人们试图理解"为什么事情会发生"时，一定会围绕"自由意志"、"决定论"和"非决定论"这几个核心概念展开讨论。但在心理学或社会科学哲学这个小众分支领域之外，决定论议题基本上是一片知识荒地，很少有人深耕其中。我在研究生院只学过一个小时的决定论，然后它就永远地从我的职业生涯中消失了。其原因在于，在很多社会学家、经济学家和政治学家眼中，"决定论"是一个肮脏的词语。有趣的是，这种现象也源于历史偶然性，一些意外事件导致了决定论的污名化。

19世纪末、20世纪初，出现了决定论邪恶派，他们别有用心，怀有卑鄙的政治意图。正如前面"地球彩票"一章所讨论的，环境决定论或地理决定论成为一系列卑劣意识形态的理由，包括种族主义和殖民主义。此外，有些优生学家还利用生物决定论——"我们完全是基因产物"这一错误观念——为旨在"证明"白人至上的伪科学辩护。如我们所知，再之后，社会科学界对涉及决定论的论证方式产生了强烈反弹。这一反弹摧毁了那些与决定论合流的卑劣意识形态，但也摧毁了社会科学内部关于决定论的信念。尽管从逻辑上来说，决定论并没有什么错，我们的世界显然就是这样运行的。

因此，社会科学对决定论的否定不是出于理性原因，而是出于道德原因。20世纪的决定论批评者认为，决定论"具有危险的道德和政治后果"，它可能为"逃避责任和责罚提供托词"。[23] 这导致大多数社会科学的逻辑根基很不通畅，例如，结构化理论[24] 明确主张人类具有自由意志，"在某种意义上，个人可以在特定行为序列的任何阶段采取不同的行动"[25]。*

这就是哲学家和物理学家警告过的"魔法幻象"。然而，人们过于强调个人自由选择是现代社会变革的主要驱动力，以致"决定论"这个词已经成为一种侮辱。在社会科学中，称一种理论为"决定论"是最严厉的攻击之一，当你想批评某个

---

* 结构化理论和类似理论认为：人类行为源于结构（我们生活在其中的规范、规则和文化）和行为主体（我们的自由意志）的混合。

荒谬且在道德上令人反感的观点时,你就可以给它贴上"决定论"的标签。[26]"机器里的幽灵"继续困扰着我们,让我们无法正确理解自己和我们的世界。

然而,我们不应该回避那些挑战我们生活信念和行为方式的想法,我们应该积极地讨论这些概念,而不是因为它们令人不安就将其排除在讨论之外。打开灯来审视潜伏在黑暗中的东西,总比假装它们不存在要好。

* * *

对我来说,决定论令人心生敬畏。我们此刻的生活是由绵延数十亿年的无穷"丝线"编织而成的,它像一幅巨大的挂毯,如果你试着拉一根线,希望只是改变挂毯的一个微小角落,但就可能会导致整个挂毯崩开。扯一根线,就能改变挂毯的全部样貌,调整过去的一条线,你可能就不复存在,或者你可能会有不同的伴侣、不同的孩子。然而,只要稍稍改变一下,你或许也能避免可怕的心碎时刻,挽回爱人或挚友。这引出了一个让人深刻感慨的结论:我们最好和最坏的时刻密不可分。你生命中最快乐的经历,与你曾遭受的最沉重的绝望扭结在同一条主线上,它们缺一不可。这听起来可能很奇怪,但如果我曾祖父的第一任妻子没有谋杀她的家人,我显然不会存在,所以我的幸福其实与那场可怕的悲剧联系在一起。如果没有他们的痛苦,我最快乐的时光也不可能存在。当然,我不是说我们应该因痛苦而庆祝，但未来的快乐将直接或间接地从看似毫无意义的苦难中产生，这可能是一个令人欣慰的事实，它能冲淡我们在低潮时的痛苦。另外，我的快乐时刻也可能会以某种方式残忍地导致他人或我自己的苦难。事情就是这样。不管是好是坏，其中蕴含了一种意味深长的美妙气氛，它让人生动地感受到众生之间的相互联系，跨越时空，密切交织。

如果你认为自己是一个孤立的个体，完全掌控着一切，那么，自由意志的丧失对你来说可能是一个沉重的打击。但是，如果你把自己看作一幅巨大挂毯的一部分，它在不断编织生命之间的美妙联系，并被命运的相互作用不断渲染，而这幅挂毯的历史可以追溯到你最遥远的祖先，那么承认决定论也许会让你感到振奋。

如果你的位置由其他人所取代，世界将会不同。因为你的存在，你会对世界产生影响，其中有好有坏，但它们都是巨大挂毯的一部分。你很重要，哪怕是你已经做过或将要做的最不起眼的决定。你的言语、你的行为，甚至你的思想和感受，都会产生广泛的涟漪效应，超出你所能看到或意识到的范围，甚至远远超出你的有生之年。你现在所做的决定，无论是否出自自由意志幽灵之手，都将在一定程度上决定未来哪些人会存在于世，也将决定数千年后他们所生活的世界。总而言之，这太不可思议了。你所做的一切，每一点一滴，都很重要。这也许不是我们大多数人所理解的自由意志，但我要说，这肯定是一种值得拥有的自由意志。

你是否从骨子里觉得自己本可以不同,这重要吗?对我来说,知道可以自由地追求我所渴望的东西就足够了。想象一下,你的行为和思想——你永远都会觉得它们属于你自己——并不是来自一个幽灵般的非物质实体或一个小矮人,而是来自你所经历的一切、你大脑的化学反应,以及你生命中所有人和所有事件的混合作用,这真的有那么可怕吗?

你是整个宇宙历史偶然性汇聚而成的最终产物。为了你的存在,一切都必须按照它的原样存在,每件事都必须完全一样,必须发生在精确的时间、精确的地点。这让我们明白了一个简单而奇妙的真理:137亿年的"偶然史"鲜活地体现在我们每个人身上。

也许我们最终可以接受,我们永远无法完全理解自己的存在。尽管如此,库尔特·冯内古特给了我们一个很好的建议,他告诉我们如何在不确定的世界中充分享受生活:"人类生活的目的(不管是谁控制它),就是爱身边值得爱的人。"[27]

第13章 为什么我们做的每件事都重要

在混乱、错综复杂的世界里，不确定性带来的好处

我们的共同旅程已接近尾声。我们的直觉、感知和许多传统智慧一直试图将世界塞进僵化、刻板的模型，现在，我们瞥见了一个完全不同的世界，这个新世界可能会让我们感到困惑，但至少它更接近真相。我们对事情前因后果的故事书版本的解读是谎言，我们经由进化所形成的认知系统欺骗了我们。现实是：一切事物相互纠缠，不断变化，微不足道的细枝末节也会产生深刻影响。这意味着，当我们在赫拉克利特世界的河流中跋涉时，我们的行进轨迹取决于近乎无穷多的因素。倘若说我们改变了什么，我们改变了一切。由此，又必然会引出一个容易使人迷惑的启示：世界是不确定的，我们无法解释，也无法控制。

但我们该怎么处理这些信息呢？我们该如何生活？

正如散文家玛丽亚·波波娃提醒我们的那样，"对现实充满好奇是最快乐的生活方式"[1]。我们中有多少人被困在现代生活的"仓鼠滚轮"上，看似忙忙碌碌，却没有取得任何进展？是时候放弃虚假的控制幻象了，只要你知道往哪里看，就会惊叹于蕴藏在不确定性中的美丽。

也许我们的颓废萎靡源于一种不切实际的奢望，我们总是试图控制自己无法控制的世界，同时，我们还陷入对确定性的追求，而这种追求总是以失望告终。我们现在的生活方式与我们对世界的误解纠缠在一起，我们把纠缠世界中不可避免的偶然事件仅仅当作巧合和奇闻逸事，而非一座优雅而复杂的花园中的一株神秘的新芽。我们的真实世界充满了丰富的分形函数和斐波纳奇螺旋，而我们的经济和政治模型则将现实简化为用几个变量就可以表达的呆板的线性方程，如此一来，我们对自己和周围环境的看法也会变得更加枯燥乏味。在徒劳无果的控制追求中，生活也演变成对呆板的方程式的求解循环。我们总是觉得自己离真正想要的东西只差一个隐藏要素——一个产品或一次提拔，可当我们买到它或实现它时，却发现自己过去只是一厢情愿，它并不能真的让人心满意足。

然而，我们继续在"控制"的祭坛前顶礼膜拜。在大部分清醒的时间里，我们都致力于取得某些进步，比如，实现第三季度的目标。然而，当我们试图把每一次努力都提炼成一场"优化升级"的斗争时，身为人类的本质就被消解了，我们像钟表一样机械运转，内心却一片贫瘠。我们狂热地投入辛劳工作，通过企业战略、生活技巧和待办事项清单等措施不断榨取效率。我们宁愿为了"多做一点儿"而"少享受一点儿"。对许多人来说，人生的胜利目标就是消除缓慢、静谧的时刻，用超负荷的多线程工作来填满生活。而效率是一种徒劳的追求，因为你永远可以做得更多、更快、更好。所以，对效率的追求其实并不能让我们感到满足。事实上，我们最美好的时刻往往是效率最低的时刻，在某些生命瞬间，我们将对成就的渴望抛在一边，因此获得了短暂的欣喜。

这就是 21 世纪生活的悖论：惊人的繁荣似乎与急剧上升的疏离感、绝望情绪和生存不确定性息息相关。人类创造了地球上有史以来最先进的文明，但无数人需要通过药物治疗来应对生活。我们的控制能力远远超出了古人的想象，我们可以从地下开采矿物，用它们发电，然后在电子屏幕上幻化出魔法师、外星人和超级英雄的形象，这些形象一度只存在于人们的幻想中。现在，我们甚至能够让人类制造的全新思考机器——人工智能来创作艺术和文学作品。可这给我们带来了什么？在每一个可衡量的指标上，我们都比以往任何时候好，但我们中许多人因此而感到更糟糕。

德国社会学家哈特穆特·罗萨认为，这是我们自己造成的绝望，不是因为技术发展，而是因为我们徒劳地渴望让世界变得更为可控。罗莎写道，后现代性的要求直截了当，但令人沮丧，"总是想方设法增加自己在世界中所占的份额"[2]。关系成为达到目的的一种手段，这种做法将一个神奇的网络简化为纯粹的"联网"。作家、前修女凯伦·阿姆斯特朗也有这种不安,她指出,当人们参观博物馆时,他们不仅仅是在一件具有世界历史意义的文物旁默默欣赏。他们会用手机拍一张照片,然后继续前行,试图"以某种方式拥有它,就好像只有在拥有虚拟副本之后,它对他们来说才是真实的"[3]。罗莎认为,这是一种错误而荒唐的渴求,因为"只有在遇到无法控制的东西时,我们才能真正体验这个世界,我们才会感到触动、活力和生机"[4]。即使在精心策划的庆祝活动中,最让我们刻骨铭心的也是那些意外的精彩瞬间。

尽管如此,我们还是沉浸在骗子的谎言中,他们告诉我们,我们距离真正的控制只差一本励志书。他们坚持认为,故事书版本的现实才是真实的,而且你是其中的主角。你一个人就能决定剧情的走向——只要你能充分发挥自己积极思想的神奇力量。

以朗达·拜恩的《秘密》为例。该书已售出 3 000 万册,被翻译成 50 多种语言。拜恩坚持认为,财产稀少和贫穷是一种精神状态,而开明的思想可以战胜这一切。她说:"任何人会没有足够金钱的唯一原因是,他们的思想阻碍金钱朝他们而来。"积极思考是"X",财富是"Y",前者会直接导致后者。要是那些贫穷可怜的"消极南希"和"黛比·唐纳"[①] 都买得起她的

---

① 这两个名字在美国指那些悲观、阴郁、牢骚满腹的人。——译者注

书就好了！如果她们能买得起这本书，她们将得到惊人的启示，包括"思想会发出磁性信号，并将相似的事物吸引回来"（物理知识告诉我们，磁铁是负性相吸[5]，平行的磁极只会相斥，不过无须介意这一点）。两个世纪前被奴役的人们没有以不同的方式想象自己，真是太可惜了！他们的锁链不过是他们心灵的枷锁。在拜恩的胡言乱语中，不幸的受害者只能怪自己。

这是无稽之谈。广岛市民并没有选择被一种他们不知道的新武器蒸发掉；京都的人们也没有选择被一个度假者的多愁善感所拯救；亨利·史汀生在出生时并没有选择有一天他会因为爱上日本的一座城市而改变美军的作战计划；克劳德·莫奈没有选择在自己去世75年后，用一条印着自己作品的领带去拯救一个人的生命；约瑟夫·洛特收到一条印有莫奈作品的领带时，也没有选择利用这条领带求生。就像我们所有活着的人一样，洛特只是碰巧在正确的时间出现在了正确的地点。这些并不是倒霉蛋丧失控制力、成为命运玩物的怪异时刻，而是世界真实运作方式的随机瞬间。时空将无数选择和决策分割开，但又将它们以我们未曾料想的方式汇聚在一起，由此改变了我们的生活。接受我们的真实面目会让人感到欣慰：我们是宇宙的偶然，我们是携带着意识的原子群，我们在不确定性的海洋中漂流。

我们不需要控制一切。没关系。

问题不仅在于拜恩和她的机会主义的同伴们在兜售诸如

《秘密》之类的伪科学作品，而且还在于他们在兜售通往不可能之事的路线图，他们在贩卖不可驯服的宇宙的驯服指南。这些伪科学的言论强化了一种错误而有害的观念，即你面临的任何绝望都可以通过更多金钱、更多控制、更多个人行动来解决。拜恩的谎言抹杀了世界纠缠的本质：只有你自己才能决定你的命运！只要审视内心，你一定可以征服外部世界！这是一种虚假的控制感，就像人们在博物馆拍下照片并不等于真正拥有了艺术品。《秘密》这样的自助书籍往往是自恋者的宇宙指南，在这本书中，世间的一切存在都可以臣服于你，只要你用正确的言语或思想去召唤它。即使世界是这样运转的（事实并非如此），研究已经证实，人类往往会被困在享乐主义的跑步机上，我们拼命地奔跑，拼命地追求我们认为会让我们快乐的东西——通常是物质和地位，但最终我们发现自己还是在原地踏步，回到了我们开始的地方。

这并不是说，我们应该委曲求全，不断吟诵《宁静祷文》，对世界的不公正退避三舍，或者接受不幸而不试图改变命运。奋斗是人生的一部分。我们只是要坚持认为我们看待世界的方式很重要，而我们中很多人都被一个谎言蒙蔽了。你无法通过念咒或用思想召唤财富来控制世界，寄希望于虚假的神谕会让你不断失望。

但是，不仅仅是对"控制"的顶礼膜拜让我们痛苦。更矛盾的是，错误的控制企图会让世界变得更不可控，而且是以危险的方式。正如我们所看到的,复杂性科学确定了生活在混沌边缘的风险——还记得它的含义吗?系统在临界点的悬崖上摇摇欲坠,这正是"黑天鹅"事件最有可能让我们措手不及的时刻。然而,我们是怎么做的?我们争先恐后地冲向边缘,希望消灭社会制度中的每一丝懈怠,在效率之神面前俯首称臣。近年来,我们屡屡因人为灾难而跌落悬崖,而完全优化的系统又放大了这些灾难,不允许有任何差错,可无论付出多大代价,我们的信念始终不渝。

因此,这个原本就充满意外和偶然的世界变得更加不确定。在这种不确定性中,我们的生命和生计岌岌可危,我们的社会面临灾难性的风险。我们应该吸取教训,让我们的系统更宽松,用更好的韧性来取代更高的效率。这是一种更美好、更稳固的生活方式。

但有意思的是,不确定性也有好的一面——它们使我们成为人类。想想看:如果你能完全知晓生命中将会发生的一切,从记录你人生所有悲痛的电子表格到标记你人生确切长度的日历,你真的想拥有这些信息吗?

一个没有生命奥秘的世界将是一个扫兴的、没有生机的世界。在这样的世界里,我们按部就班地漂泊,从不会感到惊讶,从不会停下来思考自己如何被世界编织进了错综复杂的无尽网络,从不会对生命的奇迹感到敬畏。我们将拖着麻木的大脑,成为行将就木的僵尸,被困在一个一切皆可预测、皆已注定的空虚之境里。现代社会的使命之一是摧毁未知，但如果没有未知，我们将迷失方向。

当我们幻想自己更喜欢生活在一个完全可控的世界中时，我们是在自欺欺人。事实上，我们渴望在有序与无序之间保持适度平衡，我们的发散-趋同的世界满足了这一愿望。物理学家艾伦·莱特曼指出："我们喜欢西方古典音乐的经典结构篇章，也喜欢爵士乐自由奔放的即兴节奏；我们被雪花的对称性所吸引，但我们也陶醉于变幻不定的白云……我们或许尊重那些循规蹈矩、理智谨慎的人，可我们也欣赏打破常规的特立独行者。我们会赞美他们的狂野不羁。"[6] 如果一切都有条不紊、井然有序，生活就会枯燥乏味，而纯粹的无序则会毁灭我们。

尼采写道，这种张力来自人类的阿波罗（日神）精神和狄俄尼索斯（酒神）精神。他们都是宙斯的儿子，但阿波罗代表秩序、逻辑和理性，狄俄尼索斯则是一个非理性的混乱者，他喜欢狂欢和劲舞。要想活得精彩，我们需要两者兼备。

我们中的许多人都觉得自己的狄俄尼索斯精神太少了，所以我们试图在生活中多塞进一点儿。这样做是徒劳无功的，这就像失眠者试图强迫自己入睡一样。在"控制"的错误思想指导下，狄俄尼索斯时刻是被设计出来的，而不是被发现的。一切，甚至是快乐，都可以被度量。如果你的 Fitbit[①] 可穿戴设备

---

① 美国旧金山的一家新兴公司，致力于研发和推广健康乐活产品。——编者注

没有记录你的步数，你会去野外散步吗？有多少人看到这些文字，是因为你把"阅读《偶然》"列入了你的待办事项清单？但是，如果每一个目标都会引出另一个目标，而另一个目标又会引出新目标，那么我们不就是一直在为一个永不可及的远景目标而奋斗吗？在现代生活中，我们有多少行为是无目的的？

拥抱不确定性之美，意味着少强调一点儿你当下行为对未来优化升级的意义，多强调一点儿为当下行为本身而庆祝。我们生活的交响乐是由数万亿人规模的管弦乐队演奏的。演奏者们在数十亿年里敲击着属于自己的音符，这些音符穿越时空，以最偶然的方式汇聚在一起，达到生命乐章的高潮。

我们应该谦卑地认识到，自己不是交响乐的指挥，而是其中一根振动的琴弦。我们置身于广袤而未知的世界，不了解自己要去哪里，也不明白自己为什么会在这里（如果有原因的话）。这引出了最重要的一句话：我不知道。诺贝尔文学奖得主、诗人兼作家维斯拉瓦·辛波丝卡非常珍视这句话。她说："它很短小，却用强有力的翅膀翱翔天际……如果艾萨克·牛顿从未对自己说过'我不知道'，其小果园里的苹果可能会像冰雹一样掉在地上，而他顶多会弯腰捡起它，然后津津有味地大口吃掉它。"[7]

在一个好的社会系统中，我们可以接受不确定性，拥抱未知。要做到这一点，我们必须确保每一天都被探索、简单快乐和偶然所带来的惊喜填满，让当下短暂的快乐将那些因待办事项清单而引发的焦虑感从脑海中清除。亚里士多德写的不是短暂的快乐，而是持久的幸福。[8] 为了持久的幸福，我们需要一个可以满足我们基本需求的可靠的上层建筑，它会成为一座能够抵御生存危机的堡垒。我们不应该追求一个经常被重大系统性冲击所颠覆的社会，因为这些冲击会把我们推向一个不愿置身其中的境地，它将我们从现在生活中拖拽出来，强迫我们去担心未来的生存状况。然而，我们所设计的社会在很多方面都与理想社会背道而驰。在当下社会中，我们的日常生活被过度优化和过度安排，而社会本身更容易出现意想不到的事故、灾难性的动荡和破坏性的混乱。我们创造的世界是多么本末倒置，在这个世界里，当河流干涸、民主崩溃时，星巴克却能保持一成不变。如果每天都有意外的惊喜，我们会过得更好，但首先要有稳定的结构。

但如果我们能够把社会从混乱边缘拉回来，我们如何才能在其中过上更好的个人生活呢？我们可以从这个稍微令人困惑的新世界观中吸取什么教训？再一次，进化可以教会我们一些东西：尝试将使我们更接近持久的幸福。

* * *

对许多人来说，现代性的绝望源自一种无能为力的感觉，甚至是一种令人窒息的无意义感。如果你是一名仓库员工，眼看着自己的工作就要被机械臂取代，而你上厕所的时间也会被数字监控追踪，相信你很难体会到与世间万事万物融为一体的感觉。"我对这个世界没有任何影响！"或"这一切都不重要！"是现代人反复吟唱的悲歌。然而，如果你承认，意外、偶然，以及彼此纠缠构成了这个世界真实的运作方式，你会得到一个美好的启示：每个人，以及每个人一生中所做的每件事，都很重要。很多时候，我们看不到自身行为激荡出的涟漪，就像史汀生夫妇1926年的度假一样。这种崭新世界观提供的信息，比任何励志书籍都更有力量：我们可能什么也控制不了，但我们影响着一切。

我们所有人都很重要，尽管我们中的一些人在一定程度上会对世界产生深刻而显著的影响，但是，如果我们想让自己的行为发挥更大的作用，且尽可能地扩大影响概率，那么最佳途径便是来自人类在进化中形成的最杰出的创新机制：合作。大家携手并进，一起创造变化。

我们应该如何生活在影响力无处不在的世界里？人类和其他所有生物一样，在与世界的互动中，会面对两种不同策略：探索与利用。顾名思义，探索就是漫步游荡，不知道自己要去哪里；利用则是朝着已知的目的地狂奔。对这两种策略的权衡一直是数学界研究的热点，多臂老虎机问题[1]9就与此有关。当

---

[1] 一个赌徒面前有 n 台老虎机，事先他不知道每台老虎机的真实赢率，他如何根据每次玩老虎机的结果来选择下次玩哪台，以实现自己的收益最大化？——译者注

然，我们不需要借助任何数字，也能阐述清楚它们的核心含义。你偶然发现一家从未去过的新餐厅，决定去尝试一下，这是"探索"策略；或者你还是去一家已经光顾过上百次的餐厅，因为你知道它是你的最爱，这就是"利用"策略。

这些观点与"局部极大值"和"全局极大值"之别有关。想象一下，你是一名登山者，你人生的最大目标就是登上海拔最高的山峰。你住在阿尔卑斯山，所以你四处游荡了一番，选出了最高的山峰，并带着一种扬扬得意的满足感爬到顶端。任务完成了，你心想。然后，你遇到了另一名登山者，他告诉你他爬过更高的山峰。因为当他登上阿尔卑斯山的最高峰后，他一直在探索、徘徊，直到他去了喜马拉雅山，登上了珠穆朗玛峰。身为阿尔卑斯山的一名登山者，你达到了局部最高峰，却没有意识到还有另一座全球最高峰等着你去征服。这给我们的启示是：在你还没有深入探索时就过早采取"利用"经验，意味着你只能一直攀登当地最高峰，你被困在了局部极大值上，不知道还有更好的可能性。

按照这种思维方式来看，实现全局极大值总是最好的，但事实并非总是如此。也许阿尔卑斯山已经够好了，但有时候，我们需要的只是局部极大值（一件东西如果没有坏，为什么要修理它）。你已经知道自己目前最喜欢的菜了，除非你是一个美食家，否则不断探索新的餐馆可能会让你永远得不到满足。[10] 其他时候，如果系统本身不确定，那么试图到达最高点可能是个错误——特别是当它就在悬崖边上时。另外，如果形势因偶然或"黑天鹅"事件而瞬息万变，此时局部极大值与全局极大值的逻辑就站不住脚了，在这种情况下，我们不妨求助于随机尝试的智慧。

通过随机修补，进化为复杂的问题提供了巧妙的解决方案，这些解决方案远比我们这些可以自省、有意识的智慧生命所能想出的方法好得多。在生物学中，这被称为"奥格尔第二法则"[11]：进化比你更聪明。如果生命不是建立在变异、选择和基因漂变的探索基础上，那么37亿年后，我们仍然只能是古菌。生命不假思索、不加反思的实验引擎，造就了最令人惊叹的身体方案、生存策略，甚至意识机制，这些都是在不断试错中形成的。探索，利用，再探索，再利用。为了有效地探索，有时你必须完全接受不确定性。进化没有刻意"设计"出更好的解决方案，它只是通过随机的方案，来解决无法通过"智慧思考"解决的问题。

生活在加里曼丹岛热带森林中的坎图人就是一个有趣的例子。坎图人种植水稻和橡胶，[12] 这两种作物完全不同。水稻的收成变化无常。由于坎图人在土壤贫瘠的地区种植水稻，任何轻微的波动——比如虫害、雨水、洪水或干旱等，都可能导致同一块稻田在当年丰收，却在下一年荒芜。由于存在这种敏感性，当地人无法预测每年种植水稻的"最佳"地点。相比之下，橡胶则稳当得多。只要坎图人遵循良好的耕作技术，橡胶就会年年丰收。对坎图人来说，橡胶遵循明确的模式，年复一年。相比之下，水稻种植具有根本的不确定性，这是坎图人无法控制的。但是，尽管存在这种不可消除的不确定性，坎图人仍然必须决定种植水稻的地点。

于是，坎图人发展出一项不同寻常的策略：从神鸟的行动中寻找神的指示。在加里曼丹岛数以百计的鸟类中，坎图人选择了七种鸟类，他们根据这些鸟的行动和叫声来决定在哪里种植水稻，其中包括白腰鹊鸲、棕啄木鸟、红腰咬鹃、紫顶咬鹃、横斑翠鸟、栗啄木鸟和冠鸦。坎图人相信这些鸟能为他们指引方向。解读鸟类的预兆是一项复杂技艺，要综合参考鸟类出现的顺序、鸟类发出的叫声，以及人类观察者相对于鸟类的位置等信息。它是如此复杂，以至实际上是随机的。乍一看，在生存食物种植地点这种重大问题上，随机选择似乎是一种糟糕的策略。

但是，当研究人员对坎图人进行研究时，他们发现了一个惊人的现象：与其他族群相比，坎图人农作物歉收的情况要少得多。原因很简单：在一个不确定、不断变化的环境中，把所有鸡蛋都放在一个你自认为了解的篮子里其实是个坏主意，即使这个篮子在过去一直安全可靠。其他一些族群试图控制环境，他们完全根据过去的结果进行优化，结果却招致了灾难。因为微小的变动就会改变植物的生长环境，导致他们所有的作物都以同样方式减产。与此同时，坎图人通过有效的依赖鸟儿的手段意外获得了一种抗风险性更强的农业投资多样化形式。他们之所以这样做，并不是试图榨取农业中最后一滴效率，也并不是试图获得绝对掌控权，而是要通过随机化机制来应对不可避免的不确定性（坎图人的做法体现了我祖父曾教给我的一个明智生活建议：避害比趋利重要）。

在我们的世界里，我们面临的一些挑战是"橡胶问题"，另一些是"水稻问题"。有些封闭系统非常稳定，在这种系统中，最好的策略就是不断升级，优化到极限，因为全局极大值是固定的，你只需要登上去就可以了。但是，当你身处充满反馈循环、复杂相互作用、临界点和不确定性因素的开放式系统时，你最好确保你在不断尝试，否则就可能步入毁灭。水稻问题就是这样，我们很容易误以为自己已经找到了最优解法，结果却跌落悬崖。一旦你把灾难性的不确定性因素考虑进去，随着时间的推移，最优解决方案可能就出现在远处，那里仍然很高，但不像悬崖边那么危险。

我们很少将橡胶问题与水稻问题区分开。以数据分析掀起的棒球产业革命为例，迈克尔·刘易斯的《点球成金》[13]一书详细介绍了数据分析技术对职业棒球的改变，它用严谨、务实、数据驱动的计算取代了直觉和迷信（这本书后来被改编成电影，由布拉德·皮特主演）。在封闭、不复杂的系统中（如监管严格的体育比赛），这些计算可以非常有效地预测结果。而棒球比赛唯一重要的衡量标准就是获胜，数据技术能够帮助球队获胜。

因此，数据极客接管了棒球经理人的办公室。棒球比赛就像一个橡胶问题，可以优化升级。

但这里有一个问题。由于分析如此有效，比赛变得索然无味。投球手知道为了尽量减少击球手触球的机会该把球投向哪里，三振出局这种毫无激情的情况也随之增加，令人兴奋的拉锯战不复存在，观众感到无聊至极，比赛激情由此被扼杀了。棒球运动变得更像两张电子表格在球场上一决高下。这项运动的优化方向是错误的，体育运动之所以有趣，正是因为它们充满了不确定性。而经历数据技术优化后的棒球运动变得更缓慢、更有条理，也更呆板乏味。棒球迷也随之减少。美国职业棒球大联盟最终反其道而行之，修改了2023赛季的规则，旨在让比赛过程更跌宕起伏。技术介入解决了橡胶问题，但球迷们希望棒球更像水稻问题，他们想看到主导比赛的是随机和偶然，而不是蒙特卡洛模拟的冰冷数据。

这仅仅是一个体育喜好的问题，因此误判的后果并不严重。但是，如果你一直把水稻问题误认为橡胶问题，把一切都寄托在优化上，[14]你或许会陷入灾难，因为你可能被你无法预料的不确定性事件摧毁。个人如此，社会也是如此。我们世界的水稻问题数量要远多于我们的想象，这意味着我们在转向"利用"策略前，往往需要通过适当的随机尝试来生成多样化的解决方案，并内置宽松机制。

许多动物虽然看起来智力并不太高，但它们能遵循这一法则。就在十多年前，研究人员在一些鱼类和其他海洋生物身上安装了跟踪设备，以观察它们如何在海洋中移动。在获得了超过1 300万个数据点后，他们绘制出这些生物的移动路线，并将移动路线与数学公式进行比对。[15]结果令人惊讶：动物从浅海到深海的运动轨迹遵循了两个随机运动方程：莱维行走和布朗运动。莱维行走的特点是在不同方向上有许多小位移，然后每隔一段时间就会在一个方向上有一段大位移。相比之下，布朗运动则是在同一区域内进行一系列小运动。当鲨鱼不知道去哪里找下一顿食物时，它们就会采取"探索"策略——莱维行走。但当它们偶然发现一群美味的鱼时，就会转入布朗运动模式，优先"利用"附近的食物供应。*①

不过听起来，这可不是什么好的购物策略，那么，人类可以从中获得什么启示呢？想想我们如何分配研究经费。当研究开始的时候，我们不可能知道研究将走向何方，也不可能预测未来需要解决什么问题。从本质上讲，研究是一项探索任务，目的地未知。但提供研究经费的组织往往希望看到"利用"的证据："如果你想要钱，告诉我们目的地！"调查表明，那些

---

* 最近，英国南部布莱顿和苏塞克斯医学院的研究员吉梅娜·伯尼主导了一项实验，她利用"遗传魔法"培育出了大脑失活的果蝇幼虫（见本章注释16）。即使没有功能正常的大脑，果蝇幼虫也能显示出与莱维行走相匹配的探索/利用策略，这就为该策略的进化提供了进一步证据——生物已经进化出一种驾驭不确定世界中的数学本能。

承诺取得重大成果的研究者更有可能获得资助,但这些承诺不可能兑现。即使取得这些成果,也并不一定真的能发挥更大作用,实际上,我们常常被没有明显应用价值的探索研究所拯救。

20世纪90年代中期,卡塔琳·考里科相信自己的研究方向大有可为,于是她多次申请资助。可是,她一次又一次被拒绝。风险投资家也认为她的想法是在浪费钱。屡次失败后,她所在的大学给她下了最后通牒:要么辞职,要么降职,考里科坚持了下来。[17]我们应该感谢她,她关于mRNA(信使核糖核酸)的研究成果挽救了无数人的生命,因为它是新冠疫情期间有效的新型冠状病毒疫苗的基础。这本来没什么用,突然间,世界发生了变化,它成了当前最有用的科学发现。考里科因此获得了诺贝尔生理学或医学奖。

为了决定谁能得到资助,我们最好先设定一个门槛,以确保提案确实经过了深思熟虑。但面对已经越过门槛的申请,我们或许该将一部分资助额度随机分配。[18]如果我们能确定下一个突破口在哪里,或者下一个挑战将会是什么,那么我们理应采取利用策略。但既然那个确定的世界并不存在,我们就该借助随机性的力量去探索未知世界。

总之,生活中最精彩的意外不是来自对过去的精确分析,而是来自对不确定未来的探索,甚至是漫无目的的探索。在封闭的系统中,那些待解决的问题存在客观度量指标(比如决定本财政年度医疗支出)。但是,当涉及生活中的重大问题——那些无法避免的不确定性领域,如果把它们当作橡胶问题来处理,轻则带走生活中的精彩奇迹,重则导致巨大灾难。

在执着于生产力、效率和控制的文化中,这些启示往往被忽视——如果没有明显的产出(或者说"可交付成果",这是我最不喜欢的反乌托邦用语),那还有什么意义呢?但是,我们需要探索,我们需要让思绪无目的地漂流。在很多现代人看来,无目的的沉思纯粹是浪费时间,这种无聊的举动应该从我们的日程表中剔除。我们会在开车或上下班途中听播客、听音乐、看视频、玩游戏或聊天,但很少有保持静谧的时候。即使是在杂货店排队等候的30秒空闲时间里,我们中许多人也会使用智能手机。在最近的一项研究中,参与者被单独留在一个房间里6~11分钟,房间里除了一个可以给他们带来痛苦的电击装置外什么都没有,结果,许多人竟然选择电击自己,而不是独自静思。其中,一名男子在不到10分钟的时间里电击了自己190次。[19]

如果我们放弃一些控制,让自己的思维无目的地漂流和探索,会发生什么呢?有明确证据表明,注意力分散的时刻,也就是我们被闲散感所笼罩、思想远离目标行动时,往往是闪烁才智光辉的时刻。诗人济慈曾把这种现象命名为"消极能力",即人类"能够处于不确定、神秘和怀疑之中"。专业的学术语言则将之称为"闲暇时的发明"[20],即只有当我们的注意力从问题上移开时,才会出现智慧的闪光。伽利略注意到钟摆可以被用来测量时间，该发现为钟表的发明奠定了基础，据说，他是安静看着大教堂顶上一盏吊灯来回摆动时意外想到了这个点子。爱因斯坦说，他的许多重要见解都是在拉小提琴时产生的。莱特兄弟在一次悠闲的野餐中，一边看着秃鹰，一边想象出了他们的飞行器。

法国数学家亨利·庞加莱是过去两个世纪最伟大的思想家之一，他坚信，当你不试图维持控制时，会发生神奇的事情。曾经，庞加莱整整十五天埋头研究一个问题，他坐在书桌前，用羽毛笔潦草地写下几个想到的答案，但毫无收获。他越是努力，就越沮丧。但后来，"一天晚上，"他回忆道，"我喝了黑咖啡，睡不着。"他躺在床上，漫无目的地瞎想，接下来发生的事情让庞加莱惊叹不已："想法涌现，我感觉到它们在碰撞，直到它们全部紧密地联结在一起。"[21]到了第二天早上，答案就从他脑子里蹦了出来："我只需要把结果写出来。"我们常常在追求控制的过程中把自己束缚住了，但只要稍微松松手，我们不仅可以解放自己，还可以解放我们最好的想法。

庞加莱碰巧是为混沌理论铺平道路的数学家，混沌理论所对应的世界正是相互纠缠的世界，在这个世界中，一只蝴蝶扇动翅膀就可能会引发飓风。

蝴蝶为我们的旅程画上了一个诗意的句号。北美洲有一种非常迷人的橙黑色蝴蝶——帝王斑蝶，它们会到墨西哥米却肯州的高地过冬。每到春天，新一代的蝴蝶诞生后，它们就开始了漫长的北上之旅。然而，对任何一只帝王斑蝶来说，三千千米的行程都太漫长了。[22] 所以，它们的迁徙之旅是一场接力赛，[23] 上一代蝴蝶会因寿命已尽而停下脚步，但新一代蝴蝶则会继续飞行，每只蝴蝶都是代代传递的旅行中的一环。每只蝴蝶都是由历史塑造的，它们的生命从虫茧中诞生，而虫茧又取决于其祖先在特定时空的行为。它们和我们一样，会在自己生命旅程中制造未知的涟漪效应。它们可能会引发飓风，或者更有可能为儿童带来惊奇的瞬间，让儿童驻足凝视它们在草地上飞舞的身影。

就像那些蝴蝶一样，我们也是混乱统一体的一部分。博物学家约翰·缪尔曾说过："当我们试图单独挑出任何事物时，都会发现它与宇宙中的其他一切息息相关。"我们每个人都彼此相连，这是我们所获得的恩赐：当你合上这本书，去探索那个奇妙、疯狂而无限复杂的世界时，你所做的一切、你的任何决定，都无比重要。

致　谢

　　和所有人一样，我大脑中产生的每一个好想法在一定程度上都来自别人的好想法，因此我要感谢的人很多。但在为本书撰写致谢时，我遇到了两个问题。

　　首先，我的论点清楚地表明，《偶然》一书之所以能够问世，得益于在我之前就出现的每一个人、每一件事，包括我最残忍的祖先，甚至是一系列蠕虫状的生物，谢天谢地，它们在数亿年前没有被压扁。没有它们，我真的不可能完成本书。

　　其次，如果我的观点没错，那么这个世界是确定的，所有帮助过我的人都"注定"会帮助我，而且他们在这件事上并没有多少自由选择的余地。

　　尽管如此，我身体的原子在这个奇怪而美妙的星球上聚合在了一起，构成了现在的我，这真是不错！因为我可以和其他生命一起分享从这副躯壳中冒出的想法。

我在斯克里布纳出版社的编辑里克·霍根相信我，也相信我这个出书的荒唐想法。里克有一个无与伦比的优点，那就是他总是正确的，包括他正确地察觉到初稿太长了，需要删掉两万字，他的智慧让本书得到了极大改进。乔·齐格蒙德是我在英国约翰·默里出版社的编辑，他鼓励我永远不要回避重大问题，要写我认为真实的东西，即使它可能很奇怪或令人不安。我的经纪人安东尼·马特罗给了我很多明智的建议，他总是支持我，而这往往是一个作家最需要的。我在英国的代理商凯斯宾·丹尼斯在我萌生写这本书的想法时，给予了我热情的支持和指导。(在第9章的一个思想实验中，我用他们的名字来命名棋盘上的一群跳蚤，以此向他们表示感谢。)

理查德·伦斯基和扎卡里·布朗特在密歇根州中部的一个实验室里揭开了进化的神秘面纱，他们深刻地影响了我对"改变"的看法。马克·佩格尔对我非常友善、和蔼、耐心，他纠正了我关于物种和进化生物学的一些错误观点。萨宾·霍森费尔德和肖恩·卡罗尔帮助我搞清楚了一些难以理解的物理学领域。杰罗姆·布尔教了我关于蝗虫的知识。尼克·莱恩帮助我理解了线粒体的起源。克林特·巴林格是其所在领域的杰出学者，他帮助我理解了地理对人类轨迹的影响。

夏洛特·容、尼基尔·乔汗和索菲亚·尤平在我早期构想阶段为我提供了不可或缺的帮助，使我的想法逐渐成形。

马塞尔·迪苏斯和大卫·兰德里多年来为我提供了详尽的

反馈意见,他们是我很好的朋友。亚历克斯·泰特尔博伊姆帮助我缓和了一些对社会科学的苛刻看法,并做了所有好朋友都应该做的事情:指出我的错误。

我的父母给了我两份最棒的礼物:存在,以及无尽的爱与支持。

艾莉改变了我看世界的方式,让我更加清楚地认识到,只有充满好奇心、惊奇、敬畏和探索的生活,才是最好的生活。如果有多个宇宙的话,我相信,和艾莉在一起的这个宇宙肯定是最好的一个。

最后,要感谢佐罗,我那只顽皮的边境牧羊犬。我在和它散步时想到了本书中的许多想法,它提醒我注意到人们在现代生活中最容易被遗忘的事情:享受我们拥有的每一刻。于我而言,本书与它捕捉飞盘时的身影时时相重叠,难以想象,如果没有它,我怎么写下本书。

注 释

第 1 章 引言

1. O. Cary, "The Sparing of Kyoto—Mr. Stimson's 'Pet City,'" *Japan Quarterly* 22 (4) (1975): 337, https://www.proquest.com/scholarly-journals/sparing-kyoto-mr-stimsons-pet-city/docview/1304279553/se-2. See also J. M. Kelly, "Why Did Henry Stimson Spare Kyoto from the Bomb? Confusion in Postwar Historiography," *Journal of American–East Asian Relations* 19 (2) (2012): 183–203.
2. "Summary of Target Committee Meetings on 10 May and 11 May 1945," top-secret memo of the United States Target Committee, 12 May 1945, https://nsarchive2.gwu.edu/NSAEBB/NSAEBB162/6.pdf.
3. Alex Wellerstein, "The Kyoto Misconception," *Restricted Data: The Nuclear Secrecy Blog*, 8 August 2014.
4. Ibid.
5. "The Interim Committee," Atomic Heritage Foundation, 5 June 2014.
6. Kelly, "Why Did Henry Stimson Spare?"
7. B. J. Bernstein. "The Atomic Bombings Reconsidered," *Foreign Affairs* 74 (1) (1995): 135–52, https://doi.org/10.2307/20047025.

8. Cary,"Sparing of Kyoto," 337.
9. Alex Wellerstein,"Nagasaki: The Last Bomb," *New Yorker*, 7 August 2015.
10. Alex Wellerstein,"The Luck of Kokura," *Restricted Data: The Nuclear Secrecy Blog*, 22 August 2014.
11. J. L. Borges,"The Garden of Forking Paths," in *Collected Fictions* (New York: Penguin Books, 1962).
12. *The Stanford Encyclopedia of Philosophy*, s.v."Friedrich Nietzsche," 17 March 2017, https://plato.stanford.edu/entries/nietzsche/.
13. "Terrible Act of Insane Woman,"*Manitoba Free Press*, 17 June 1905.
14. Richard Dawkins, *Unweaving the Rainbow: Science, Delusion and the Appetite for Wonder* (London: Houghton Mifflin, 1998).
15. Michael Holroyd, *Bernard Shaw: The One-Volume Definitive Edition* (New York: Random House, 1997).
16. Hannah Arendt, *The Human Condition* (Chicago: University of Chicago Press, 1958).
17. R. Black, *The Last Days of the Dinosaurs: An Asteroid, Extinction and the Beginning of Our World* (Cheltenham, UK: History Press, 2022).
18. Ibid.
19. Martha Henriques,"How Mammals Won the Dinosaurs' World," *BBC Future*, 15 August 2022.
20. Lisa Randall, *Dark Matter and the Dinosaurs: The Astounding Interconnectedness of the Universe* (New York: Random House, 2017).
21. W. J. Gehring,"The Evolution of Vision," *Wiley Interdisciplinary Reviews: Developmental Biology* 3 (1) (2014): 1–40.
22. A. Ogura, K. Ikeo, and T. Gojobori,"Comparative Analysis of Gene Expression for Convergent Evolution of Camera Eye between Octopus and Human," *Genome Research* 14 (8) (2004): 1555–61.
23. Dr. Martin Luther King Jr.,"Remaining Awake through a Great Revolution," speech given at the National Cathedral, 31 March 1968.
24. Tomoko Y. Steen,"Always an Eccentric? A Brief Biography of Motoo Kimura," *Journal of Genetics* 75 (1) (1996): 19–25.

25. Ibid.
26. M. Kimura, *The Neutral Theory of Molecular Evolution* (Cambridge: Cambridge University Press, 1983).

第 2 章 改变任何事情，都会改变一切

1. Michelle Butterfield,"Tourist Survives 18 Hours at Sea by Clinging to Soccer Ball off Greece," *Global News Canada*, 14 July 2022.
2. Martin Luther King Jr.,"Letter from a Birmingham Jail," 16 April 1963.
3. R. Hahan and R. Hahn, *Pierre-Simon Laplace, 1749–1827:A Determined Scientist* (Cambridge, MA: Harvard University Press, 2005).
4. David P. Feldman,"Newton, Laplace, and Determinism," in *Chaos and Fractals: An Elementary Introduction* (Oxford: Oxford University Press, 2012; online ed., Oxford: Oxford Academic, 17 December 2013).
5. "The *Bulletin* Interviews Professor Edward Lorenz,"*MIT Bulletin* 45 (2) (April 1996).
6. James Gleick, *Chaos: Making a New Science* (New York: Viking Books, 1987).
7. Edward Lorenz, *The Essence of Chaos* (Seattle: University of Washington Press, 1995).
8. Arthur Conan Doyle, *The Adventures of Sherlock Holmes: Collins Classics* (Glasgow, Scotland: William Collins, 2016).
9. Michael Berry,"The Electron at the End of the Universe," in *A Passion for Science*, by L. Wolpert and A. Richards (Oxford: Oxford University Press, 1988).
10. Pema Chödrön, *Living Beautifully with Uncertainty and Change* (Boulder, CO: Shambhala, 2012).
11. Nassim Nicholas Taleb, *The Black Swan: The Impact of the Highly Improbable* (New York: Random House, 2007).
12. D. J. Allan,"The Problem of Cratylus," *American Journal of Philology* 75 (3) (1954): 271–87. See also G. S. Kirk,"Natural Change in Heraclitus,"

Mind 60 (237) (1951): 35–42.
13. F. Turner,"Earthrise: How Man First Saw the Earth," *Technology and Culture* 51 (1) (2010): 272–74.
14. Ezzy Pearson,"The Overview Effect and Apollo," *BBC: Sky at Night Magazine*, 23 March 2023.
15. N. Kanas,"Spirituality, Humanism, and the Overview Effect during Manned Space Missions," *Acta Astronautica* 166 (2020): 525–28. See also D. B. Yaden et al.,"The Overview Effect: Awe and Self Transcendent Experience in Space Flight," *Psychology of Consciousness: Theory, Research, and Practice* 3 (1) (2016).
16. 这是密歇根大学复杂系统专家斯科特·E. 佩奇教授经常引用的名言的改编版。
17. Chloe Taylor,"Kids Now Dream of Being Professional YouTubers rather than Astronauts, Study Finds," CNBC, 19 July 2019.
18. Alan Watts, *The Book: On the Taboo against Knowing Who You Are* (New York: Pantheon Books, 1966).
19. J. Baggini, *How the World Thinks: A Global History of Philosophy* (London: Granta Books, 2018).
20. Elizabeth Wolgast,"Primitive Reactions," *Philosophical Investigations* 17 (4) (1994): 587–603.
21. See Roland Ennos, *The Wood Age: How Wood Shaped the Whole of Human History* (New York: Harper Collins, 2021).
22. H. Chaudhuri,"The Concept of Brahman in Hindu Philosophy," *Philosophy East and West* 4 (1) (1954): 47–66.
23. E. Salmón,"Kincentric Ecology: Indigenous Perceptions of the Human-Nature Relationship," *Ecological Applications* 10 (5) (2000): 1327–32.
24. Karen Armstrong, *Sacred Nature: How We Can Recover Our Bond with the Natural World* (London: Bodley Head, 2022). See also Karen Armstrong, *A History of God* (New York: Vintage, 1999).
25. S. D. Snobelen,"Newton's Theology," in *Encyclopedia of Early Modern Philosophy and the Sciences*, ed. D. Jalobeanu and C. T. Wolfe (New

York: Springer, 2022), https://doi.org/10.1007/978-3-319-31069-5_106.
26. A. Rosenberg,"Reductionism in a Historical Science," *Philosophy of Science* 68 (2) (2001): 135–63; and P. J. Verschuren,"Holism versus Reductionism in Modern Social Science Research," *Quality and Quantity* 35 (2001): 389–405.
27. See, for example, R. Guerrero, L. Margulis, and M. Berlanga, "Symbiogenesis: The Holobiont as a Unit of Evolution," *International Microbiology* 16 (3) (2013): 133–43.
28. Merlin Sheldrake, *Entangled Life: How Fungi Make Our Worlds, Change Our Minds and Shape Our Futures* (New York: Vintage, 2021).
29. G. Mazzoccoli et al.,"The Circadian Clock, the Immune System, and Viral Infections: The Intricate Relationship between Biological Time and Host-Virus Interaction," *Pathogens* 9 (2) (2020).
30. See, for example, Erik Stokstad,"A Parasite Makes Wolves More Likely to Become Pack Leaders," *Science* 24 (November 2022).
31. A. Minuti et al.,"The Complex Relationship between Gut Microbiota Dysregulation and Mood Disorders: A Narrative Review," *Current Research in Neurobiology* 3 (2022).
32. Derek Parfit, *Reasons and Persons* (Oxford: Oxford University Press, 1984). See also David Shoemaker,"Personal Identity and Ethics," in *The Stanford Encyclopedia of Philosophy*, ed. Edward N. Zalta (Stanford, CA: Metaphysics Research Lab, Fall 2021).
33. Parfit, *Reasons and Persons*.

第3章 不是每件事的背后都有目的

1. L. Margulis,"Symbiotic Theory of the Origin of Eukaryotic Organelles: Criteria for Proof," *Symposia of the Society for Experimental Biology* 29 (January 1975): 21–38; and Nick Lane, *Power, Sex, and Suicide: Mitochondria and the Meaning of Life* (Oxford: Oxford University Press, 2005).
2. Ed Yong,"The Unique Merger That Made You (and Ewe and Yew),"

Nautilus 3 (February 2014).

3. K. Imakawa et al.,"Endogenous Retroviruses and Placental Evolution, Development, and Diversity," *Cells* 11 (15) (2022): 2458; and E. B. Chuong,"Retroviruses Facilitate the Rapid Evolution of the Mammalian Placenta," *BioEssays: News and Reviews in Molecular, Cellular and Developmental Biology* 35 (10) (2013): 853–61.

4. Immanuel Jotham,"Mutant Crayfish Learned to Clone Itself in a German Pet Store and Is Now Taking over Europe," *International Business Times*, 2 June 2018; and Carl Zimmer,"This Mutant Crayfish Clones Itself, and It's Taking over Europe," *New York Times*, 5 February 2018.

5. P. Martin et al.,"The Enigmatic Marmorkrebs (Marbled Crayfish) Is the Parthenogenetic Form of *Procambarus fallax*," *Contributions to Zoology* 79 (3) (2010): 107–18.

6. Kate Connolly,"'We Started Eating Them': What Do You Do with an Invasive Army of Crayfish Clones?," *Guardian*, 17 January 2022.

7. Ibid.

8. Rowan Moore Gerety,"Invasion of the Crayfish Clones: Q&A with Ranja Andriantsoa," *Mongabay*, 27 January 2021.

9. Michael Blastland, *The Hidden Half: How the World Conceals Its Secrets* (London: Atlantic Books, 2019).

10. D'Arcy Thompson, *On Growth and Form* (Cambridge: Cambridge University Press, 1917).

11. A. Pluchino, A. E. Biondo, and A. Rapisarda,"Talent versus Luck: The Role of Randomness in Success and Failure," *Advances in Complex Systems* 21 (03) (2018).

12. Nassim Nicholas Taleb, *The Black Swan: The Impact of the Highly Improbable* (New York: Random House, 2007).

13. See, for example, Duncan Watts, *Everything Is Obvious Once You Know the Answer: How Common Sense Fails* (London: Atlantic Books, 2012).

14. D. L. Krantz,"Taming Chance: Social Science and Everyday Narratives," *Psychological Inquiry* 9 (2) (1998): 87–94.

15. Claire Wilson, "Nature, Nurture, Luck: Why You Are More Than Just Genes and Upbringing," *New Scientist*, 21 September 2022.
16. A.-Y. Smith Matthew et al., "Idiosyncratic Learning Performance in Flies," *Biology Letters* 18 (2022).
17. William R. Brice, "Bishop Ussher, John Lightfoot and the Age of Creation," *Journal of Geological Education* 30 (1982): 18–24.
18. Jonathan Rée, "Evolution by Jerks," *New Humanist*, 31 May 2007.
19. Jonathan Losos, *Improbable Destinies: How Predictable Is Evolution?* (New York: Penguin, 2017).
20. 这是动物学家乔治·肖在1799年发表的观点。Ibrahim Sawal, "The Platypus: What Nature's Weirdest Mammal Says about Our Origins," *New Scientist*, 5 May 2021.
21. 这是约翰·亨特在1793年发表的观点。Natalie Zarrelli, "Why 19th-Century Naturalists Didn't Believe in the Platypus," *Atlas Obscura* 21 (April 2016).
22. L. K. Greene et al., "Reproductive Endocrine Patterns and Volatile Urinary Compounds of *Arctictis binturong*: Discovering Why Bearcats Smell like Popcorn," *Science of Nature* 103 (2016): 1–11.
23. See, for example, G. Scholtz, "Evolution of Crabs: History and Deconstruction of a Prime Example of Convergence," *Contributions to Zoology* 83 (2) (2014): 87–105.
24. 欲了解更多关于飞行的相关知识，请参阅 Richard Dawkins, *Flights of Fancy: Defying Gravity by Design and Evolution* (New York: Apollo Books, 2021)。
25. C. Venditti, A. Meade, and M. Pagel, "Phylogenies Reveal New Interpretation of Speciation and the Red Queen," *Nature* 463 (7279) (2010): 349–52.
26. See, for example, R. E. Lenski et al., "Long-Term Experimental Evolution in *Escherichia coli*. I. Adaptation and Divergence during 2,000 Generations," *American Naturalist* 138 (6) (1991): 1315–41.
27. R. J. Wang et al., "Human Generation Times across the Past 250,000

Years," *Science Advances* 9 (1) (2023).
28. Interviews with Richard Lenski and Zachary Blount, East Lansing, MI, 16 May 2022.
29. Zachary Blount,"Replaying Evolution," *American Scientist* 105 (3) (May–June 2017).
30. Email interview with Tim Cooper, 21 July 2022.
31. Interview with Richard Lenski, East Lansing, MI, 16 May 2022.
32. See, for example, Z. D. Blount, C. Z. Borland, and R. E. Lenski, "Historical Contingency and the Evolution of a Key Innovation in an Experimental Population of *Escherichia coli*," *Proceedings of the National Academy of Sciences* 105 (23) (2008): 7899–906.
33. See, for example, Stephanie Bucklin,"A Conductor of Evolution's Subtle Symphony," *Quanta*, 3 November 2016.
34. I. Ermakoff,"Contingency and Randomness: A Modal Approach," in *Research Handbook on Analytical Sociology*, ed. Gianluca Manzo (Northampton, MA: Edward Elgar Publishing, 2021), 264–85.
35. Richard Dawkins, *The God Delusion* (New York: Bantam Press, 2006).
36. See, for example, M. Lynch et al.,"Genetic Drift, Selection and the Evolution of the Mutation Rate," *Nature Reviews Genetics* 17 (11) (2016): 704–14.
37. A. R. Hoelzel,"Impact of Population Bottlenecks on Genetic Variation and the Importance of Life-History: A Case Study of the Northern Elephant Seal," *Biological Journal of the Linnean Society* 68 (1–2) (1999): 23–39.
38. J. Hawks et al.,"Population Bottlenecks and Pleistocene Human Evolution," *Molecular Biology and Evolution* 17 (1) (2000): 2–22.
39. 关于这些问题的科学理论尚未确定，而关于多巴火山爆发的理论也备受争议。See, for example, S. H. Ambrose,"Late Pleistocene Human Population Bottlenecks, Volcanic Winter, and Differentiation of Modern Humans," *Journal of Human Evolution* 34 (6) (1998): 623–51.
40. See, for example, A. Auton et al.,"A Fine-Scale Chimpanzee Genetic Map from Population Sequencing," *Science* 336 (6078) (2012): 193–98.

See also"Chimps Show Much Greater Genetic Diversity Than Humans," University of Oxford, 2 March 2012, https:// www.ox.ac.uk/news/2012-03-02-chimps-show-much-greater-genetic-diversity-humans.
41. N. J. Fagundes et al.,"Statistical Evaluation of Alternative Models of Human Evolution," *Proceedings of the National Academy of Sciences* 104 (45) (2007): 17614–19.
42. N. Zamel et al.,"Asthma on Tristan da Cunha: Looking for the Genetic Link," *American Journal of Respiratory and Critical Care Medicine* 153 (6) (1996): 1902–6. See also H. Soodyall et al.,"Genealogy and Genes: Tracing the Founding Fathers of Tristan da Cunha," *European Journal of Human Genetics* 11 (9) (2003): 705–9.
43. 渡渡鸟最近的活着的近亲是尼科巴鸽。"How Did the Dodo Evolve?," University of Oxford, Museum of Natural History, https://oumnh.ox.ac.uk/learn-how-did-dodo-evolve.
44. See Daniel S. Milo, *Good Enough: The Tolerance for Mediocrity in Nature and Society* (Cambridge, MA: Harvard University Press, 2019).
45. S. Larcom, F. Rauch, and T. Willems,"The Benefits of Forced Experimentation: Striking Evidence from the London Underground Network," *Quarterly Journal of Economics* 132 (4) (2017): 2019–55.
46. 本段内容主要受理查德·道金斯与物理学家肖恩·卡罗尔在后者主持的"心灵景观"播客节目中的对话启发。"Richard Dawkins on Flight and Other Achievements," 2 May 2022, https://podcasts.apple.com/us/podcast/richard-dawkins-on-flight-and-other-evolutionary/id1406534739?i=1000559344259.
47. See, for example, S. J. Sober and M. S. Brainard,"Vocal Learning Is Constrained by the Statistics of Sensorimotor Experience," *Proceedings of the National Academy of Sciences* 109 (51) (2012): 21099–103.
48. *The Beatles: Get Back*, directed by Peter Jackson (Apple Corps/Wingnut Films, 2021).
49. 经济学家蒂姆·哈福德在他的《适应》(*Adapt*) 一书中写了这个故事，并在他的"警世故事"播客中讨论了这个故事。

第4章 为什么我们的大脑会歪曲现实

1. Donald D. Hoffman, *The Case against Reality: How Evolution Hid the Truth from Our Eyes* (London: Penguin, 2019).
2. Wilfrid Sellers, *Science, Perception and Reality* (New York: Humanities Press, 1963).
3. Steven Pinker, *How the Mind Works* (New York: Penguin, 1999).
4. See J. Sakai, "How Synaptic Pruning Shapes Neural Wiring during Development and, Possibly, in Disease," *Proceedings of the National Academy of Sciences* 117 (28) (2020): 16096–99.
5. 关于维特根斯坦对情感的讨论，请参阅 D. Harris, "Of Somethings and Nothings: Wittgenstein on Emotion," *International Philosophical Quarterly* 51 (1) (2011): 73–84。
6. M. Siniscalchi et al., "Are Dogs Red-Green Colour Blind?," *Royal Society Open Science* 4 (11) (2017): 170869.
7. Jeff Hecht, "Colour Blind," *New Scientist*, 25 April 2001.
8. 关于动物色觉的概述，请参阅 Laura Kelley, "Inside the Colourful World of Animal Vision," *Conversation*, 7 November 2014。
9. Ibid.
10. G. Jordan and J. Mollon, "Tetrachromacy: The Mysterious Case of Extraordinary Color Vision," *Current Opinion in Behavioral Sciences* 30 (2019): 130–34.
11. Ed Yong, "Nature's Most Amazing Eyes Just Got a Bit Weirder," *National Geographic*, 3 July 2014.
12. N. J. Dominy, J. C. Svenning, and W. H. Li, "Historical Contingency in the Evolution of Primate Color Vision," *Journal of Human Evolution* 44 (1) (2003): 25–45.
13. M. P. Mattson, "Superior Pattern Processing Is the Essence of the Evolved Human Brain," *Frontiers in Neuroscience*, 2014, 265.
14. Simon J. Cropper et al., "Why People across the World see Constellations, Not Just Stars," *Aeon Psyche*, 17 August 2022.

15. A. J. Woods et al.,"Space, Time, and Causality in the Human Brain," *Neuroimage* 92 (2014): 285–97.
16. Daniel C. Dennett, *From Bacteria to Bach and Back: The Evolution of Minds* (New York: Penguin, 2018).
17. F. Heider and M. Simmel,"An Experimental Study of Apparent Behavior," *American Journal of Psychology* 57 (2) (1944): 243–59.
18. 对此存在争议。See, for example, W. Rendu et al.,"Evidence Supporting an Intentional Neanderthal Burial at La Chapelle-aux-Saints," *Proceedings of the National Academy of Sciences* 111 (1) (2014): 81–86.
19. Richard Gray,"Cave Fires and Rhino Skull Used in Neanderthal Burial Rituals," *New Scientist*, 28 September 2016.
20. 该故事可能是杜撰的 "Miscellany," *Lapham's Quarterly*, https://www.laphamsquarterly.org/magic-shows/miscellany/niels-bohrs-lucky-horseshoe.
21. 关于一战迷信的讨论，请参阅 Owen Davies, *A Supernatural War: Magic, Divination, and Faith during the First World War* (Oxford: Oxford University Press, 2018)。See also Malcolm Gaskill,"Ministry of Apparitions," *London Review of Books* 41 (13) (July 2019).
22. Aatish Bhatia,"What Does Randomness Look Like?," *Wired*, 21 December 2012.
23. Theodore Zeldin,"Stratagems of Ignorance," *London Review of Books*, 5 January 1989. See also Judith Devlin, *The Superstitious Mind: French Peasants and the Supernatural in the Nineteenth Century* (New Haven, CT: Yale University Press, 1987).
24. Jonathan Gottschall, *The Storytelling Animal: How Stories Make Us Human* (New York: Mariner Books, 2013).
25. P. D. James, *Talking about Detective Fiction* (London: Faber & Faber, 2010).
26. Kurt Vonnegut, *Cat's Cradle* (New York: Penguin Classics, 2008).
27. 关于裂脑研究的概述，请参阅 M. S. Gazzaniga,"Forty Five Years of Split-Brain Research and Still Going Strong," *Nature Reviews Neuroscience* 6 (8) (2005): 653–59。

28. A. Schachner et al.,"Is the Bias for Function-Based Explanations Culturally Universal? Children from China Endorse Teleological Explanations of Natural Phenomena," *Journal of Experimental Child Psychology* 157 (2017): 29–48.
29. See, for example, S. Fyfe et al.,"Apophenia, Theory of Mind and Schizotypy: Perceiving Meaning and Intentionality in Randomness," *Cortex* 44 (10) (2008): 1316–25.
30. P. Ayton and I. Fischer,"The Hot Hand Fallacy and the Gambler's Fallacy: Two Faces of Subjective Randomness?," *Memory & Cognition* 32 (2004): 1369–78.
31. Suzanne Langer, *Philosophy in a New Key: A Study in the Symbolism of Reason, Rite, and Art* (Cambridge, MA: Harvard University Press, 1996).
32. Robert Krulwich,"The Love That Dared Not Speak Its Name, of a Beetle for a Beer Bottle," NPR, 19 June 2013.
33. M. A. Schlaepfer, M. C. Runge, and P. W. Sherman,"Ecological and Evolutionary Traps," *Trends in Ecology & Evolution* 17 (10) (2002): 474–80.

第 5 章 人类的蝗群

1. Jackie Mead,"The Locust That Ate the American West," *Mental Floss*, 2 May 2022.
2. Alexandra M. Wagner,"Grasshoppered: America's Response to the 1874 Rocky Mountain Locust Invasion," *Nebraska History* 89 (2008): 154–67.
3. Caroline Fraser, "Laura Ingalls Wilder and One of the Greatest Natural Disasters in American History," *LitHub*, 5 December 2017.
4. Wagner,"Grasshoppered."
5. "Bounty for Grasshoppers," *New York Times*, 10 August 1876.
6. "Locust Eating," *New York Times*, 19 August 1875.
7. Fraser,"Laura Ingalls Wilder."
8. See, for example, C. G. Langton,"Computation at the Edge of Chaos: Phase Transitions and Emergent Computation," *Physica D: Nonlinear*

Phenomena 42 (1–3) (1990): 12–37.

9. J. Buhl et al.,"From Disorder to Order in Marching Locusts," *Science* 312 (5778) (2006): 1402–6.

10. Helmut Satz, *The Rules of the Flock: Self-Organization and Swarm Structure in Animal Societies* (Oxford: Oxford University Press, 2020), https://academic.oup.com/book/40568.

11. Email interview with Jerome Buhl, 27 July 2022.

12. C. Song et al.,"Limits of Predictability in Human Mobility," *Science* 327 (5968) (2010): 1018–21.

13. Ian Kelly, *Beau Brummell: The Ultimate Dandy* (London: Hodder & Stoughton, 2005).

14. See, for example, G. W. Imbens,"Potential Outcome and Directed Acyclic Graph Approaches to Causality: Relevance for Empirical Practice in Economics," *Journal of Economic Literature* 58 (4) (2020): 1129–79.

15. See, for example, M. M. Waldrop, *Complexity: The Emerging Science at the Edge of Order and Chaos* (New York: Simon & Schuster, 1992).

16. See, for example,"Understanding Complexity," lecture series by Scott E. Page, professor at the University of Michigan.

17. See, for example, Melanie Mitchell, *Complexity: A Guided Tour* (Oxford: Oxford University Press, 2011); or J. H. Miller and Scott E. Page, *Complex Adaptive Systems: An Introduction to Computational Models of Social Life* (Princeton, NJ: Princeton University Press, 2009).

18. See, for example, G. Ellison,"Basins of Attraction, Long-Run Stochastic Stability, and the Speed of Step-by-Step Evolution," *Review of Economic Studies* 67 (1) (2000): 17–45.

19. Brodie Farquhar, "Wolf Reintroduction Changes Ecosystem in Yellowstone," Yellowstone National Park, 30 June 2021, https://www.yellowstonepark.com/things-to-do/wildlife/wolf-reintroduction-changes-ecosystem/.

20. W. J. Ripple and R. L. Beschta,"Trophic Cascades in Yellowstone: The First 15 Years after Wolf Reintroduction," *Biological Conservation* 145 (1) (2012): 205–13.

21. M. Scheffer et al.,"Generic Indicators of Ecological Resilience: Inferring the Chance of a Critical Transition," *Annual Review of Ecology, Evolution, and Systematics* 46 (2015): 145–67.
22. Natalie Wolchover,"Nature's Critical Warning System," *Quanta*, 18 November 2015.
23. P. Bak, C. Tang, and K. Wiesenfeld,"Self- Organized Criticality," *Physical Review A* 38 (1) (1988): 364.
24. J. Buhl et al.,"Group Structure in Locust Migratory Bands," *Behavioral Ecology and Sociobiology* 65 (2) (2011): 265–73.
25. J. M. Carlson and J. Doyle,"Highly Optimized Tolerance: A Mechanism for Power Laws in Designed Systems," *Physical Review E* 60 (2) (1999): 1412.
26. Greg Watson,"Could Franz Ferdinand Welbeck Gun Accident Have Halted WWI?," BBC News, 25 November 2013. The Welbeck Abbey archives also have photos and records of this fateful shoot.
27. Benjamin Preston,"The Car That Witnessed the Spark of World War I," *New York Times*, 10 July 2014.
28. Mike Dash,"Curses! Archduke Franz Ferdinand and His Astounding Death Car," *Smithsonian Magazine*, 22 April 2013.
29. "Game Shoots at Welbeck before 1914," Welbeck Abbey archives, https://www.welbeck.co.uk/assets/files/Game%20 Shoots%20at%20Welbeck.pdf.
30. See, for example, Rebecca Taylor," 'A II II 18': Franz Ferdinand's Prophetic Number Plate," *Sky News*, 11 November 2018.
31. See, for example,"9 of the Biggest TV Moments in UK Electricity History," *Drax*, 1 August 2022, https://www.drax.com/power-generation/9-of-the-biggest-tv-moments-in-uk-electricity-history/.
32. Natalie Wolchover,"Treading Softly in a Connected World," *Quanta*, 18 March 2013.
33. Felipe Fernández-Armesto, *A Foot in the River: Why Our Lives Change—and the Limits of Evolution* (Oxford: Oxford University Press, 2015).
34. See, for example, Michael Lewis, *Flashboys* (New York: Penguin, 2015).
35. Andy Verity and Eleanor Lawrie,"Hound of Hounslow: Who Is Navinder

Sarao, the 'Flash Crash Trader'?," BBC News, 28 January 2020.

第6章 赫拉克利特定律

1. See, for example, R. Wilhelm and C. F. Baynes, *The I Ching* (Princeton, NJ: Princeton University Press, 1950).
2. 关于概率历史的讨论，请参阅 Peter Bernstein, *Against the Gods: The Remarkable Story of Risk* (Hoboken, NJ: Wiley, 1998); and James Franklin, *The Science of Conjecture: Evidence and Probability before Pascal* (Baltimore, MD: John Hopkins University Press, 2015)。
3. See Karla Mallette,"How 12th-Century Genoese Merchants Invented the Idea of Risk," *Aeon Psyche*, 2 November 2021.
4. See, for example, Dorothea Frede,"Necessity, Chance, and 'What Happened for the Most Part' in Aristotle's Poetics," in *Essays on Aristotle's Poetics*, ed. A. Oksenberg Rorty (Princeton, NJ: Princeton University Press, 1992), 197–219.
5. See Bernstein, *Against the Gods*.
6. Franklin, *Science of Conjecture*; and R. Campe, *The Game of Probability: Literature and Calculation from Pascal to Kleist* (Redwood City, CA: Stanford University Press, 2013).
7. See, for example, D. V. Glass,"John Graunt and His Natural and Political Observations," *Proceedings of the Royal Society of London* 159 (974) (1963): 2–37.
8. See David Hume, *The Philosophical Works of David Hume* (Outlook Verlag, 2020).
9. D. J. Chalmers,"Facing Up to the Problem of Consciousness," *Journal of Consciousness Studies* 2 (3) (1995): 200–219.
10. Oliver Burkeman,"Why Can't the World's Greatest Minds Solve the Mystery of Consciousness?," *Guardian*, 21 January 2015.
11. "A Few Holes to Fill," *Nature Physics* 4 (2008): 257.
12. 如需了解量子物理学的概念，请参阅 Michael G. Raymer, *Quantum*

Physics: What Everyone Needs to Know (Oxford: Oxford University Press, 2017); and Sean Carroll, *Something Deeply Hidden: Quantum Worlds and the Emergence of Spacetime* (New York: Penguin, 2019)。

13. Sean Carroll,"Splitting the Universe," *Aeon*, 11 September 2019.
14. 扎卡里·布朗特在阅读本书的初稿时，曾对我说过这句话。
15. "A Mean Feat," *Economist*, 9 January 2016.
16. See, for example, Dimitra Kessenides,"The Mission to Sample a Comet Going 84,000 Miles per Hour—and Return," Bloomberg, 26 July 2018.
17. Frank Knight, *Risk, Uncertainty and Profit* (Boston: Houghton Mifflin, 1921).
18. Interview with Sir Mervyn King, *Octavian Report*, https://octavianreport.com/article/mervyn-king-on-radical-uncertainty/.
19. 这有时被称为"湿偏差"，具体讨论参见 Nate Silver, *The Signal and the Noise: The Art and Science of Prediction* (New York: Penguin, 2013)。
20. "Who Will Win the Presidency?," Five Thirty Eight, 8 November 2016, https://projects.fivethirtyeight.com/2016-election-forecast/.
21. Ian Hacking, *The Emergence of Probability: A Philosophical Study of Early Ideas about Probability Induction and Statistical Inference* (Cambridge: Cambridge University Press, 2006); Ian Hacking, *An Introduction to Probability and Inductive Logic* (Cambridge: Cambridge University Press, 2002); and Ian Hacking, *The Taming of Chance* (Cambridge: Cambridge University Press, 1990).
22. John Kay and Mervyn King, *Radical Uncertainty: Decision-Making for an Unknowable Future* (Wicklow, Ireland: Bridge Street Press, 2021).
23. Ibid., for a discussion at length.
24. "DoD News Briefing—Secretary Rumsfeld and Gen. Myers," U.S. Department of Defense transcript, 12 February 2002, https://archive.ph/20180320091111/http://archive.defense.gov/Transcripts/Transcript.aspx.
25. Paul Valéry, *Notre destin et les lettres* (Conférencia, 1937).
26. See, for example, Martin Peterson, *An Introduction to Decision Theory* (Cambridge: Cambridge University Press, 2017).

第 7 章 讲故事的动物

1. Gershom Gorenberg, *The End of Days: Fundamentalism and the Struggle for the Temple Mount* (New York: Simon & Schuster, 2001). See also Serge Schmemann, "A Red Heifer, or Not? Rabbi Wonders," *New York Times*, 14 June 1997.
2. See Lawrence Wright, "Forcing the End," *New Yorker*, 12 July 1998.
3. See, for example, "Arms Cache Reportedly Meant to Blow Up Dome of the Rock," Associated Press, 30 August 1990.
4. Temple Talk Radio is available at the Temple Institute website, https://templeinstitute.org/.
5. D. M. Freidenreich, "The Use of Islamic Sources in Saadiah Gaon's Tafsīr of the Torah," *Jewish Quarterly Review* 93 (3) (2003): 353–95.
6. Gerd Gigerenzer, *Rationality for Mortals: How People Cope with Uncertainty* (Oxford: Oxford University Press, 2010).
7. 自 2012 年以来，我 8 次前往马达加斯加进行实地研究，经常在其首都塔那那利佛的郊区看到这些墓葬。
8. B. D. Shaw, "Who Were the Circumcellions?," in *Vandals, Romans and Berbers*, ed. Andrew Merrills (Abingdon, Oxfordshire, UK: Routledge, 2017), 243–74.
9. See, for example, B. D. Jones, "Bounded Rationality," *Annual Review of Political Science* 2 (1) (1999): 297–321.
10. K. D. Wald and C. Wilcox, "Getting Religion: Has Political Science Rediscovered the Faith Factor?," *American Political Science Review* 100 (4) (2006): 523–29; and K. D. Wald, A. L. Silverman, and K. S. Fridy, "Making Sense of Religion in Political Life," *Annual Review of Political Science* 8 (2005): 121–43.
11. S. Kettell, "Has Political Science Ignored Religion?," *PS: Political Science & Politics* 45 (1) (2012): 93–100.
12. Conrad Hackett and David McClendon, "Christians Remain World's Largest Religious Group, but They Are Declining in Europe," Pew

Research, 5 April 2017.
13. B. Gershman, "Witchcraft Beliefs around the World: An Exploratory Analysis," *PLOS One* 17 (11) (2022).
14. Antonio Damasio, *Descartes' Error: Emotion, Reason and the Human Brain* (New York: Vintage, 2006).
15. Rukmini Bhaya Nair, *Translation, Text and Theory: The Paradigm of India* (Thousand Oaks, CA: Sage Publications, 2008).
16. Quoted in F. W. Mayer, *Narrative Politics: Stories and Collective Action* (Oxford: Oxford University Press, 2014).
17. R. A. Mar et al., "Memory and Comprehension of Narrative versus Expository Texts: A Meta-Analysis," *Psychonomic Bulletin & Review* 28 (2021): 732–49.
18. Jonathan Gottschall, *The Story Paradox: How Our Love of Storytelling Builds Societies and Tears Them Down* (New York: Basic Books, 2021).
19. Carrie Arnold, "Watchers of the Earth," *Aeon*, 13 April 2017.
20. Rebecca Leung, "Sea Gypsies Saw Signs in the Waves," CBS News, 18 March 2005.
21. Susan Smillie, "Tsunami, 10 Years On: The Sea Nomads Who Survived the Devastation," *Guardian*, 10 December 2014.
22. Robert Shiller, *Narrative Economics: How Stories Go Viral and Drive Major Economic Events* (Princeton, NJ: Princeton University Press, 2021).
23. 2004年，冯内古特在美国凯斯西储大学就该话题发表演讲。这也是他在芝加哥大学就读硕士时的论文题目。演讲内容可在以下网站找到：https://www.youtube.com/watch?v=oP3c1h8v2ZQ。
24. Gottschall, *Story Paradox*.
25. Ibid.
26. Ibid.

第 8 章　地球彩票

1. Michael Marshall, "Tiny Island Survived Tsunami That Helped Separate

Britain and Europe," *New Scientist*, 1 December 2020.

2. Stephen J. Thorne,"The Royal Navy's War on Trees," *Legion Magazine*, 15 February 2022.

3. W. R. Carlton,"New England Masts and the King's Navy," *New England Quarterly* 12 (1) (1939): 4–18.

4. S. E. Roberts,"Pines, Profits, and Popular Politics: Responses to the White Pine Acts in the Colonial Connecticut River Valley," *New England Quarterly* 83 (1) (2010): 73–101.

5. Emily Cataneo,"Where Are the Last of Maine's Historic King Pines?," *Atlas Obscura*, 1 July 2021.

6. Carlton,"New England Masts."

7. See, for example, Andrew Vietze, *White Pine: American History and the Tree That Made a Nation* (Essex, CT: Globe Pequot, 2017).

8. Roland Ennos, *The Wood Age: How Wood Shaped the Whole of Human History* (New York: Harper Collins, 2022).

9. Ibid.

10. Lewis Dartnell, *Origins: How the Earth Shaped History* (New York: Vintage, 2020).

11. Mark Maslin,"How a Changing Landscape and Climate Shaped Early Humans," *Conversation*, 7 November 2013.

12. See, for example, M. H. Trauth et al.,"Human Evolution in a Variable Environment: The Amplifier Lakes of Eastern Africa," *Quaternary Science Reviews* 29 (23–24) (2010): 2981–88.

13. Dartnell, *Origins*.

14. Ibid., for a discussion at length, with maps.

15. Beaumont James, *Winchester from Prehistory to the Present* (Cheltenham, Gloucestershire, UK: History Press, 2006).

16. R. Knauerhase,"The Economic Development of Saudi Arabia: An Overview," *Current History* 72 (423) (1977): 6–34.

17. See, for example, C. El Hamel," 'Race,' Slavery and Islam in Maghribi Mediterranean Thought: The Question of the Haratin in Morocco,"

Journal of North African Studies 7 (3) (2002): 29–52.

18. 针对"地理环境决定论"的主要反对者之一是安德鲁·斯鲁伊特。See, for example, his "Neoenvironmental Determinism, Intellectual Damage Control, and Nature/Society Science," *Antipode* 35 (4) (2003): 813–17.

19. 该理论相关信息,请参阅 D. Laitin and A. Robinson, "The Continental Axis Theory Revisited," *APSA 2011 Annual Meeting Paper*。See also P. Turchin, J. M. Adams, and T. D. Hall, "East-West Orientation of Historical Empires and Modern States," *Journal of World-Systems Research*, 2006, 219–29.

20. D. Correia, "F**k Jared Diamond," *Capitalism Nature Socialism* 24 (4) (2013): 1–6.

21. "Geographic Determinism," http://www.jareddiamond.org/Jared_Diamond/Geographic_determinism.html.

22. Clint Ballinger, "Why Geographic Factors Are Necessary in Development Studies," MPRA paper, https://mpra.ub.uni-muenchen.de/29750/1/mpra_paper_29750.pdf. See also Clint Ballinger, "Initial Conditions as Exogenous Factors in Spatial Explanation" (DPhil thesis, University of Cambridge, May 2008). 对地理决定论的主要批评来自21世纪最具影响力的社会科学论文之一:D. Acemoglu, S. Johnson, and J. A. Robinson, "Reversal of Fortune: Geography and Institutions in the Making of the Modern World Income Distribution," *Quarterly Journal of Economics* 117 (4) (2002): 1231–94。这一发现遭到了有理有据的质疑,参见 S. Bandyopadhyay and E. Green, "The Reversal of Fortune Thesis Reconsidered," *Journal of Development Studies* 48 (7) (2012): 817–31; and in Ballinger, "Initial Conditions."。

23. G. R. Webster and J. Bowman, "Quantitatively Delineating the Black Belt Geographic Region," *Southeastern Geographer* 48 (1) (2008): 3–18.

24. See, for example, Allen Tullos, "The Black Belt," *Southern Spaces*, 19 April 2004.

25. 以下这部作品对此进行了详细讨论,详见 Jonathan Kennedy, *Pathogenesis: How Germs Made History* (London: Torva, 2023)。

26. David Bressan,"How US Presidential Elections Are Impacted by Geology," *Forbes*, 3 November 2020.

第9章 人人都是蝴蝶

1. 关于帕菲特的思考和相关争论，请参见 M. A. Roberts,"The Non-Identity Problem," *The Stanford Encyclopedia of Philosophy*, ed. Edward N. Zalta (Stanford, CA: Metaphysics Research Lab, 2 April 2019)。
2. 关于投票的讨论，请参见 Matt Ford,"The Ethics of Killing Baby Hitler," *Atlantic*, 24 October 2015。
3. 《纽约时报》在社交媒体上发布了结果，https://twitter.com/NYTmag/status/657618681204244480?s=20。
4. Stephen Fry, *Making History* (London: Hutchinson, 1996).
5. 关于卡尔观点的讨论和反驳，请参见 D. Nolan,"Why Historians (and Everyone Else) Should Care about Counterfactuals," *Philosophical Studies* 163 (2013): 317–35。
6. See Henry Abelove and E. P. Thompson, *Visions of History* (Manchester, UK: Manchester University Press, 1986).
7. David Byrne, *A History of the World in Dingbats* (New York: Phaidon Press, 2022).
8. See, for example, D. Zhao,"The Mandate of Heaven and Performance Legitimation in Historical and Contemporary China," *American Behavioral Scientist* 53 (3) (2009): 416–33.
9. 关于这个话题的详细讨论，请参见 G. Burgess,"The Divine Right of Kings Reconsidered," *English Historical Review* 107 (425) (1992): 837–61。
10. 关于卡莱尔观点的讨论以及围绕英雄史观的争论，请参见 William Fielding Ogburn,"The Great Man versus Social Forces," *Social Forces* 5 (2) (1926): 225–31；以及 T. Carlyle, *On Heroes, Hero-Worship, and the Heroic in History*, vol. 1 (Oakland: University of California Press, 1993)。
11. 关于布洛克在创立年鉴学派中的作用的讨论，请参见 G. Huppert,"Lucien Febvre and Marc Bloch: The Creation of the Annales," *French Review* 55 (4)

(1982): 510–13。

12. 关于历史学趋势的介绍，我推荐 M. Bentley, *Modern Historiography: An Introduction* (Abingdon, Oxfordshire, UK: Routledge, 2005)。

13. 这个例子改编自 D. Ruelle, *Chance and Chaos*, vol. 11 (Princeton, NJ: Princeton University Press, 1993)。关于跳蚤案例描述的细节是我改写的。

14. See, for example, David Herbert Donald, *Why the North Won the Civil War* (Golden Springs Publishing, 2015). 这本书给出的解释包括经济、军事、外交、社会和政治因素，但它们都是广泛的因素。

15. 关于这些偶发事件的详细讨论，请参阅 C. B. Dew, "How Samuel E. Pittman Validated Lee's 'Lost Orders' prior to Antietam: A Historical Note," *Journal of Southern History* 70 (4) (2004): 865–70。

16. See, for example, James McPherson, *Ordeal by Fire: The Civil War and Reconstruction* (New York: McGraw-Hill, 1991). 麦克弗森强调了安提塔姆战役是如何成为戏剧性的外交转折点的，并改变了战争的性质和人们对它的认知。

17. See, for example, J. L. Kuethe, "Social Schemas," *Journal of Abnormal and Social Psychology* 64 (1) (1962): 31.

18. Terry Alford, "The Spiritualist Who Warned Lincoln Was Also Booth's Drinking Buddy," *Smithsonian Magazine*, March 2015.

19. See, for example, R. K. Merton, "Singletons and Multiples in Scientific Discovery: A Chapter in the Sociology of Science," *Proceedings of the American Philosophical Society* 105 (5) (1961): 470–86; and D. K. Simonton, "Multiple Discovery and Invention: Zeitgeist, Genius, or Chance?," *Journal of Personality and Social Psychology* 37 (9) (1979): 1603–16.

20. Karl Popper, *The Logic of Scientific Discovery* (Abingdon, Oxfordshire, UK: Routledge, 2002). For a rival view, see Michael Strevens, *The Knowledge Machine: How an Unreasonable Idea Created Modern Science* (New York: Penguin, 2022).

21. Thomas Kuhn, *The Structure of Scientific Revolutions: 50th Anniversary*

Edition (Chicago: University of Chicago Press, 2012).
22. U. Marvin,"The British Reception of Alfred Wegener's Continental Drift Hypothesis," *Earth Sciences History* 4 (2) (1985): 138–59.
23. Joshua Rothman,"How Does Science Really Work," *New Yorker*, 28 September 2020.
24. J. Romm,"A New Forerunner for Continental Drift," *Nature* 367 (6462) (1994): 407–8.
25. J. Taylor, *The Voyage of the* Beagle*: Darwin's Extraordinary Adventure in FitzrRoy's Famous Survey Ship* (London: Anova Books, 2008).
26. Peter J. Bowler, *Darwin Deleted: Imagining a World without Darwin* (Chicago: University of Chicago Press, 2013).
27. See, for example, Matt Simon,"Fantastically Wrong: The Silly Theory That Almost Kept Darwin from Going on His Famous Voyage," *Wired*, 21 January 2015. 达尔文在自传中曾提到过自己的鼻子形状,以及菲茨罗伊对此的不满。
28. 关于 J. B. 伯里的观点,请参见 D. S. Goldstein,"J. B. Bury's Philosophy of History: A Reappraisal," *The American Historical Review* 82 (4) (1977): 896–919。
29. 关于华莱士生平的详细描述,请参见 James T. Costa, *Radical by Nature: The Revolutionary Life of Alfred Russell Wallace* (Princeton, NJ: Princeton University Press, 2023); and Peter Raby, *Alfred Russell Wallace: A Life* (London: Pimlico, 2002)。
30. 有关华莱士观点的介绍,请参见 Jonathan Rosen,"The Missing Link," *New Yorker*, 4 February 2007。
31. 这句话来自阿尔弗雷德·拉塞尔·华莱士写给《精神》杂志的一封信,该信已于 1867 年 2 月 1 日出版。这封信详见 https://people.wku.edu/charles.smith/wallace/S126.htm。
32. 这句话出自华莱士在 1898 年出版的 *The Wonderful Century* 一书中所写的一章("反对催眠主义和心理研究的人")。该章节的文本详见 https://people.wku.edu/charles.smith/wallace/S726CH17.htm。
33. J. D. Miller,"Public Acceptance of Evolution in the United States, 1985–2020,"

Public Understanding of Science 31 (2) (2022): 223–38.
34. 他在优生学运动中的角色详见 N. W. Gillham, *A Life of Sir Francis Galton: From African Exploration to the Birth of Eugenics* (Oxford: Oxford University Press, 2001)。
35. J. Burton, "Robert FitzRoy and the Early History of the Meteorological Office," *British Journal for the History of Science* 19 (2) (1986): 147–76.
36. See, for example, R. Hamblyn, "Watchers of the Skies," *Times Literary Supplement* 5851 (2015): 13–14.

第 10 章 时钟和日历

1. 有关本文的详细信息，请参见 Kathleen O'Brien, "A Simple Gift on 9/11 Saves the Life of an Office Worker Heading to the Twin Towers," *Insider Jersey*, 9 September 2011。此外，洛特还在 2021 年 9 月 9 日对阿灵顿扶轮社的演讲中生动详细地讲述了这个故事，详见 https://www.youtube.com/watch?v=JJbCUOcOwlw。
2. 关于时间点如何影响"9·11"恐怖袭击事件的其他类似故事，请参见 Garrett Graff, "On 9/11, Luck Meant Everything," *Atlantic*, September 10, 2019。
3. C. A. Ortmann et al., "Effect of Mutation Order on Myeloproliferative Neoplasms," *New England Journal of Medicine* 372 (7) (2015): 601–12.
4. Carlo Rovelli, *The Order of Time* (New York: Penguin, 2019).
5. See, for example, A. R. Smith and M. Ahmadi, "Quantum Clocks Observe Classical and Quantum Time Dilation," *Nature Communications* 11 (1) (2020): 5360.
6. C. W. Chou et al., "Optical Clocks and Relativity," *Science*, 24 September 2010.
7. Nicholas Jackson, "Study: Your Head Is Older Than Your Feet," *Atlantic*, 24 September 2010.
8. See, for example, B. M. Allen, "The Early Roman Calendar," *Classical Journal* 43 (3) (1947): 163–68.

9. 如需了解公历的更多历史，请参见 E. G. Richards, *Mapping Time: The Calendar and Its History* (Oxford: Oxford University Press, 2000)。
10. 有关这些名字的起源的更多信息，请参见 P. Shaw,"The Origins of the Theophoric Week in the Germanic Languages," *Early Medieval Europe* 15 (4) (2007): 386–401。
11. H. Lewy and J. Lewy,"The Origin of the Week and the Oldest West Asiatic Calendar," *Hebrew Union College Annual* 17 (1942): 1–152c.
12. 有关这一时期的计时历史，请参见 I. Bultrighini and S. Stern,"The Seven-Day Week in the Roman Empire: Origins, Standardization, and Diffusion," in *Calendars in the Making: The Origins of Calendars from the Roman Empire to the Later Middle Ages*, ed. Sacha Stern (Boston: Brill, 2021), 10–79。
13. 如需了解这些影响的概况，请参见 Daniel Pink, *When: The Scientific Secrets of Perfect Timing* (London: Canongate Books, 2019)。
14. M. Park et al.,"Global Music Streaming Data Reveal Diurnal and Seasonal Patterns of Affective Preference," *Nature Human Behaviour* 3 (3) (2019): 230–36.
15. J. Chen, E. Demers, and B. Lev,"Oh What a Beautiful Morning! Diurnal Influences on Executives and Analysts: Evidence from Conference Calls," *Management Science* 64 (12) (2018): 5899–924.
16. P. Pierson,"Not Just What, but When: Timing and Sequence in Political Processes," *Studies in American Political Develop- ment* 14 (1) (2000): 72–92.
17. Arika Okrent,"Typos, Tricks and Misprints," *Aeon*, 26 July 2021.
18. Ibid.
19. W. Brian Arthur,"Increasing Returns and the New World of Business," *Harvard Business Review*, July–August 1996.
20. Michael Worboys, *The Invention of the Modern Dog: Breed and Blood in Victorian Britain* (Baltimore: Johns Hopkins University Press, 2022).
21. 关于杰克罗素㹴犬起源的详细信息，请参见 Michael Worboys, "Inventing Dog Breeds: Jack Russell Terriers," *Humanimalia* 10 (1) (2021): 44–73。
22. Worboys, *Invention of the Modern Dog*.

第 11 章 皇帝的新方程式

1. D. J. Bem, "Feeling the Future: Experimental Evidence for Anomalous Retroactive Influences on Cognition and Affect," *Journal of Personality and Social Psychology* 100 (3) (2011): 407.
2. S. J. Ritchie, R. Wiseman, and C. C. French, "Failing the Future: Three Unsuccessful Attempts to Replicate Bem's 'Retroactive Facilitation of Recall' Effect," *PlOS One* 7 (3) (2012): e33423.
3. Interview with Christopher French, London, 24 May 2023.
4. 如需了解这些测试和其他复制测试的详情，请参见 Gary Smith, "How Shoddy Data Becomes Sensational Research," *Chronicle of Higher Education*, 6 June 2023。
5. J. P. Simmons, L. D. Nelson, and U. Simonsohn, "False-Positive Psychology: Undisclosed Flexibility in Data Collection and Analysis Allows Presenting Anything as Significant," *Psychological Science* 22 (11) (2011): 1359–66.
6. K. M. Durante, A. Rae, and V. Griskevicius, "The Fluctuating Female Vote: Politics, Religion, and the Ovulatory Cycle," *Psychological Science* 24 (6) (2013): 1007–16.
7. Andrew Gellman, "The Problems with P-values Are Not Just with P-values," https://stat.columbia.edu/~gelman/research/published/asa_pvalues.pdf.
8. B. B. McShane et al., "Abandon Statistical Significance," *American Statistician* 73 (1) (2019): 235–45.
9. Smith, "How Shoddy Data."
10. A. Brodeur, N. Cook, and A. G. Heyes, "Methods Matter: P-hacking and Causal Inference in Economics," IZA Discussion Paper no. 11796, 2018.
11. 对现代研究方法的严厉批判，请参见 J. P. Ioannidis, "Why Most Published Research Findings Are False," *PLOS Medicine* 2 (8) (2005)。更积极的观点，请参阅 Matt Grossman, *How Social Science Got Better: Overcoming Bias with More Evidence, Diversity, and Self-Reflection* (Oxford: Oxford University Press, 2021)。

12. Y. Yang, W. Youyou, and B. Uzzi,"Estimating the Deep Replicability of Scientific Findings Using Human and Artificial Intelligence," *Proceedings of the National Academy of Sciences* 117 (20) (2020): 10762–68.
13. Brian Resnick,"The Military Wants to Build a Bullshit Detector for Social Science Studies," *Vox*, 25 February 2019.
14. 对于同行评议的批评，我基本赞同，详见 Adam Mastroianni,"The Rise and Fall of Peer Review," *Experimental History*, 13 December 2022。
15. F. Godlee, C. R. Gale, and C. N. Martyn,"Effect on the Quality of Peer Review of Blinding Reviewers and Asking Them to Sign Their Reports: A Randomized Controlled Trial," *JAMA* 280 (3) (1998): 237–40.
16. S. Schroter et al.,"What Errors Do Peer Reviewers Detect, and Does Training Improve Their Ability to Detect Them?," *Journal of the Royal Society of Medicine* 101 (10) (2008): 507–14.
17. 具体参见 N. Breznau et al.,"Observing Many Researchers Using the Same Data and Hypothesis Reveals a Hidden Universe of Uncertainty," *Proceedings of the National Academy of Sciences* 119 (44) (2022)。
18. See, for example, Jason Brownlee, *Authoritarianism in an Age of Democratization* (Cambridge: Cambridge University Press, 2007).
19. See, for example, F. Kaboub,"The Making of the Tunisian Revolution," *Middle East Development Journal* 5 (1) (2013): 1350003-1.
20. See, for example, J. Gama et al.,"Learning with Drift Detection," *Advances in Artificial Intelligence—SBIA 2004: 17th Brazilian Symposium on Artificial Intelligence, São Luis, Maranhão, Brazil, September 29–October 1, 2004, Proceedings* 17 (Heidelberg, Germany: Springer Berlin Heidelberg, 2004), 286–95.
21. See, for example, E. Hüllermeier and W. Waegeman,"Aleatoric and Epistemic Uncertainty in Machine Learning: An Introduction to Concepts and Methods," *Machine Learning* 110 (2021): 457–506.
22. Adam Goldman and Alan Rappeport,"Emails in Anthony Weiner Inquiry Jolt Hillary Clinton's Campaign," *New York Times*, 28 October 2016.
23. 关于西尔弗对其 2016 年预测模型的评估，请参见 Nate Silver,"The

Real Story of 2016," FiveThirtyEight, 19 January 2017。See also Isaac Faber, "Why You Should Care about the Nate Silver vs. Nassim Taleb Twitter War," *Towards Data Science*, 17 December 2018.

24. Chris Anderson and David Sally, The Numbers Game: *Why Everything You Know about Football Is Wrong* (New York: Penguin, 2014).

25. Adam Mastroianni, "Science Is a Strong-Link Problem," *Experimental History*, 11 April 2023.

26. 在医学研究中如何避免这种情况的案例，请参见 S. O'Mahony, "Medicine and the McNamara Fallacy," *Journal of the Royal College of Physicians of Edinburgh* 47 (3) (2017): 281–87。

27. 这是大卫·克拉考尔接受山姆·哈里斯的采访，内容来自他的"言之有理"播客，文字记录详见 https:// www.samharris.org/blog/complexity-stupidity。

28. P. M. Romer, "Mathiness in the Theory of Economic Growth," *American Economic Review* 105 (5) (2015): 89–93.

29. Katherine Cramer, *The Politics of Resentment: Rural Consciousness in Wisconsin and the Rise of Scott Walker* (Chicago: University of Chicago Press, 2016).

30. M. D. Verhagen, "A Pragmatist's Guide to Using Prediction in the Social Sciences," *Socius* 8 (2022).

31. M. J. Salganik et al., "Measuring the Predictability of Life Outcomes with a Scientific Mass Collaboration," *Proceedings of the National Academy of Sciences* 117 (15) (2020): 8398–403.

第12章 它是否有另一种可能

1. 这是斯蒂芬·杰伊·古尔德著名的思想实验"重放生命磁带"的改编版。如需了解该实验的详细讨论，详见 Z. D. Blount, R. E. Lenski, and J. B. Losos, "Contingency and Determinism in Evolution: Replaying Life's Tape," *Science* 362 (6415) (2018)。

2. Carl Hoefer, "Causal Determinism," in *The Stanford Encyclopedia of*

Philosophy, ed. Edward N. Zalta (Stanford, CA: Metaphysics Research Lab, 21 January 2016).

3. 这一情节也用于其他电影，如克日什托夫·基耶斯洛夫斯基导演的《机遇之歌》，详见 also D. Bordwell,"Film Futures," *SubStance* 31 (1) (2002): 88–104。

4. See, for example, Tim O'Keefe,"Ancient Theories of Freedom and Determinism," in Zalta, *Stanford Encyclopedia of Philosophy*, 30 October 2020. See also T. Christidis,"Probabilistic Causality and Irreversibility: Heraclitus and Prigogine," in *Between Chance and Choice: Interdisciplinary Perspectives on Determinism*, ed. Harald Atmanspacher and Robert Bishop (Exeter, Devon, UK: Imprint Academic, 2002), 165–88.

5. See, for example, M. R. Dasti and E. F. Bryant, eds., *Free Will, Agency, and Selfhood in Indian Philosophy* (Oxford: Oxford University Press, 2014).

6. Susanne Bobzien,"Did Epicurus Discover the Free-Will Problem?," *Oxford Studies in Ancient Philosophy* 19 (2000): 287–337.

7. 完整的英语翻译见 https://www.gutenberg.org/files/785/785-h/785-h.htm。

8. 引自加尔文所著的《基督教要义》。

9. D. Kaiser,"History: Shut Up and Calculate!," *Nature* 505 (7482) (2014): 153–55.

10. M. Esfeld et al.,"The Ontology of Bohmian Mechanics," *British Journal for the Philosophy of Science*, 2014.

11. 如需更全面地了解此诠释中的关键观点，请参见 Sean Carroll, *Something Deeply Hidden: Quantum Worlds and the Emergence of Spacetime* (London: Oneworld, 2021)。

12. 目前，这只是一个合理的边缘理论。主要支持者是德国理论物理学家萨宾·霍森费尔德。2022 年 11 月 22 日，我采访了她，了解了这个理论。

13. See, for example, L. Van Speybroeck, D. De Waele, and G. Van De Vijver,"Theories in Early Embryology: Close Connections between Epigenesis, Preformationism, and Self-Organization," *Annals of the New York Academy of Sciences* 981 (1) (2002): 7–49.

14. See, for example, Randolph Clarke,"Incompatibilist (Nondeterministic) Theories of Free Will," in Zalta, *Stanford Encyclopedia of Philosophy*, 18 August 2021。
15. 关于自由意志论的科学问题的进一步讨论，请参见 Daniel C. Dennett, *Consciousness Explained* (New York: Penguin, 1993); and Sam Harris, *Free Will* (New York: Free Press, 2012)。
16. "Does Superdeterminism Save Quantum Mechanics? Or Does It Kill Free Will and Destroy Science?," Sabine Hossenfelder's YouTube channel, https://www.youtube.com/watch?v=ytyjgIyegDI.
17. 关于词源的讨论，请参见 J. Peter Maher,"The Unhappy Hookers: Origin of Hooker 'Prostitute,'" working paper, 2021, https://scholarsmine.mst.edu/cgi/viewcontent.cgi?article=1172& context=artlan_phil_facwork。
18. H. G. Frankfurt,"Freedom of the Will and the Concept of a Person," in *What Is a Person?*, ed. M. F. Goodman (Totowa, NJ: Humana Press, 1988), 127–44.
19. Sam Harris,"The Marionette's Lament: A Response to Daniel Dennett," *Sam Harris Blog*, 12 February 2014, https:// www.samharris.org/blog/the-marionettes-lament.
20. 更多关于这个例子的信息，请参见 G. M. Lavergne, *A Sniper in the Tower: The Charles Whitman Murders* (Denton: University of North Texas Press, 1997)。
21. 信的原文请参见 http://alt.cimedia.com/statesman/specialreports/whitman/letter.pdf。
22. Harris, *Free Will*.
23. Clint Ballinger,"Determinism and the Antiquated Deontology of the Social Sciences," working paper, https://philsci-archive.pitt.edu/8493/1/Determinism_and_the_Antiquated_Deontology_of_the_Social_Sciences.pdf.
24. 结构化理论见 A. Giddens, *Elements of the Theory of Structuration* (Abingdon, Oxfordshire, UK: Routledge, 1984)。
25. N. Pleasants,"Free Will, Determinism and the 'Problem' of Structure and Agency in the Social Sciences," *Philosophy of the Social Sciences* 49 (1) (2019): 3–30.

26. See, for example, G. Duus-Otterström,"Almost Pregnant: On Probabilism and Its Moral Uses in the Social Sciences," *Philosophy of the Social Sciences* 39 (4) (2009): 572–94.
27. Kurt Vonnegut, *Sirens of Titan* (Gateway, 1999).

第13章 为什么我们做的每件事都重要

1. Maria Popova,"Octopus Blues and the Poetry of the Possible," *Marginalian*, June 2022, https://www.themarginalian.org/2022/06/02/octopus-poem/.
2. Hartmut Rosa, *The Uncontrollability of the World* (Cambridge, UK: Polity, 2020).
3. Karen Armstrong, *Sacred Nature: How We Can Recover Our Bond with the Natural World* (London: Bodley Head, 2022).
4. Rosa, *Uncontrollability of the World*.
5. 如需了解对《秘密》的详细评论,请参见Michael Shermer,"The (Other) Secret," *Scientific American*, June 2007。
6. Alan Lightman,"In Defence of Disorder," *Aeon*, 15 April 2019.
7. Wislawa Szymborska,"The Poet and the World," Nobel Lecture, 7 December 1996, https://www.nobelprize.org/prizes/literature/1996/szymborska/lecture/.
8. See, for example, E. L. Deci and R. M. Ryan,"Hedonia, Eudaimonia, and Well-Being: An Introduction," *Journal of Happiness Studies* 9 (2008): 1–11.
9. See, for example, M. N. Katehakis and A. F. Veinott Jr.,"The Multi-armed Bandit Problem: Decomposition and Computation," *Mathematics of Operations Research* 12 (2) (1987): 262–68.
10. 斯克里布纳出版社的编辑里克·霍根向我提出了这一点,他感叹道,人们总是忍不住去尝试新餐厅,而他只想去那些当地的好馆子。当我反思自己的行为时,我同意他的看法。有时,当地的好馆子已经足够好。

11. Jack D. Dunitz and Gerald F. Joyce,"Leslie E. Orgel, 1927–2007," *National Academy of Sciences*, 2013, https://www.nasonline.org/publications/biographical-memoirs/memoir-pdfs/orgel-leslie.pdf.
12. 本部分引自 Michael R. Dove, *Bitter Shade: The Ecological Challenge of Human Consciousness* (New Haven, CT: Yale University Press, 2021)。如需了解多夫的部分观点，请参阅 Michael Schulson,"How to Choose," *Aeon*, 14 July 2014。
13. Michael Lewis, *Moneyball: The Art of Winning an Unfair Game* (New York: W. W. Norton, 2004).
14. Derek Thompson,"What Moneyball-for-Everything Has Done to American Culture," *Atlantic*, 30 October 2022.
15. N. E. Humphries et al.,"Environmental Context Explains Lévy and Brownian Movement Patterns of Marine Predators," *Nature* 465 (7301) (2010): 1066–69.
16. J. Berni et al.,"Autonomous Circuitry for Substrate Exploration in Freely Moving *Drosophila* Larvae," *Current Biology* 22 (20) (2012): 1861–70.
17. See, for example, David Cox,"How mRNA Went from a Scientific Backwater to a Pandemic Crusher," *Wired*, 12 February 2020.
18. 关于如何实现这个目标的讨论，请参见 L. Roumbanis,"Peer Review or Lottery? A Critical Analysis of Two Different Forms of Decision-Making Mechanisms for Allocation of Research Grants," *Science, Technology, & Human Values* 44 (6) (2019): 994–1019。
19. T. D. Wilson et al.,"Just Think: The Challenges of the Disengaged Mind," *Science* 345 (6192) (2014): 75–77.
20. See, for example, L. N. Davis, J. D. Davis, and K. Hoisl,"Leisure Time Invention," *Organization Science* 24 (5) (2013): 1439–58.
21. 关于这种现象和庞加莱经历的讨论，请参见 A. N. Katz,"Creativity and the Right Cerebral Hemisphere: Towards a Physiologically Based Theory of Creativity," *Journal of Creative Behavior* 12 (4)(1978): 253–64。
22. 更多关于帝王斑蝶迁徙的信息，请参见 S. Zhan et al.,"The Monarch Butterfly Genome Yields Insights into Long-Distance Migration," *Cell* 147

(5) (2011): 1171–85; and S. M. Reppert and J. C. de Roode,"Demystifying Monarch Butterfly Migration," *Current Biology* 28(17) (2018): R1009–R1022。

23. 关于这种现象及其如何为我们的人生提供美好寓言的诗意讨论，请听贾德·阿布穆拉德在美国加州理工学院 2022 年毕业典礼上的演讲：https://soundcloud.com/brainpicker/jad-abumrad-caltech-commencement。